国家高新区创新能力评价报告 2021

科学技术部火炬高技术产业开发中心
中国科学院科技战略咨询研究院 著

科学技术文献出版社
·北京·

图书在版编目（CIP）数据

国家高新区创新能力评价报告. 2021 / 科学技术部火炬高技术产业开发中心，中国科学院科技战略咨询研究院著. —北京：科学技术文献出版社，2022.5
ISBN 978-7-5189-9098-6

Ⅰ. ①国… Ⅱ. ①科… ②中… Ⅲ. ①高技术产业区—产业发展—研究报告—中国—2021　Ⅳ. ① F127.9

中国版本图书馆 CIP 数据核字（2022）第 061894 号

国家高新区创新能力评价报告2021

策划编辑：李　蕊　李汝君　　责任编辑：韩　晶　　责任校对：王瑞瑞　　责任出版：张志平

出　版　者	科学技术文献出版社
地　　　址	北京市复兴路15号　邮编 100038
编　务　部	（010）58882938，58882087（传真）
发　行　部	（010）58882868，58882870（传真）
邮　购　部	（010）58882873
官方网址	www.stdp.com.cn
发　行　者	科学技术文献出版社发行　全国各地新华书店经销
印　刷　者	北京时尚印佳彩色印刷有限公司
版　　　次	2022年5月第1版　2022年5月第1次印刷
开　　　本	889×1194　1/16
字　　　数	228千
印　　　张	14.5
书　　　号	ISBN 978-7-5189-9098-6
审　图　号	GS（2022）1986号
定　　　价	98.00元

版权所有　违法必究

购买本社图书，凡字迹不清、缺页、倒页、脱页者，本社发行部负责调换

《国家高新区创新能力评价报告2021》
编辑委员会

主　　　任：贾敬敦　张卫星　王胜光

副　主　任：李有平　赵树璠　徐　轶　刘会武

编写组组长：赵树璠　刘会武

编写组副组长：李　享　周　力　尚雁洁　庞鹏沙
　　　　　　　杨　斌　谷潇磊　余志海　何　燕

编写组成员：（按姓氏拼音排序）

陈宝新　杜　琴　杜　洋　韩思源
胡贝贝　胡一鸣　黄燕飞　李婧婧
李淑怡　李一骢　刘丽娜　庞林花
强彬彬　孙红军　王　恒　王　琪
王　熙　王晶晶　王天霞　王胤杰
韦海洋　魏　颖　胥加政　袁志彬
张　琳　张艳秋　赵祚翔　郑　宇
郑晓龙　周道韫　周君璧　朱常海
邹秀萍

前　言

根据《中共中央 国务院关于深化科技体制改革加快国家创新体系建设的意见》（中发〔2012〕6号）中关于"建立全国创新调查制度，加强国家创新体系建设监测评估"的要求，2013年科技部全面开展基于国家层面、区域层面、产业层面和企业层面的创新能力评价工作，2017年科技部、国家统计局联合印发了《国家创新调查制度实施办法》，对创新活动统计调查和创新能力监测评价工作提出了具体要求，其中，国家高新区创新能力评价是我国创新调查与评价监测制度的重要组成部分。2020年7月，《国务院关于促进国家高新技术产业开发区高质量发展的若干意见》（国发〔2020〕7号）进一步提出要"加强国家高新区数据统计、运行监测和绩效评价"。

为积极履行国家关于开展国家高新区创新能力监测评价工作的要求，自2013年开始，科学技术部火炬高技术产业开发中心（简称"火炬中心"）和中国科学院科技战略咨询研究院（原中国科学院科技政策与管理科学研究所）联合研究制定了"国家高新区创新能力评价指标体系"（见附录），以火炬中心组织实施的国家高新区年度统计调查数据为基础，发布《国家高新区创新能力评价报告》。

《国家高新区创新能力评价报告2021》（简称《报告》）是该系列报告的第9期，以2020年169家国家高新区年度统计调查数据为基础，用指数形式呈现国家高新区2020年创新能力的整体表现和分项变化趋势。《报告》基于"国家高新区创新能力评价指标体系"，从创新资源集聚、创新创业环境、创新活动绩效、创新的国际化和创新驱动发展五大方面，用25个二级指标揭示国家高新区的创新能力建设和创新发展绩效，对国家高新区创新发展状态进行跟踪评价，为社会各界了解和认识国家高新区发展提供窗口，为相关部门的决策和管理提供依据。

2021年是中国共产党成立100周年和"十四五"规划开局之年，也是全面建设社会主义现代化国家新征程起步之年。党的十九届六中全会全面总结了党的百年奋斗重大成就和历史经验，表明了中国共产党重视和善于运用历史规律的高度政治自觉，体现了中国共产党牢记初心使命、继往开来的自信和担当，坚定了我们第二个百年奋斗征程的步伐。2021年是邓小平同志为国家高新区题词"发展高科技，实现产业化"30周年，也是国务院第一批集中批准设立的国家高新区成立30周年，国家高新区已经成为我国实施创新驱动发展战略的重要载体。当前，国家高新区深入学习和领会党的十九大及历次全会精神，深入学习和领会习近平总书记关于国家高新区发展的一系列指示和重要论述，牢固树立新发展理念，坚持又"高"又"新"的发展方向，鼓起勇气、担当作为、深化改革、不断创新。

衷心希望更多有识之士加入国家高新区创新发展研究的队伍，见证创新发展的力量，唱响中国高质量发展序曲，为我国全面建设社会主义现代化强国贡献力量。

第一章　国家高新区2020年发展情况分析　　1

一、经济高质量发展　　3
　　（一）经济规模不断壮大，构筑我国经济发展的战略支撑　　3
　　（二）企业发展分类推进，大中型企业经济效益持续显现　　3
　　（三）综合质效大幅提升，创新驱动引领经济高质量发展　　8

二、创新能力稳步提升　　9
　　（一）创新资源不断集聚，财政科技支出加大　　9
　　（二）创新产出成效显著，创新经济价值彰显　　12
　　（三）创新服务体系完善，"双创"水平不断提高　　14

三、产业结构不断优化　　18
　　（一）高技术制造业经济占优，高技术服务业增长更快　　18
　　（二）电子信息及服务业居多，主导产业呈集群化发展　　20
　　（三）产业价值链层级不断提升，技术收入增幅明显　　23

四、国际化破局前行　　24
　　（一）新冠肺炎疫情肆虐，国际环境不确定因素增多　　24
　　（二）集聚整合国际资源，主动融入全球创新体系　　25
　　（三）以国内大循环为主，国内国际双循环相互促进　　28

五、各园区协调发展　　28
　　（一）自创区引领示范，创新驱动高质量发展　　28
　　（二）三类园区分类指导，战略提升各具特色　　31
　　（三）新升级高新区以升促建，筑牢发展基础　　34

第二章　国家高新区创新能力指数总览　　39

一、2020年的指数表现　　40
　　（一）总指数表现情况　　40
　　（二）分项指数表现和变化趋势　　41

二、不同区域国家高新区表现对比　　45
　　（一）四大地区园区表现对比　　45
　　（二）各省域园区表现对比　　46

三、不同类别国家高新区指数对比　　51
　　（一）三类园区表现对比　　51
　　（二）稳定期和新升级园区表现对比　　53
　　（三）自创区、非自创区园区表现对比　　54

第三章　创新资源集聚评价　　57

一、创新人才集聚　　59
　　（一）人才政策持续完善，从业人员稳步增长　　59
　　（二）人员结构不断优化，高技能人才更吃香　　60
　　（三）R&D人员稳定增长，各地差异表现悬殊　　64

二、科技资金投入　　68
　　（一）企业R&D投入不断加大，东中部地区优势明显　　68
　　（二）财政科技支出稳步增加，10家一流园区遥遥领先　　71
　　（三）科技活动经费全面提高，无形资产摊销增幅最大　　75

三、创新主体培育　　76
　　（一）各类研发机构蓬勃发展，东部地区优势进一步加大　　77
　　（二）认定高企数量大幅增长，超六成集聚在东部地区　　81
　　（三）高企创新能力表现突出，经济能力有待提升　　85

第四章　创新创业环境评价　　89

一、"双创"活力表现　　91
　　（一）孵化载体数量稳步增长，人才服务机构增速保持高位　　91
　　（二）在孵企业创新高，东部地区优势进一步强化　　94

（三）新注册企业数增长迅猛，日均注册企业超2000家　　*98*

　二、服务效能表现　　*103*

　　（一）"双创"政策资金持续增长，贷款贴息及创业风投
　　　　力度最大　　*103*

　　（二）东部园区创新服务机构数占比近六成，中关村遥遥领先　　*104*

　　（三）产学研合作不断深化，城市经费投入差异明显　　*108*

　三、金融环境表现　　*113*

　　（一）产业投资基金蓬勃发展，民间基金增长迅速　　*113*

　　（二）金融机构数量全面增长，企业上市数量持续增长　　*114*

　　（三）机构风险投资增速回升，与硅谷差距缩小　　*116*

第五章　创新活动绩效评价　　**121**

　一、产业结构优化　　*123*

　　（一）高技术产业营收总体增加，净利润占高新区整体比例
　　　　过半　　*123*

　　（二）区域高技术产业发展差异较大，东部地区优势显著　　*126*

　　（三）高技术服务业发展迅速，净利润增幅高达六成　　*129*

　　（四）高技术服务业人员占比扩大，北京、上海突出　　*131*

　二、创新成果产出　　*134*

　　（一）知识产权服务机构蓬勃发展，专利数量快速增长　　*134*

　　（二）专利产出效率不断提高，人均专利产出量持续增加　　*137*

　　（三）科技创新提升发展"含金量"，东部地区领先　　*139*

　三、技术要素发展　　*142*

　　（一）技术交易规模持续扩大，中关村独占鳌头　　*142*

　　（二）技术性收入占比增长，高新技术产品规模扩大　　*146*

　四、企业及行业利润　　*149*

　　（一）企业利润总额持续增长，各高新区企业利润率相差
　　　　不大　　*149*

　　（二）细分行业利润率表现各异，检验检测服务业营业收入
　　　　利润率最高　　*152*

　　（三）电子及通信设备制造业、信息服务业成营业收入大户　　*153*

第六章　创新的国际化评价　　155

一、国际创新合作　　157
　　（一）国际平台建设加速推进，四省境外研发机构超百家　　158
　　（二）委托境外研发费用略有波动，东部园区占八成以上　　162

二、国际人才集聚　　166
　　（一）国际人才不断汇聚，5家园区海外留学归国人员超万人　　166
　　（二）人才国际化水平略有提升，明显落后于硅谷地区　　168

三、国际创新成果　　171
　　（一）国际创新成果丰硕，深圳PCT专利申请占四成以上　　172
　　（二）本土企业是国际创新主力，成果产出效率再创新高　　173

四、国际贸易交流　　176
　　（一）国际贸易规模稳健增长，利用外资金额占全国四成　　176
　　（二）高附加值贸易持续扩大，企业出口结构更加优化　　177

第七章　创新驱动发展评价　　181

一、辐射带动　　183
　　（一）经济规模不断扩大，区域经济贡献突出　　183
　　（二）区域带动差异较大，头部园区作用显著　　184

二、效率提升　　188
　　（一）生产效率持续增长，人均上缴税额下降　　188
　　（二）劳动生产率略降，合肥、西安和杭州领先　　190

三、共享发展　　192
　　（一）薪酬水平稳步提升，两倍于全国平均水平　　192
　　（二）发展成果普惠共享，高技术产业贡献明显　　194

四、绿色发展　　199
　　（一）节能降耗效果明显，东北地区园区能耗最高　　199
　　（二）生态环境持续优化，产城融合水平不断提高　　201

附 录 评价指标体系及相关说明   203

- 一、指标体系   204
- 二、指标解释及数据来源   205
  - （一）创新资源集聚   206
  - （二）创新创业环境   207
  - （三）创新活动绩效   208
  - （四）创新的国际化   209
  - （五）创新驱动发展   210
- 三、测算过程   211
- 四、园区分类说明   213

国家高新区创新能力评价报告2021

国家高新区 第一章
2020年发展情况分析

2020年是全面建成小康社会和"十三五"规划收官之年，也是实现第一个百年奋斗目标的决胜之年。2020年年初，突如其来的新冠肺炎疫情深刻改变了全球经济与政治秩序，也对世界创新发展版图造成了全方位影响，让2020年成为极其不平凡的一年。国家高新区在党中央坚强领导下，坚定践行习近平总书记对国家高新区发展又"高"又"新"的嘱托，按照创新驱动高质量发展的要求，积极推进疫情防控和复工复产，全面推进创新驱动发展示范区和高质量发展先行区建设。国家高新区整合和集聚高端创新资源，面向全球吸引和培育一流创新人才，加强关键核心技术创新和成果转移转化，深入推动创新驱动发展；激发各类市场主体创新发展活力，积极营造有利于科技型企业创新发展的良好环境，加强对创新创业的服务支持，形成大中小微企业竞相发展的良好态势；持续推进产业迈向中高端，加强战略前沿领域布局，大力培育发展新兴产业，做强做大特色主导产业；加大开放创新力度，积极服务国家区域发展战略，面向未来发展和国际市场竞争，积极融入全球创新体系，形成开放包容的创新氛围；通过深化管理体制机制改革、优化营商环境、加强金融服务及推动绿色生态园区建设等方式，构建更加宜居、宜业、宜创的发展环境。

一、经济高质量发展

（一）经济规模不断壮大，构筑我国经济发展的战略支撑

2020年，169家国家高新区园区生产总值（GDP）达到135 566.2亿元，GDP总额相当于全国国内生产总值（1 015 986亿元）的13.3%。国家高新区的园区生产总值占所在城市GDP的比重达到50%以上的为8家，30%以上的为31家，20%以上的为58家；国家高新区入统企业实际上缴税费总额占全国税收收入的比重达12.1%。国家高新区在经济规模总量上持续支撑国民经济平稳健康发展和地方区域经济动能优化升级。

2020年，全国169家高新区共有16.5万家企业纳入统计，较上年同比增长17.2%。国家高新区统筹疫情防控和经济社会发展，实现营业收入427 998.1亿元、工业总产值256 355.8亿元、净利润30 442.3亿元、实际上缴税费18 625.9亿元、出口总额44 726.6亿元，同比分别增长11.0%、6.7%、16.6%、0.2%和8.1%（图1-1）。

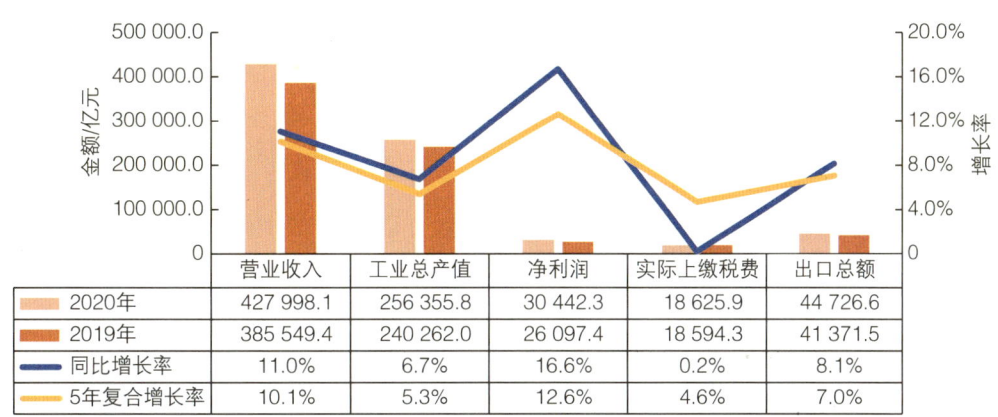

图1-1　2019年、2020年国家高新区主要经济指标比较

（二）企业发展分类推进，大中型企业经济效益持续显现

小微企业是促创业、保就业、活跃市场的生力军，也是经济持续稳定增长的潜在基础。国家高新区内形成了大中小微型企业比例相对适宜的企业布局。统计数据显示，2020年国家高新区有大型企业5556家、中型企业20 560家、小型企业93 361家、微型企业45 880家，占比分别为3.4%、12.4%、56.5%、27.7%，与2019年相比，入统企业中的小微企业数量占比持平（图1-2）。

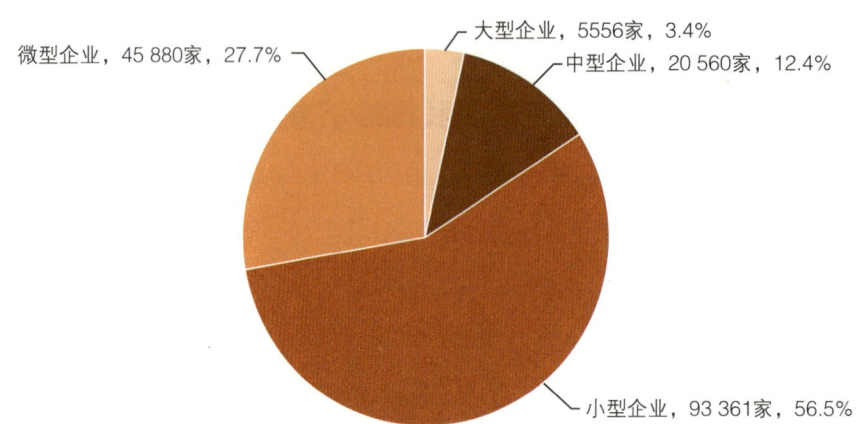

图1-2　2020年国家高新区内企业规模分布情况

培育高新技术企业一直是国家高新区推动创新发展工作的重要抓手，国家高新区已经形成了有效支撑我国高新技术产业发展的企业群体。2020年，169家国家高新区集聚高新技术企业10.1万家，其中近10万家上报统计数据，占全国上报统计数据高新技术企业数量（27.0万家）的36.8%，占园区入统企业总数（16.5万家）的60.1%，较上年增长3.7个百分点。高新区内高新技术企业实现营业收入、工业总产值、净利润、实际上缴税费、出口总额分别为225 436.3亿元、140 784.7亿元、17 634.9亿元、8381.4亿元、24 350.9亿元，主要经济指标占园区企业经济体量的比重均不低于45%，特别是净利润，其占比达到57.9%（图1-3）。2020年，高新技术企业研发投入和创新产出占园区企业总体研发投入和创新产出的比重均超过75%，多个指标占比超过80%（表1-1）。

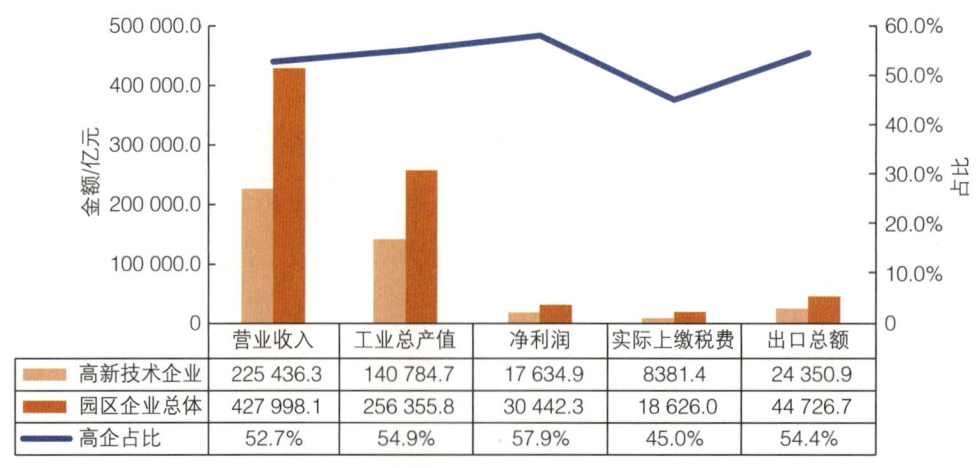

图1-3　2020年国家高新区高新技术企业主要经济指标

表1-1　2020年国家高新区高新技术企业创新情况

	创新指标	区内高企	园区企业整体	占比
研发投入	科技活动经费内部支出/亿元	13 817.8	17 313.8	79.8%
	R&D经费内部支出/亿元	7186.4	9192.2	78.2%
	R&D人员/万人	239.9	296.1	81.0%
创新产出	R&D人员折合全时当量/万人年	162.2	202.4	80.1%
	申请专利/万件	77.0	92.9	82.9%
	其中：申请发明专利/万件	39.1	47.2	82.8%
	授权专利/万件	52.0	61.8	84.1%
	其中：授权发明专利/万件	15.0	18.2	82.4%
	拥有专利/万件	252.0	296.4	85.0%
	其中：拥有发明专利/万件	84.7	100.5	84.3%

以瞪羚企业为代表的高成长企业逐渐成为国家高新区创新发展新引擎。调查显示，2020年共有111家国家高新区实施了瞪羚企业培育计划，占比65.7%（数据来源：调查问卷；样本量$N=169$）。为切实突显瞪羚企业的高成长性和创新能力，2020年国家高新区瞪羚企业筛选标准将科技活动经费占比提升至5%，2020年国家高新区纳入统计的企业中，3321家高成长企业入选国家高新区瞪羚企业，入选率为2.4%，持续维持在较高水平。

国家高新区营业收入超亿元的企业经济效益表现突出。2020年，国家高新区内营业收入超亿元的企业共计实现的营业收入、工业总产值、净利润、实际上缴税费和出口总额分别为403 329.8亿元、241 944.4亿元、30 248.4亿元、17 536.9亿元、43 148.2亿元，占高新区整体的比例均超过94%（表1-2），也就是说，入统企业中数量占1/5的超亿元企业贡献了园区94%以上的经济规模。同时，2020年国家高新区超亿元企业的净利润率和净资产收益率分别为7.5%和11.4%，分别高于高新区企业平均水平0.4和1.3个百分点。

表1-2 2020年国家高新区营业收入超亿元企业主要经济指标

指标	超亿元企业	高新区企业整体	超亿元企业占比
企业数量/家	33 235	165 357	20.1%
营业收入/亿元	403 329.8	427 998.06	94.2%
工业总产值/亿元	241 944.4	256 355.83	94.4%
净利润/亿元	30 248.4	30 442.25	99.4%
实际上缴税费/亿元	17 536.9	18 625.95	94.2%
出口总额/亿元	43 148.2	44 726.65	96.5%
净利润率	7.5%	7.1%	
净资产收益率	11.4%	10.1%	

2020年，169家国家高新区营业收入超过千亿元企业有25家，较2019年增加8家；超过百亿元企业有582家，较2019年增加48家；超过十亿元企业有5540家，占企业总数的3.4%；超过亿元企业有33 235家，占企业总数的20.1%（图1-4）。

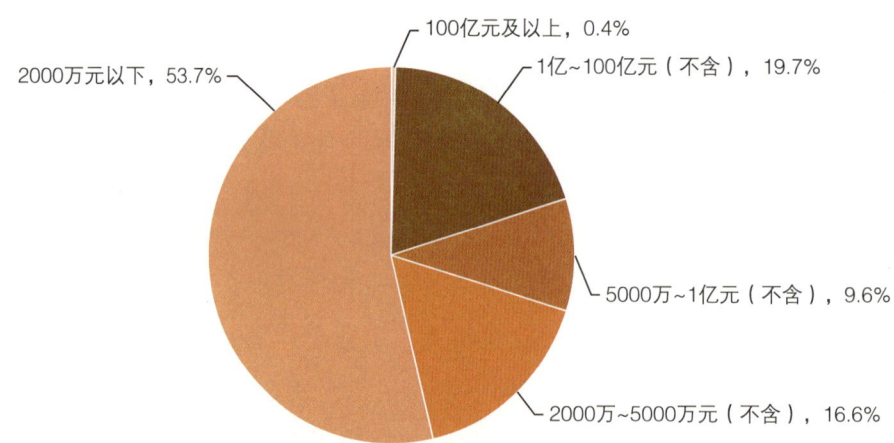

图1-4 2020年国家高新区企业营业收入规模分布

国家高新区上市企业经济效率和效益领先发展。截至2020年年底，169家国家高新区共有1684家上市企业主体，较2018年增加208家，占高新区企业总数的1.0%，主要经济指标占国家高新区的比例超过11%。上市企业的人均营业收入、人均工业总产值、人均净利润、人均实际上缴税费、人均出口总额分别为205.4万元、121.5万元、21.6万元、9.2万元、20.1万元，上市企业各项人均指标均高于园区企业总体的人均指标（表1-3）；上市企业的净利润率为10.5%，高于高新区企业平均水平3.4个百分点。

表1-3　2020年国家高新区上市企业主要经济指标

指标	上市企业/亿元	上市企业占比	上市企业人均/万元	企业整体人均/万元
营业收入	54 504.06	12.7%	205.4	179.6
工业总产值	32 250.93	12.6%	121.5	107.6
净利润	5718.91	18.8%	21.6	12.8
实际上缴税费	2431.94	13.1%	9.2	7.8
出口总额	5328.67	11.9%	20.1	18.8

按上市地点对169家高新区的上市公司主体进行划分，在境内上市1494家，占比88.7%；在境外上市190家，占比11.3%。在境内上市的1494家企业上市市场分布为：深交所主板上市113家、深交所中小板上市327家、深交所创业板上市460家、上交所主板上市450家、上交所科创板上市144家；在境外上市的190家企业上市市场分布为：香港118家、纳斯达克38家、纽约交易所23家、新加坡3家、伦敦1家、其他境外地区市场总计7家（图1-5）。

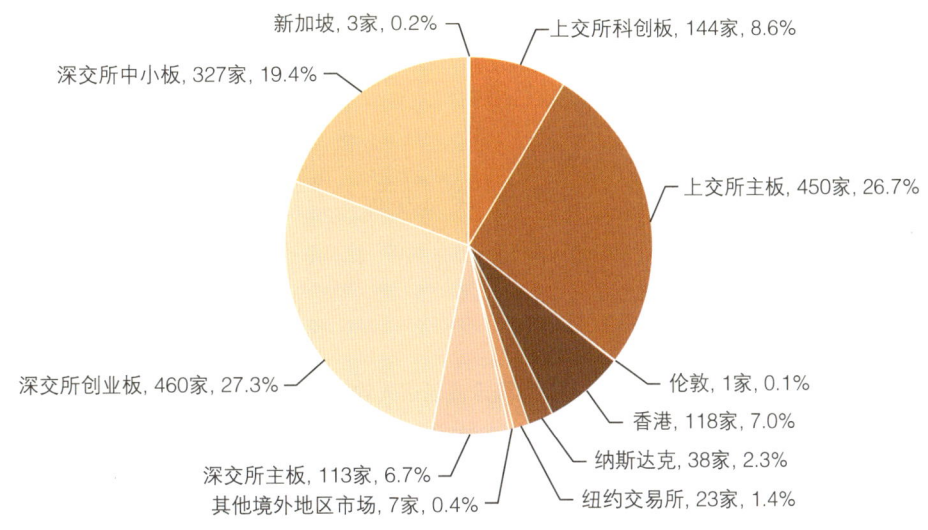

图1-5　2020年国家高新区上市企业地区板块分布情况

（三）综合质效大幅提升，创新驱动引领经济高质量发展

国家高新区稳住经济基本盘的同时，发展质量和效益持续改善。2020年国家高新区纳入统计的企业共实现营业利润34 281.7亿元，营业利润增长14.7%；其中，服务业企业全年实现营业利润11 832.4亿元，较上年增长32.0%。园区企业的营业利润率、增加值率和工业增加值率分别为8.0%、20.2%和21.4%，较上年同期略有波动（图1-6）。

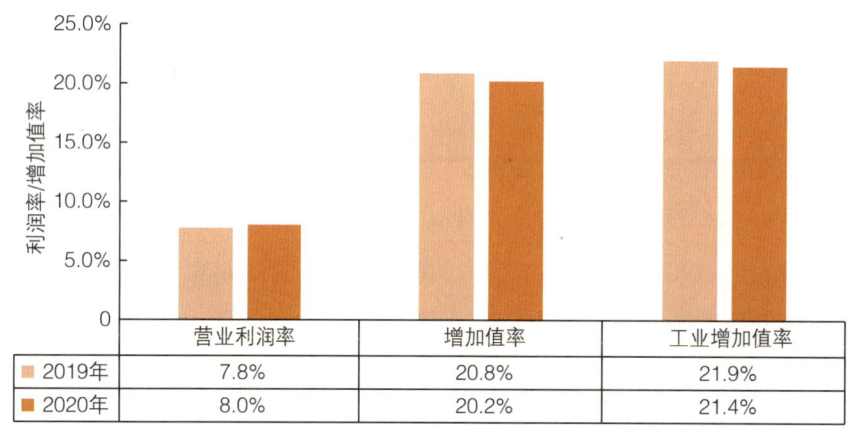

图1-6　2019年、2020年国家高新区企业主要经济效益指标比较

国家高新区坚持科技创新，促进生产效率不断提升，人均享有的社会经济资源和成果持续维持在较高水平。2020年，国家高新区企业人均创造价值有升有降，其中人均工业总产值、人均实际上缴税费较上年有所回落。2020年，国家高新区人均营业收入、人均工业总产值、人均净利润、人均实际上缴税费、人均出口总额分别为179.6万元、107.6万元、12.8万元、7.8万元、18.8万元（表1-4）。2020年国家高新区的劳动生产率为36.6万元/人，是全国全员劳动生产率（13.5万元/人）的2.7倍，成为全国经济效率的高地。

表1-4　2019年、2020年国家高新区人均经济效益指标比较

人均指标	2019年	2020年	同比变化
营业收入/万元	174.2	179.6	3.1%
工业总产值/万元	108.5	107.6	-0.8%
实际上缴税费/万元	8.4	7.8	-7.1%

续表

人均指标	2019年	2020年	同比变化
净利润/万元	11.8	12.8	8.5%
出口总额/万元	18.7	18.8	0.5%

国家高新区积极践行新发展理念，坚持走创新、协调、绿色的新型工业化道路，实现了从科技价值到经济价值，再到社会价值的转变，持续统筹推进"五位一体"总体布局，绿色低碳循环发展成为园区的普遍形态。169家国家高新区中超过50%的高新区获得国际或国内认证机构评定认可的ISO14000环境体系认证。国家高新区积极推动园区企业节能降耗，2020年国家高新区工业企业万元增加值综合能耗为0.451吨标准煤，平均能耗较2019年继续降低。国家高新区坚持宜居宜业发展理念，着力提升综合承载力，调查问卷显示，国家高新区PM2.5低于50的天数平均为256.7天，空气质量排前20位的国家高新区PM2.5低于50的天数均在350天以上，高新区平均绿化覆盖率达到41.3%，森林覆盖率平均为29.1%；且超过91.1%的国家高新区出台了环境保护和绿色发展政策（数据来源：调查问卷；样本量$N=169$），把生态文明和绿色发展放在高新区建设的突出位置。

二、创新能力稳步提升

（一）创新资源不断集聚，财政科技支出加大

国家高新区集聚大量大学机构、科研院所和相关国家级研究机构，为搭建园区创新平台提供知识载体和技术源头。截至2020年年底，169家国家高新区内共有各类大学1137所；科研院所4312家，其中国家或行业归口的科研院所1154家；博士后科研工作站2844个，其中国家认定博士后科研工作站1577个。国家高新区累计建设国家重点实验室（含省部共建）386个、国家工程研究中心（国家工程实验室）（包含分中心）超过270个、国家工程技术研究中心253个、国家地方联合工程研究中心（工程实验室）482个，其中，国家重点实验室、国家工程研究中心（国家工程实验室）数量占全国的比重均超过70%。

国家高新区积极推动企业技术中心、新型研发机构等市场化创新服务机构的发展

建设。截至2020年年底，169家国家高新区拥有各类企业技术中心1.6万家，其中经国家认定的企业技术中心（包含分中心）887家，占全国企业技术中心（1744家，包含分中心）的50.9%，国家高新区企业占有全国企业创新资源的半壁江山。值得注意的是，具有"研发、孵化、服务和投资"四位一体功能、"实体化、资本化、国际化"特征明显的新型研发机构快速发展。据统计，截至2020年年底，169家国家高新区内具有各类新型产业技术研发机构超过2000家，其中省级及以上新型产业技术研发机构超过1000家。这些新型研发机构为破解我国科研与市场对接"两张皮"问题提供了宝贵路径。

国家高新区通过不断加大政府科技资金投入力度，充分发挥财政资金的引导作用，调动社会多元化资金投入创新。2020年，169家国家高新区财政科技拨款总额达1437.9亿元，占高新区财政支出的比例达到15.3%，占全国财政科技支出的比重达14.2%。国家高新区大力支持创新创业，为良好的创新创业生态体系提供多方位的科技金融服务支持。2020年，国家高新区用于支持企业技术创新的资金达到639.6亿元，较上年同比增长22.1%，其中，用于创新券的资金达18.6亿元；用于支持创业风险投资的资金达763.3亿元，用于支持担保机构的资金达392.2亿元；同时，国家高新区不断优化资金使用途径，其中用于支持创新创业服务机构发展的资金达到79.5亿元，用于支持创新创业人才的资金达到125.3亿元，用于吸引和支持大学及研发机构的资金达到319.8亿元。

国家高新区有效利用税收优惠政策，支持和引导企业增加创新投入。2020年，国家高新区内企业通过各项优惠政策共享受税收减免4032.9亿元，较2019年企业享受税收减免规模增加637.6亿元；其中，企业享受高新技术企业所得税减免1301.5亿元、研发加计扣除所得税减免1000亿元、技术转让所得税减免10.8亿元，此三项税收减免分别较上年同比增长19.3%、25.3%和33.7%。企业将来自政府部门的科技活动资金用于企业科技活动的金额为836.9亿元，较上年同比增长3.2%。截至2020年年底，169家国家高新区的16.5万家企业科技活动经费内部支出17 313.8亿元，较上年同比增长15.2%；企业R&D经费内部支出9192.2亿元（图1-7），较上年同比增长11.3%，占全国企业R&D经费支出的49.2%；国家高新区企业研发经费支出占园区生产总值

（GDP）的比例为6.8%，是全国研发经费支出占国内生产总值比例（2.4%）的2.8倍。国家高新区企业的研发投入强度处于较高水平。

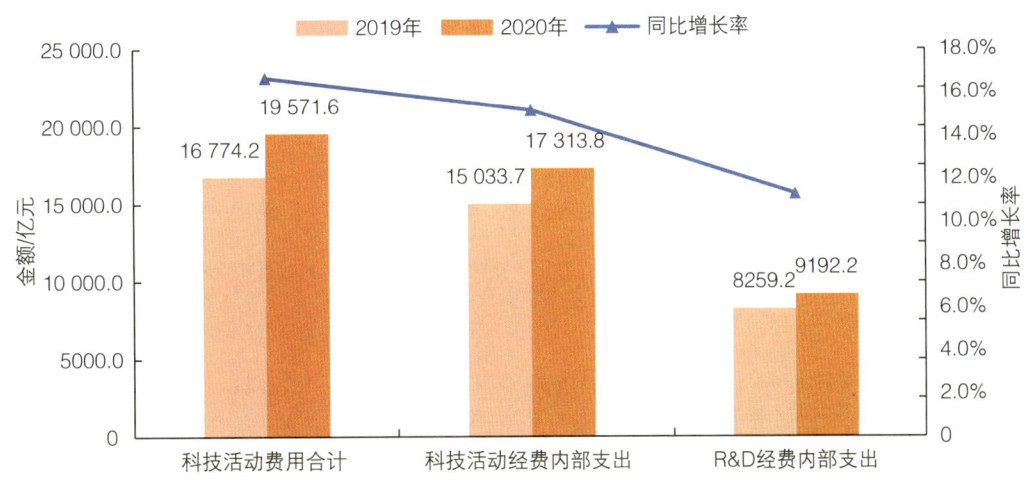

图1-7 2019年、2020年国家高新区企业科技活动／R&D经费内部支出情况

国家高新区坚持高标准招人聚才与立体化培育人才并举，逐步建立起一支规模宏大、富有创新精神、敢于承担风险的创新型人才队伍，成为全国的创新人才高地。2020年，国家高新区企业从事科技活动人员514.4万人，占全部从业人员总数的21.6%，占比较2019年提高0.5个百分点；高新区企业中专业技术人员671.8万人，占全部从业人员总数的28.2%。从业人员中，本科及以上学历人员942.6万人、R&D人员296.1万人、R&D人员全时人员225.7万人，分别较2019年同比增长11.9%、12.1%、13.8%。相较于高新区从业人员7.7%的增长速度，可以看出，高学历人才和科技活动人员的增长速度高于从业人员的平均增速，国家高新区的从业人员队伍整体的结构不断优化。2020年，国家高新区每万名从业人员中R&D人员折合全时当量为849.0人年，是全国每万名从业人员中R&D人员（67.8人年）的12.5倍。超过91.7%的国家高新区都在积极培养技术创新专业服务人才，包括科技创业（风险）管理人才、技术评估人才、技术经纪人才、知识产权服务人才等（数据来源：调查问卷；样本量N=169）。

（二）创新产出成效显著，创新经济价值彰显

2020年，国家高新区企业当年专利申请92.9万件，其中发明专利申请47.2万件，国内发明专利申请40.3万件，占全国国内发明专利申请总量（134.5万件）的30.0%；当年专利授权61.8万件，其中发明专利授权18.2万件，国内发明专利授权15.1万件，占全国国内发明专利申请授权量（44.1万件）的34.2%；国家高新区内企业拥有有效专利296.4万件，其中拥有发明专利100.5万件，拥有境内发明专利86.4万件，占全国国内发明专利拥有量（227.9万件）的37.9%。与2019年相比，大多数类型专利产出量增长率均在10%以上（图1-8）。2020年，169家国家高新区企业申请PCT国际专利约3.6万件，占我国PCT国际专利申请量（7.2万余件，数据来源：世界知识产权组织）的49.4%；申请欧美日专利2.9万件，欧美日专利授权量约2.4万件。

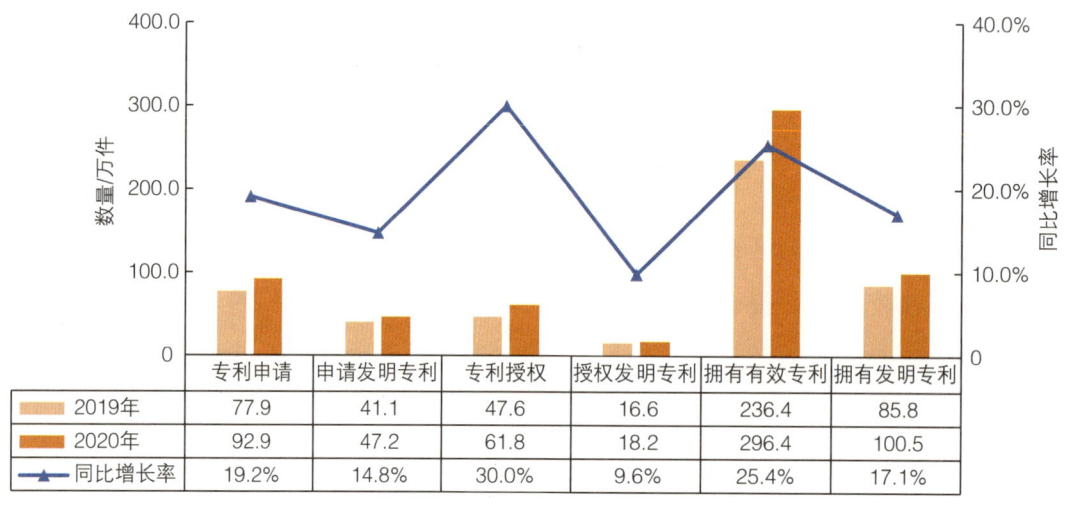

图1-8　2019年、2020年国家高新区专利申请、授权、拥有数量情况

国家高新区人均专利产出量持续增长，专利成果产出效率稳步提升。2020年，国家高新区万名从业人员当年专利申请389.6件，其中发明专利申请198.1件；万名从业人员当年专利授权259.5件，其中发明专利授权76.3件；万名从业人员拥有有效专利1243.6件，其中拥有有效发明专利421.6件。通过比较可以看出，2018年以来，国家高新区企业万名从业人员专利和发明专利的申请、授权、拥有数量均呈现增长态势（表1-5）。同时，国家高新区的发明专利万人产出量远远高于全国平均水平，万名从业人员发明专利的申请、授权、拥有数量分别是全国平均水平的11.1倍、12.9倍和

13.9倍；高新区发明专利的申请、授权、拥有数量在全部专利中占比均高于全国整体水平，分别是全国相应比重的2.0倍、2.4倍、1.8倍（图1-9）。随着国家高新区研发投入强度的持续加强，研发投入带来的创新产出日益明显。2020年，国家高新区继续加大研发投入专利产出，除授权发明专利外，2018—2020年各类型专利的亿元研发投入产出量均有所增长（表1-6）。

表1-5　2018—2020年国家高新区万名从业人员专利产出量

单位：件

万人专利产出量	2018年	2019年	2020年
申请专利	322.3	352.0	389.6
申请发明专利	173.2	185.8	198.1
授权专利	193.3	214.9	259.5
授权发明专利	68.5	74.8	76.3
拥有有效专利	919.0	1068.0	1243.6
拥有有效发明专利	349.7	387.8	421.6

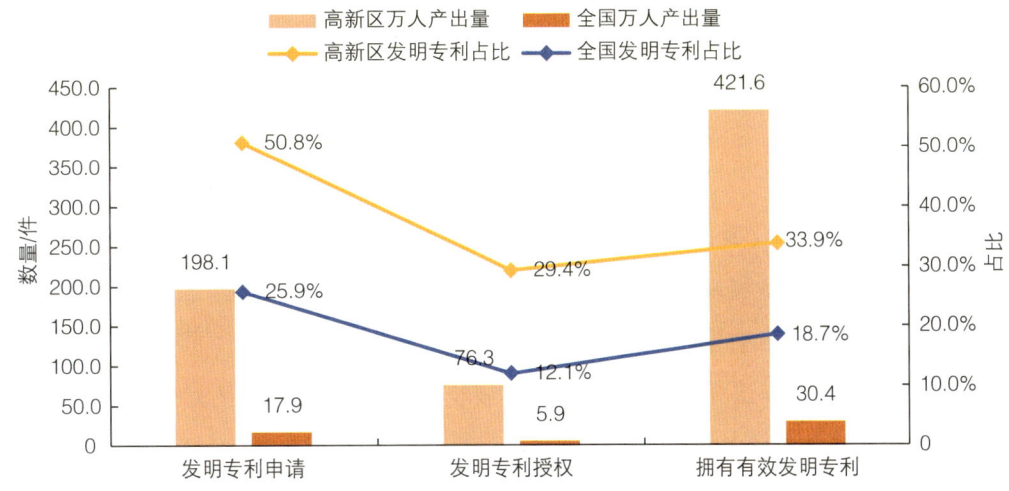

图1-9　2020年国家高新区发明专利产出量及与全国对比情况

表1-6 2018—2020年国家高新区亿元研发投入专利产出量

单位：件

亿元研发投入专利产出量	2018年	2019年	2020年
申请专利	90.4	94.3	101.0
申请发明专利	48.6	49.8	51.4
授权专利	54.2	57.6	67.3
授权发明专利	19.2	20.0	19.8
拥有有效专利	257.8	286.2	322.5
拥有有效发明专利	98.1	103.9	109.3

截至2020年年底，169家国家高新区企业拥有软件著作权145.1万件，其中当年获得23.6万件；拥有集成电路布图1.9万件，其中当年获得5128件。与上年同比，软件著作权、集成电路布图的拥有量分别增长39.4%、39.6%。2020年，国家高新区企业拥有植物新品种2279件，其中当年获得383件；拥有国家一类新药品种465件，其中当年获得33件；拥有国家一级中药保护品种47件，其中当年获得14件；高新区每万人拥有软件著作权、集成电路布图、植物新品种分别为608.9件、8.1件和1.0件。2020年，国家高新区企业拥有注册商标109.6万件，其中当年新增注册商标15.1万件，较上年增长13.8%，每万人拥有注册商标459.9件，较2018年提高80.3件。

国家高新区在创新经济价值实现方面成效显著，国家高新区所构建的区域创新系统较好地推动了科技成果转化。2020年，169家国家高新区企业新产品产值达到86 350.5亿元，新产品实现销售收入88 222.2亿元，分别比上年增长4.9%和1.9%，新产品销售收入占产品销售收入的29.8%。国家高新区企业技术合同交易非常活跃，2020年国家高新区企业认定登记的技术合同成交金额达到8017.4亿元，占全国技术合同成交额（28 251.5亿元）的比重为28.4%。

（三）创新服务体系完善，"双创"水平不断提高

国家高新区在创业孵化、促进企业创新、提供创新创业平台和便利的硬件设施环境等方面为园区创新主体提供了较好的服务，取得显著成效。国家高新区通过推进产学研协同创新中心建设、技术转移机构建设，推动企业与各类创新要素的融合，进

一步促进科技成果价值化。截至2020年年底，国家高新区内共有生产力促进中心503个，其中国家级111个；共有各类产业技术创新战略联盟1805个，其中国家级174个；累计建成技术转移机构2175家，其中经认定的国家技术转移示范机构313家。国家高新区积极开展科技项目活动委托与合作。2020年，169家国家高新区内企业委托外单位开展科技活动的经费支出为2204.1亿元，占全年企业科技活动费用的11.3%；其中，委托境内研究机构支出417.5亿元、委托境内高等学校支出52.7亿元、委托境内企业支出1432.3亿元、委托境外机构支出227.5亿元。

国家高新区具有创业孵化和内生增长的先天基因，在支持大众创业、万众创新方面具有绝对的先天优势。截至2020年年底，169家国家高新区内共有国家级科技企业孵化器739家，占国家级孵化器总数的56.6%；共有科技企业加速器888家。国家高新区内科技企业孵化器和加速器总面积分别为8232.9万平方米和7330.4万平方米，其中国家级科技企业孵化器75.7%的面积①供在孵企业使用（图1-10），占比较上年进一步提升。国家高新区持续集聚和积累创新创业要素资源，科技企业孵化器、加速器为各类创业主体注入了鲜活动力。统计数据显示，纳入统计的710家国家级科技企业孵化器内共有在孵企业5.9万家，其中当年新增在孵企业1.5万家，累计毕业企业6.9万家。710家国家级科技企业孵化器内在孵企业从业人员88.3万人，较2019年增长1.6万人；当年吸纳应届毕业生7.9万人，占从业人员比重的8.9%。截至2020年年底，国家高新区内纳入统计的710家国家级科技企业孵化器共获得各级财政资助资金29.0亿元，由于疫情，孵化器获得财政资助资金出现较大涨幅，较上年增长16.5%；单位孵化器获得各级财政资助资金409.0万元，较上年有所下降。截至2020年年底，国家高新区内共计285家国家级科技企业孵化器当年享受孵化器税收优惠政策，当年共享受免税金额2.7亿元，较上年增长12.5%。

---

① 2020年，国家高新区内的739家国家级科技企业孵化器共有710家参与科技企业孵化器统计调查。此处数据为纳入统计的710家国家级科技企业孵化器的总面积。

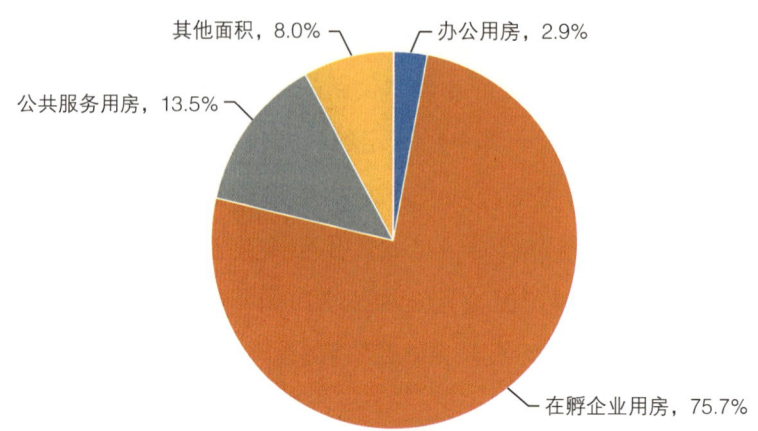

图1-10 2020年国家级科技企业孵化器使用面积用途分布情况

经过几年的建设发展，众创空间已经成为国家高新区发展新经济、培育新动能、紧密对接实体经济的重要力量。截至2020年年底，169家国家高新区拥有3681家众创空间，其中科技部备案的众创空间1147家，纳入统计的众创空间共计2060家，提供创业工位45.3万余个，当年服务的创业团队和创业企业13.4万家，吸纳就业58.7万人，其中吸纳应届毕业大学生就业8.3万人。2060家众创空间服务人员达到2.3万人，服务收入和投资收入达30.2亿元，当年有2.5万家服务的创业团队注册成立为企业。高新区内众创空间为2.8万家企业和团队提供了技术支持服务，常驻创业团队和企业目前共拥有有效知识产权20.9万件，其中发明专利3.2万件。

国家高新区进一步强化公共服务平台建设，整合政府和社会资源，为企业提供创业指导、人力资源、法律服务、金融服务等全方位立体化的服务，加强对企业成长的支撑。截至2020年年底，169家国家高新区内共有人才服务机构6936家；会计师事务所2625家；审计事务所1991家；律师事务所3103家；税务机构1143家；知识产权服务机构10 916家，其中专利服务机构4073家，商标事务所6811家。截至2020年年底，国家高新区内共有银行5679家，其中科技支行780家；担保公司1688家；小额贷款公司1429家；科技融资租赁公司1815家；科技金融服务机构6078家。2020年，169家国家高新区共有创业风险投资机构6642家，平均每家高新区拥有39.3家，企业当年获得创业风险投资机构的风险投资额共计1877.1亿元，与2019年相比，获得风险投资增长超过85.3%。

随着创新创业生态系统的完善和优化，国家高新区创业活动持续活跃，创业主体日趋多元化，创新含量不断提高，创新创业创造已经成为国家高新区的价值导向和生活方式。2020年，超过88%的国家高新区建立了创业投资引导机制，超过91%的国家高新区出台了支持高校、科研院所专业技术人员离岗创业的专项政策。2020年，国家高新区依然把举办形式多样的创新创业活动作为培育创新创业氛围的重要抓手，进而带动园区企业和人员深入参与创新创业发展。2020年，超过78%的国家高新区直接举办或承办创新创业赛事活动，另有36家高新区积极推荐园区企业参赛；平均每家国家高新区举办创新创业活动超过178场次、开展创业教育和培训83场次。国家高新区通过举办形式多样的创新创业活动，培育创新创业氛围，促进园区企业或人员参与双创发展。超过49%的国家高新区形成大学生创业、科研人员创业、留学归国人员创业、大企业高管离职创业及连续创业、返乡就业人员创业等五类创业并存的活跃氛围（数据来源：调查问卷；样本量$N=169$）。

2015—2020年国家高新区当年新注册企业数持续提升[①]（图1-11）。2020年，全国169家高新区共有工商注册企业358.7万余家，其中当年新注册企业约74.8万家，当年新注册企业占工商注册企业总数的20.8%，受到疫情影响，当年新注册企业占比出现下降，该比例较2019年下降0.8个百分点，但持续保持较高比重。高新区当年新注册企业中有21.1万余家技术开发和技术服务型企业，占当年新注册企业的28.3%。169家国家高新区纳入火炬统计的2020年当年注册企业共有983家，实现营业收入807.3亿元，户均营业收入8212.3万元；企业年末从业人员共计4.2万人，单位新注册企业创造就业岗位超过42个。

---

① 这里只是为了大概比较国家高新区企业注册的整体情况，没有排除国家高新区数量规模扩张的影响。

图1-11 国家高新区当年新注册企业变化情况（2015—2020年）

三、产业结构不断优化

（一）高技术制造业经济占优，高技术服务业增长更快

国家高新区自创建以来，始终坚持以"发展高科技、实现产业化"为使命，不断加强技术创新，把科学技术转变为现实生产力，实现高新区产业发展的多样化和高端化，把高新区建设成产业高地。由高技术制造业[①]和高技术服务业[②]共同构成的高技术产业已经成为国家高新区产业的重要构成部分。2020年，169家国家高新区中属于高技术产业的企业达90 129家，占高新区企业总数的54.5%；从业人员达1059.3万人，占高新区从业人员总数的44.4%。2020年高技术产业创造的营业收入、工业总产值、净利润、上缴税费和出口总额分别为149 547.8亿元、83 463.7亿元、13 598.3亿元、5757.0亿元和28 820.5亿元，占高新区总体经济指标的比重均超过30%，其中出口总额占高新区企业的比重达64.4%（表1-7）。

---

① 高技术制造业的划分以《国民经济行业分类》（GB/T 4754—2017）为基础，指国民经济行业中R&D投入强度（R&D经费支出占主营业务收入的比重）相对较高的制造业行业，包括医药制造，航空、航天器及设备制造，电子及通信设备制造，计算机及办公设备制造，医疗仪器设备及仪器仪表制造，信息化学品制造等六大类。
② 高技术服务业的划分以《国民经济行业分类》（GB/T 4754—2017）为基础，指采用高技术手段为社会提供服务活动的集合，包括信息服务、电子商务服务、检验检测服务、专业技术服务业的高技术服务、研发与设计服务、科技成果转化服务、知识产权及相关法律服务、环境监测及治理服务和其他高技术服务（实际没有第9类）等九大类。

表1-7　2019年、2020年国家高新区高技术产业主要指标

指标	2019年	2020年	同比增长率	占高新区比重
企业数量/家	73 679	90 129	22.3%	54.5%
从业人员/万人	931.6	1059.3	13.7%	44.4%
营业收入/亿元	127 604.0	149 547.8	17.2%	34.9%
工业总产值/亿元	74 745.7	83 463.7	11.7%	32.6%
净利润/亿元	9861.8	13 598.3	37.9%	44.7%
上缴税费/亿元	5422.6	5757.0	6.2%	30.9%
出口总额/亿元	25 300.4	28 820.5	13.9%	64.4%

2020年国家高新区高技术产业中属于高技术制造业的企业为20 578家，占高新区统计企业的12.4%，占比较上年下降0.5个百分点；属于高技术服务业的企业共计69 551家，占高新区统计企业的42.1%，占比较上年上升2.8个百分点；高技术服务业企业数量为高技术制造业企业数量的3倍多。从主要经济指标来看，高技术制造业依然在经济总量方面占据绝对地位，特别是高技术服务业的产业特性决定了其出口总额要远低于高技术制造业；从增长率来看，高技术服务业增长更快，除出口总额外，高技术服务业主要指标增速均高于高技术制造业（图1-12）。从2020年国家高新区高技术产业增长贡献度分布情况也可以看出，高技术服务业在创造新的工作岗位、扩大就业方面贡献很大，高技术服务业净利润首次在总量上超过高技术制造业，高技术服务业的盈利性开始凸显，另外，高技术服务业上缴税费的贡献度也逐步趋近高技术制造业。同时可以看出，由于国家高新区持续推进产业结构调整，越来越多的国家高新区布局和发展高技术服务业，高技术服务业在企业数量贡献度上已经远超过高技术制造业（图1-13）。国家高新区在调结构、转方式等方面的效果日益凸显，高技术服务业正在成长为支撑高新区发展的重要力量。

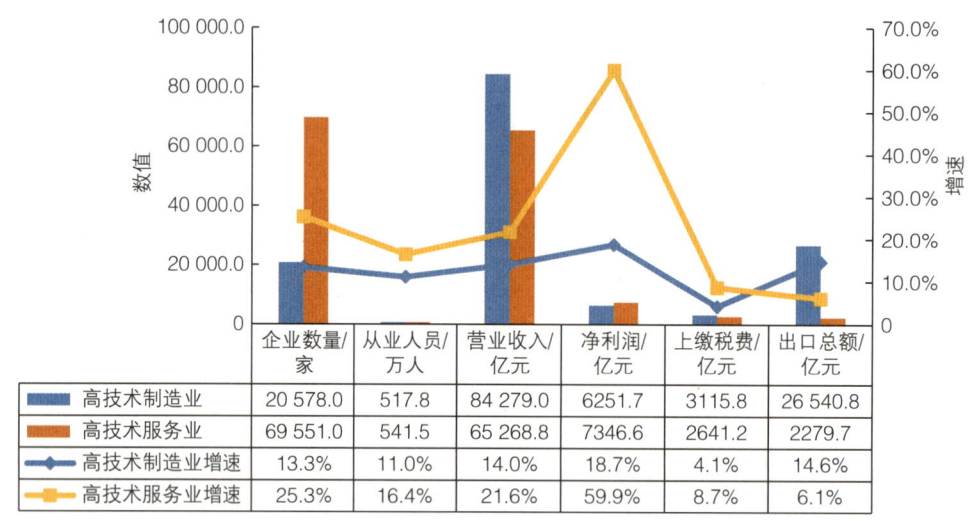

图1-12 2020年国家高新区高技术制造业、高技术服务业主要经济指标

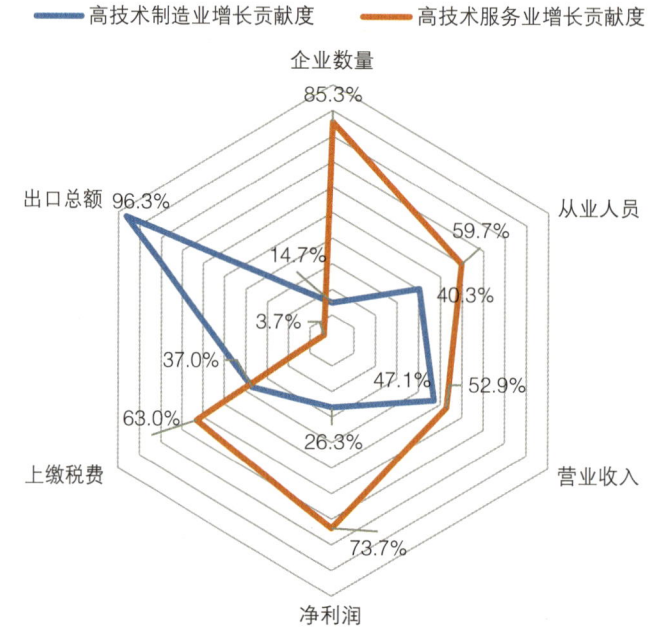

图1-13 2020年国家高新区高技术产业增长贡献度分布情况

（二）电子信息及服务业居多，主导产业呈集群化发展

近年来，国家高新区以增量带动存量，持续在推动产业高端化、专业化、品牌化发展上发力，积极培育创新型企业和特色高新技术产业，推动产业迈向价值链中高端。调查问卷显示，全部国家高新区均制定了明确的产业规划，且大多数高新区都建

立了形式多样、功能各异的产业促进机构（数据来源：调查问卷；样本量N=169）。

按照国民经济行业分类中符合高技术制造业、高技术服务业的产业范畴将169家国家高新区的企业进行产业划分，以营业收入进行计算，选取高技术制造业/服务业中营业收入最大的产业作为该高新区的主导产业，结果显示，2020年，国家高新区高技术制造业/服务业的主导产业主要集中在10大类别，其中，高技术制造业中以电子及通信设备制造业为主导产业的高新区最多，共68家；高技术服务业中以信息服务业为主导产业的高新区最多，共38家（图1-14）。

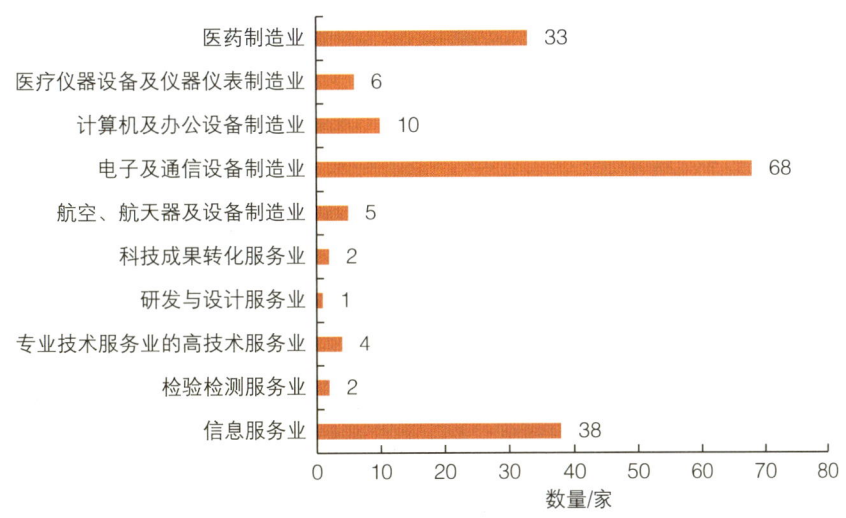

图1-14　2020年国家高新区主导产业分布情况

对各国家高新区主导产业的营业收入进行测算得出该高新区内高技术制造业或高技术服务业的聚集度[①]（表1-8），2020年聚集度超过50%[②]的高新区为17家，较上年增加1家，超过30%的高新区为48家，超过20%的高新区达到67家，高新区数量均较上年有所增长；其中有23家高新区的高技术产业占园区整体营业收入的比例超过50%，有103家高新区的主导产业营业收入占园区全部高技术产业营业收入的比例超

---

① 产业聚集度反映国家高新区高技术制造业或高技术服务业的产业聚集程度；本报告通过两个维度考察：第一是该国家高新区主导产业营业收入占园区全部高技术产业营业收入的比例；第二是该国家高新区高技术产业占园区整体营业收入的比例。
② 如果某高新区产业聚集度超过50%，则该高新区主导产业营业收入占园区全部高技术产业营业收入的比例、高技术产业占园区整体营业收入的比例均需超过50%。

过50%。依托各地发展特色和发展基础，国家高新区以打造产业链条为目标，积极布局创新链，科学规划产业结构，推动产业结构持续优化提升，发展产业属性相关、产业形态互动、发展过程互补的集群形态，形成各具特色的创新型产业集群。国家高新区产业持续向集群化、集约化发展，且更加注重产业的高端化发展和多元产业支撑发展。

表1-8 2020年国家高新区按地区划分的主导产业分布情况

地区	信息服务业	检验检测服务业	专业技术服务业的高技术服务业	研发与设计服务业	科技成果转化服务业	航空、航天器及设备制造业	电子及通信设备业制造业	计算机及办公设备制造业	医疗仪器设备及仪器仪表业制造业
北京	1								
天津	1								
河北	4								
山西	2								
内蒙古							3		
辽宁	3								1
吉林	1						1		
黑龙江	1	1					1		
上海	2								
江苏	2						12	1	
浙江	2						3		1
安徽	1		2				1	1	
福建	3						2	1	
江西						1	6	1	
山东		1		1			4	1	2
河南	3					1	1	1	1
湖北		1				1	7		
湖南	1				1	1	4		
广东	2						10	1	
广西	1						1	1	
海南	1								
重庆							1	2	
四川	1				1		4		
贵州	1					1			
云南							1		
陕西	2						4		

续表

地区	信息服务业	检验检测服务业	专业技术服务业的高技术服务业	研发与设计服务业	科技成果转化服务业	航空、航天器及设备制造业	电子及通信设备制造业	计算机及办公设备制造业	医疗仪器设备及仪器仪表业制造业
甘肃	2								
青海									
宁夏			1				1		
新疆	1						1		1
总计	38	2	4	1	2	5	68	10	6

（三）产业价值链层级不断提升，技术收入增幅明显

2020年，国家高新区内高技术产业的净利润率为9.1%，高于高新区平均水平2个百分点，其中，属于高技术制造业的企业平均净利润率为7.4%，属于高技术服务业的企业平均净利润率为11.3%。6类高技术制造业和8类高技术服务业分类中，共有8个类别的高技术产业净利润率高于高新区平均水平，其中，医药制造业、信息服务业、医疗仪器设备及仪器仪表制造业、检验检测服务业的净利润率均超过10%，检验检测服务业的净利润率更是高达16.5%（图1-15）。

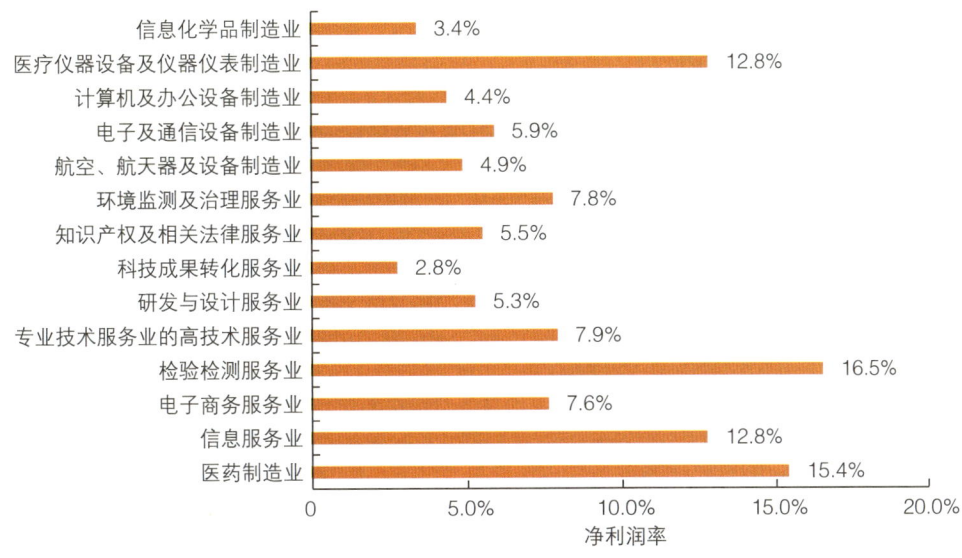

图1-15　2020年国家高新区高技术制造业、高技术服务业各细类的净利润率

2020年，169家国家高新区企业技术收入为58 822.7亿元，较上年同比增长24.2%；技术收入占营业收入的比重为13.7%（图1-16），较上年提高1.4个百分点；从结构上看，技术转让收入1877.78亿元，占技术收入的比重为3.2%，技术承包收入8318.8亿元，占技术收入的比重为14.1%，技术咨询与服务收入37 975.5亿元，占技术收入的比重为64.6%，接受委托研究开发收入2987.5亿元，占技术收入的比重为5.9%。服务性技术收入占技术收入的八成以上。

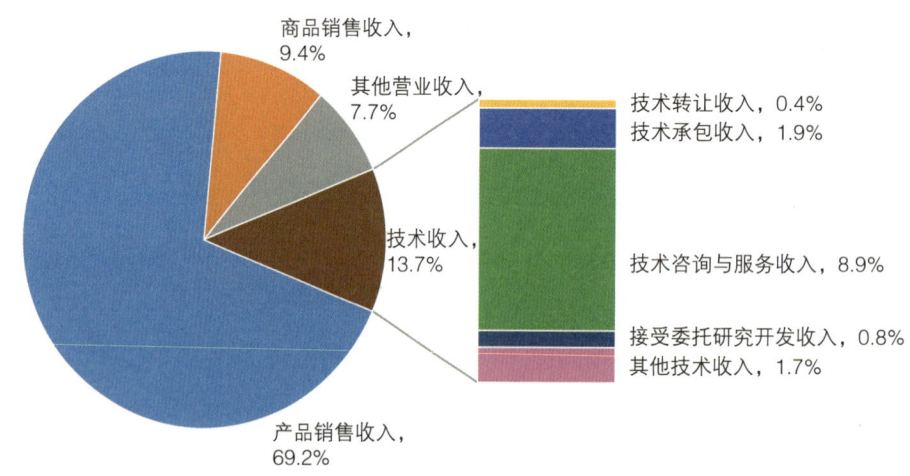

图1-16　2020年国家高新区企业营业收入构成情况

四、国际化破局前行

（一）新冠肺炎疫情肆虐，国际环境不确定因素增多

2020年年初暴发的新冠肺炎疫情已超出了重大突发公共卫生事件的范畴，对全球经济、政治、社会生活等带来重大冲击，深刻影响了世界格局，保护主义、单边主义上升，国际经济、科技、文化、安全、政治等格局都发生深刻调整，加剧了我国发展环境的复杂性和不确定性。新冠肺炎疫情暴发以来，世界经济遭受重创。在2020年上半年我国GDP增速还是负值的情况下，下半年经济能够强势反弹，得益于中国对疫情的成功控制。作为世界第一大经济体的美国，由于受到疫情冲击，2020年GDP总量约为20.9万亿美元，对比上一年度缩减了5000亿美元左右，同比实际下降3.5%，这是自2009年以来首次出现萎缩。

疫情在一定程度上瓦解了全球产业链分工模式，加速从"廉价众选"供应关系向"精选稳定"供应关系方向转型。各主要国家或经济体普遍加强对科技创新创业交流合作的管控和封锁，包括加强对高端智力和知识资源、产业进入门槛和管道、资本融资和市场拓展等的管控。经济体内部产业"联结性"和外部配套支撑条件的减损，都严重威胁到我国产业安全。一些国家对我国科技创新发展管控、封锁和打压的程度进一步加深，疫情带来了对国家或经济体内部"供应链"体系的自主性考验，逆全球化操作和寻求与我国"供应链"脱钩的操作大大增加。此外，疫情对需求、供给、资金链及供应链等的多重"夹击"，都由企业微观主体承压，部分企业面临倒闭风险，以中小微企业为甚。疫情期间，为减轻中小企业的经营压力和负担，各地方出台多项政策，引导和支持创业孵化机构为在孵企业减免房租。面对疫情，多数国家高新区能够危中抢机，充分发挥政策制度优势，在加强疫情防控、维护社会稳定发展的同时，全力抓好经济，通过制定减免房租、税收扶持、社保补贴、出口贸易补贴、贷款贴息支持、融资担保支持、企业技改补贴、招商引资补贴、畅通网上审批、优先兑现奖励等多项扶持措施，全力支持区内企业复工复产，最大限度降低疫情的影响。整体来看，国家高新区经济发展经受住了疫情考验，2020年各项指标增速明显领先于所在省市和全国均值，表现出较强的韧性和承压能力。

（二）集聚整合国际资源，主动融入全球创新体系

国家高新区鼓励企业积极开拓和利用国际市场，加快调整和优化企业出口贸易结构，重点发展高附加值的高新技术产品和技术服务出口。从总量上看，2020年国家高新区出口规模稳中有升，同比增长8.1%；国家高新区企业出口总额占营业收入的比重为10.5%，占比较2019年小幅收窄；国家高新区出口总额占全国外贸出口（货物及服务出口为198 683.1亿元）的比重达到22.5%，较2019年上涨0.9个百分点。同时，国家高新区出口贸易结构进一步优化，国家高新区企业高新技术产品出口总额为27 001.9亿元，技术服务出口总额为2916.0亿元，分别较2019年同比增长14.8%、14.3%。国家高新区企业高新技术产品出口总额占全国高新技术产品出口（53 573.7亿元）的比重为50.4%，占比较上年提升3.8个百分点；国家高新区企业实现技术服务出口总额占全国服务出口（19 356.7亿元）的比重为15.1%，较2019年提升2.1个百分点；高新区高新技术产品出口和技术服务出口占高新区出口总额的比重分别为60.4%

和6.5%（图1-17）。国家高新区通过调整和优化出口贸易结构等形式，不断提升企业参与国际贸易的水平和层级，高新技术产品出口和技术服务出口表现出较好的发展势头。

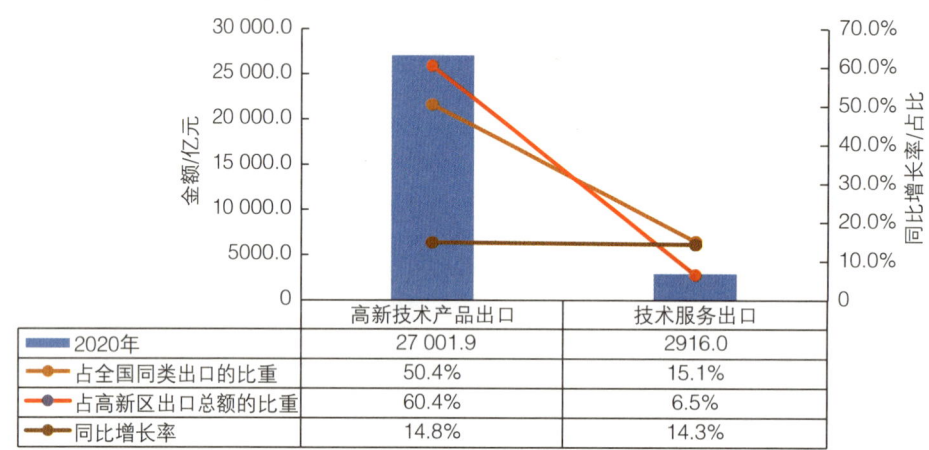

图1-17　2020年国家高新区高新技术产品出口和技术服务出口情况

国家高新区通过集聚、整合和利用全球创新资源，持续加强科技开放合作，国际一流研发机构和海外高层次创新人才云集国家高新区。国家高新区积极鼓励跨国公司设立研发机构，加强外资研发机构的技术溢出。截至2020年年底，国家高新区内共有外资研发机构3830家，外资研发机构是高新区有效配置国际创新资源的重要平台。国家高新区吸纳大量海外高层次人才创办、经营企业，截至2020年年底，国家高新区企业从业人员中有留学归国人员21.0万人、外籍常住人员7.2万人，引进外籍专家1.6万人。由于疫情影响，只有留学归国人员较上年保持较快增长，同比增长23.2%，引进外籍专家、外籍常住人员均较上年有所下降。169家国家高新区中共有留学生创办企业5.5万家，较2019年同比增长9.2%。

国家高新区积极整合国际资本，企业通过在境外资本市场上市、融资等方式吸引大量国际资金。2020年国家高新区实际利用外资金额4252.5亿元，较2019年同比增长12.1%，占全国实际使用外商直接投资金额（10 000亿元）的比重为42.5%，占比较2019年持续提升；企业海外上市融资股本为1559.8亿元，较2019年同比下降14.3%，其中，内资控股企业海外上市融资股本为1306.9亿元，占高新区全部企业海外上市融资股本的83.8%，内资控股企业海外上市融资继续保持强劲势头。

国家高新区引导企业开展境外投资，鼓励企业建立海外分支机构，支持企业通过获取境外知识产权、境外收购等方式，培育国际化品牌，帮助企业塑造全球竞争优势。2020年，国家高新区纳入统计企业共实现对外直接投资1439.7亿元，较2019年同比下降7.1%，占全国对外非金融类直接投资额（7598亿元）的比重达18.9%。国家高新区企业不断加快国际化步伐，"走出去"成为高新区企业抢抓发展机遇的一条重要路径。高新区企业通过加大科技研发与创新，将越来越多的高新区特色优质资源输出到国外市场，打开了国际渠道。2020年国家高新区企业共设立境外营销服务机构7656家，设立境外研究开发机构2061家，设立境外生产制造基地1033家，其中当年在境外设立的分支机构1779家。

国家高新区大力促进企业国际知识产权创造、运用、保护和管理，支持企业申请境外专利、注册商标。截至2020年年底，国家高新区企业拥有境外授权专利18.2万件，其中授权境外发明专利14.1万件，拥有境外注册商标12.8万件，共有304家企业参与国际标准的制定；其中，内资控股企业拥有境外授权专利14.8万件，拥有境外注册商标9.8万件，共有264家内资控股企业参与国际标准的制定，内资控股企业境外知识产权数量占全部企业的比重均超过70%（表1-9）。

表1-9　2020年国家高新区内资控股企业和全部企业境外知识产权情况

指标	内资控股企业	全部企业	占比
境外授权专利/万件	14.8	18.2	81.4%
境外注册商标/万件	9.8	12.8	76.6%
申请欧美日专利/万件	2.1	2.9	72.4%
申请PCT国际专利/万件	2.7	3.6	75.5%
授权欧美日专利/万件	1.9	2.4	79.2%
拥有欧美日专利/万件	9.8	11.9	82.4%

（三）以国内大循环为主，国内国际双循环相互促进

国家高新区积极构建双循环发展格局，加快形成以国内大循环为主体、国内国际双循环相互促进的新发展格局。面对新冠肺炎疫情带来的深远影响及外部环境变化带来的新挑战，国家高新区以全球视野谋划和推动创新发展，积极践行"一带一路"倡议，通过产品国际化、要素国际化和组织国际化并行，搭建国际技术转移服务平台，主动融入全球创新发展体系，高新区国际贸易拓展能力、全球创新资源集聚能力和企业创新的国际竞争力逐渐增强。调查问卷显示，77.5%的国家高新区出台了国际化发展政策，已经开启国际化战略布局（样本量N=169）。

五、各园区协调发展

国家高新区围绕做实做好"高"和"新"两篇文章，加大体制机制改革和政策先行先试力度，促进科技、人才、政策等要素的优化配置，完善创新服务和产业培育体系。科技部注重加强对国家自主创新示范区、国家高新区的统筹谋划，及时进行政策总结评估，加快成熟试点政策向全国推广。科技部火炬中心坚持对国家高新区开展考核评价，进行分类发展指导，全面推进世界一流高科技园区[1]、创新型科技园区[2]和创新型特色园区[3]等三类园区建设，深化不同园区分类指导，发挥好三类园区的示范引领和辐射带动作用。为引导新升级高新区加快发展，火炬中心组织实施了新升级国家高新区"创新驱动、战略提升"行动，紧抓新升级国家高新区的发展机遇，坚定创新发展思路，科学制定园区发展思路和产业发展战略，适应新常态发展，努力在"以升促建"过程中实现赶超跨越。

（一）自创区引领示范，创新驱动高质量发展

建设国家自主创新示范区是党中央、国务院为提升我国自主创新能力，加快创新

---

[1] 世界一流高科技园区（10家）包括中关村、上海张江、武汉、深圳、成都、西安、杭州、苏州工业园区、合肥、广州。
[2] 创新型科技园区（18家）包括天津、长春、大庆、常州、无锡、苏州、宁波、厦门、济南、青岛、淄博、潍坊、威海、郑州、洛阳、长沙、中山、宝鸡。
[3] 创新型特色园区（29家）包括石家庄、保定、包头、大连、南京江宁、江阴、无锡宜兴环保园、武进、昆山、常熟、泰州、蚌埠、烟台、安阳、襄阳、宜昌、荆门、株洲、湘潭、佛山、惠州、江门、南宁、桂林、柳州、泸州、昆明、安康、乌鲁木齐。

发展的一项战略举措，是依托国家高新区建设基础，进一步探索创新驱动发展的"新模式、新路径"。2009年3月，国务院批复同意依托中关村科技园区建设中关村自主创新示范区，开启了国家自主创新示范区建设发展之路。截至2021年，国务院共批复建设21个国家自创区，涉及全国56个城市，涵盖61个国家高新区。各地国家自创区及所在省市政府结合地方实际，大胆探索适应本地区科技创新和产业发展需求的政策措施，充分发挥基层首创精神，在科技成果转移转化、科技金融、人才引进和培养包容审慎监管等方面开展政策创新和先行先试，一系列含金量高、突破力度大的创新政策陆续出台。

国家自主创新示范区积极发挥改革创新"试验田"的作用，探索科技创新和体制机制改革"双轮驱动"的先行先试政策，在促进经济结构调整、发展方式转变和加快建设创新型国家过程中发挥了重要的引领示范和辐射带动作用。据不完全统计，截至2021年，国家自创区及所在省市已发布创新政策近5000条。一批体制机制改革和政策先行先试成果已经推广到全国，充分发挥了改革"试验田"作用，成为国家创新驱动发展的重要力量。近年来，为进一步深化体制机制改革、加快实施创新驱动发展战略，国家自主创新示范区的覆盖范围逐步构建起由点到线再到面、从东到中再到西的全方位、立体化布局。各地区也把国家自主创新示范区建设作为实施创新驱动发展战略的切入点和推动创新发展的重要抓手，在组织保障、政策支持、重大项目等方面加大支持力度。

随着自由贸易试验区向纵深拓展，多个区域出现自由贸易试验区与自主创新示范区叠加的局面，部分园区拥有自创区和自贸区两大"金字招牌"，迎来一系列发展机遇，这些园区以自创和自贸"双自联动"，充分利用国内国际"两个市场、两种资源"，进一步实施先行先试政策，促进制度创新、开放创新、金融创新和科技创新的多维度融合，推动人才、资本、技术、知识等多要素资源联动，加强产学研、内外资、政社企的多主体协同，促进科技、金融、贸易、产业的多维度融合，着力打造国际化循环、全球化配置的创新创业生态系统，促进制度创新、开放创新、金融创新、科技创新的深度融合，不断提升区域发展质量与效益。2020年，21家国家自主创新示范区内高新区共实现营业收入326 190.2亿元、工业总产值177 117.4亿元、净利润23 949.5亿元、实际上缴税费13 509.3亿元、出口总额39 059.3亿元，分别占169家国家高新区的76.2%、69.1%、78.7%、72.5%、87.3%，是国家高新区的中坚力量（图1-18）。

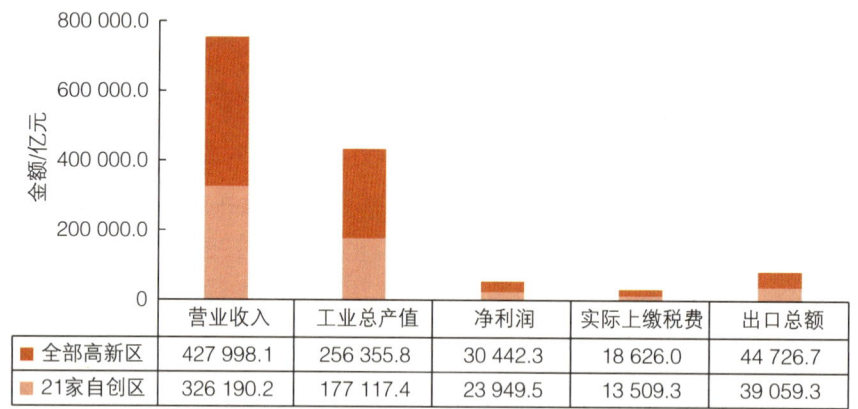

图1-18 2020年自创区与全部高新区主要经济指标比较

国家自主创新示范区支持创新投入、新兴产业发展和科技创新对经济增长的贡献率均处于较高水平。2020年，国家自主创新示范区内高新区财政科技拨款占财政总支出的比重为17.7%，较169家国家高新区比重高2.4个百分点，超过2010年财政科技拨款占比（8.8%）的2.0倍。国家自主创新示范区落实高新技术企业所得税减免和研发加计扣除所得税减免等税收优惠力度持续加大，截至2020年年底，21家国家自主创新示范区内共有27 354家企业享受高新技术企业所得税减免政策，累计享受高企所得税减免额达1093.6亿元；共有26 793家企业享受研发加计扣除所得税减免政策，累计享受研发加计扣除所得税减免额达874.1亿元；另有344家企业享受技术转让所得税减免政策，累计享受技术转让所得税减免额达9.6亿元。

国家自主创新示范区内汇聚大量高新技术企业，截至2020年年底，参与国家自主创新示范区建设的61家国家高新区内纳入火炬统计的高新技术企业共计8.2万家，占全部国家高新区入统高新技术企业（9.9万家）的82.8%，占全国入统高企（27.0万家）的30.3%；21家自创区内高企实现营业收入184 303.9亿元，占自创区全部入统企业营业收入的比重为56.5%。庞大的高新技术企业群体为国家自主创新示范区发展高新技术产业和战略性新兴产业提供了坚实的基础。

(二)三类园区分类指导,战略提升各具特色

经过30多年的建设发展,国家高新区数量达到一定规模,鉴于国家高新区所处的发展阶段和发展水平不同,科技部火炬中心积极组织实施国家高新区战略提升行动计划,加强对国家高新区的分类指导。加快世界一流高科技园区创建,积极培育具有国际影响力和竞争力的创新型产业集群,打造全球性创新极和新兴产业策源地;推进创新型科技园区建设,加快创新资源的集聚,构建创新网络,发展创新经济,打造区域创新中心;开展创新型特色园区建设,大力发展特色产业集群,引领区域经济结构调整和发展方式转变。

2020年,10家世界一流高科技园区纳入统计的企业为7.3万家,18家创新型科技园区纳入统计的企业为2.6万家,29家创新型特色园区纳入统计的企业为2.9万家。从主要经济指标的总量来看,世界一流高科技园区、创新型科技园区和创新型特色园区三类园区的主要经济指标占国家高新区总体的2/3以上(图1-19)。

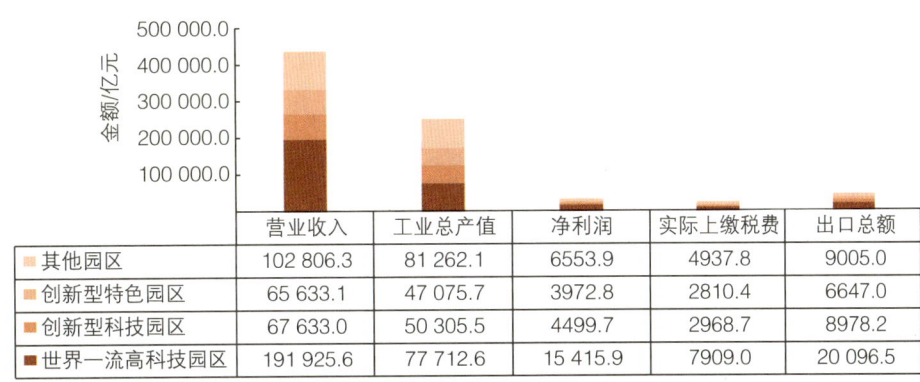

图1-19　2020年三类园区的主要经济指标比较

从园区的总体规模来看,截至2020年年底,园区企业营业收入超万亿元的高新区有6家(中关村科技园区、上海张江高新技术产业开发区、南京高新技术产业开发区、武汉东湖新技术开发区、广州高新技术产业开发区、深圳高新技术产业开发区),全部为创建世界一流高科技园区的高新区;园区企业营业收入超千亿元的83家高新区中,10家世界一流高科技园区和18家创新型科技园区全部跻身其中。同时,园区企业增加值"千亿俱乐部"共17名成员,包含全部10家世界一流高科技园区。

世界一流高科技园区在园区规模上优势明显，以园区平均值计算，2020年世界一流高科技园区的平均营业收入、平均工业总产值、平均净利润、平均上缴税费、平均出口总额分别为19 192.6亿元、7771.3亿元、1541.6亿元、790.9亿元和2009.6亿元（表1-10），分别是国家高新区整体平均水平的7.6倍、5.1倍、8.6倍、7.2倍、7.6倍。

表1-10　2020年三类园区主要经济指标平均规模情况

单位：亿元

指标	世界一流高科技园区	创新型科技园区	创新型特色园区	其他国家高新区	高新区平均水平
平均营业收入	19 192.6	3757.4	2263.2	917.9	2532.5
平均工业总产值	7771.3	2794.7	1623.3	725.6	1516.9
平均净利润	1541.6	250.0	137.0	58.5	180.1
平均上缴税费	790.9	164.9	96.9	44.1	110.2
平均出口总额	2009.6	498.8	229.2	80.4	264.7

从人均产出看，世界一流高科技园区依然表现突出，人均营业收入、人均净利润、人均上缴税费分别为209.9万元、16.9万元和8.6万元（表1-11），在国家高新区整体人均创造价值中处于高位；创新型科技园区的人均工业总产值和人均出口总额在三类园区中是最高的，分别达到128.5万元和22.9万元。

表1-11　2020年三类园区主要经济指标人均经济效益情况

单位：万元

指标	世界一流高科技园区	创新型科技园区	创新型特色园区	其他国家高新区	高新区平均水平
人均营业收入	209.9	172.8	151.5	159.6	179.6
人均工业总产值	85.0	128.5	108.7	126.1	107.6
人均净利润	16.9	11.5	9.2	10.2	12.8
人均上缴税费	8.6	7.6	6.5	7.7	7.8
人均出口总额	22.0	22.9	15.3	14.0	18.8

从效益型指标看，三类园区的经济效益相对较好，但又各有千秋。2020年，三类园区内企业合计的利润率、增加值率、工业增加值率和净资产利润率分别为7.3%、20.2%、21.5%和9.9%。其中，10家世界一流高科技园区的各项效率型指标数据表现

整体较好，具有一定的引领带动作用；创新型科技园区的净资产利润率表现最为突出；但创新型特色园区表现差强人意，还需持续发力（图1-20）。

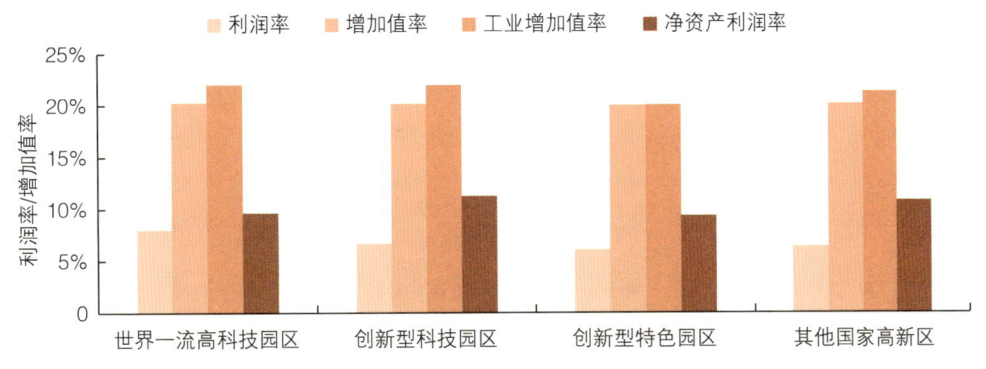

图1-20　2020年三类园区的主要经济效益指标比较

2020年，三类园区在R&D人员和R&D经费方面均有较高的投入强度。通过对各类型国家高新区的R&D人员占从业人员比重和单位增加值R&D经费内部支出进行分析发现，世界一流高科技园区依然属于R&D人员和R&D经费投入双高的第一象限，由于创新型科技园区数量减少，创新型科技园区在R&D人员和R&D经费投入方面的优势已经不明显。其他国家高新区虽然属于R&D人员和R&D经费投入较低的第三象限，但高新区整体平均水平依然较强（图1-21）。不同类型国家高新区在科技活动投入方面梯度发展的趋势越发明显。

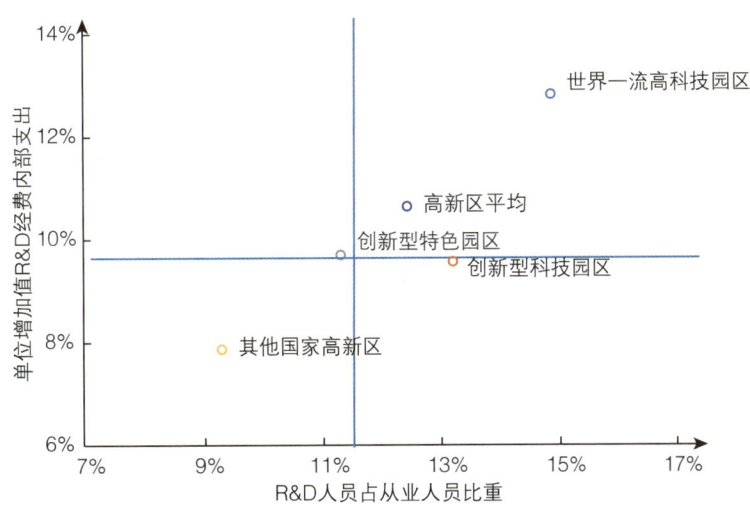

图1-21　2020年国家高新区按类型划分的R&D人员、R&D经费投入情况

在科技创新产出方面，三类园区的优势极为突出，是国家高新区获得知识产权的主要力量。尽管三类园区在园区数量上仅占全部169家园区的1/3，但是，通过对2020年国家高新区各项主要知识产权的园区类型分布进行研究发现，三类园区的各项主要知识产权数量在国家高新区整体中所占比重均达到80%左右，其中，三类园区当年申请发明专利数、当年授权发明专利数和期末拥有量总体占比分别为85.4%、85.7%、86.1%，三类园区高质量专利占比依然较为突出（图1-22）；拥有软件著作权和集成电路布图主要出自三类园区，占比分别为89.1%和91.5%。

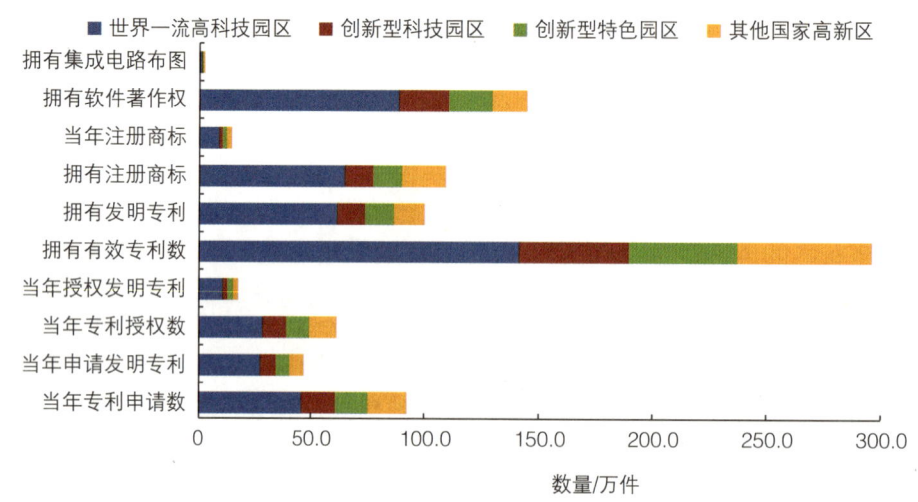

图1-22　2020年国家高新区主要知识产权产出情况

（三）新升级高新区[①]以升促建，筑牢发展基础

自2007年国务院批复宁波高新区升级建设国家高新区以来，历经多次扩容，截至2020年年底，共有115家省级高新区（经开区）升级为国家高新区，在数量上已经远超过54家稳定期高新区[②]。面对稳定期高新区已经走过的"一次创业"规模扩张期和"二次创业"质量提升期的发展路径，新升级高新区还有一定差距。当前，国家高新区发展已经进入创新驱动高质量发展新阶段，新升级高新区需要充分利用后发优势，借鉴稳定期高新区的成功经验和发展模式，充分挖掘自身特点和发展潜力，尽快转变经济

---

① 新升级高新区指2007年及以后获国务院批复升级的国家高新区。
② 稳定期高新区指1988—2006年升级为国家高新区的园区，共计54家，包括最早批准设立的中关村、1991年和1992年批复设立的51家高新区、1997年批复设立的杨凌示范区和2006年纳入高新区管理序列的苏州工业园。

发展方式，实现创新驱动发展，做到量增质更优。

115家新升级国家高新区覆盖了27个省、自治区、直辖市，在"以升促建"过程中实现了较快发展，已成为地方经济增长的主阵地、产业转型升级的先行区、创新创业的引领区和新型城镇化的带动区。截至2020年年底，115家新升级高新区纳入火炬统计的3.6万家企业实现营业收入101 994.0亿元、工业总产值84 775.2亿元、净利润6907.3亿元、上缴税费4946.9亿元、出口总额9408.7亿元，占全部国家高新区的比例分别为23.8%、33.1%、22.7%、26.6%和21.0%（图1-23）。新升级高新区在经济体量上占全部国家高新区的比重还比较小。新升级高新区要紧密围绕国家高新区内涵特征和价值使命，以新经济理念推进高新区创新驱动发展，以深化改革创新激发发展动力和活力，结合资源禀赋、产业特征和区位优势等基础，加快形成各具特色的发展格局。

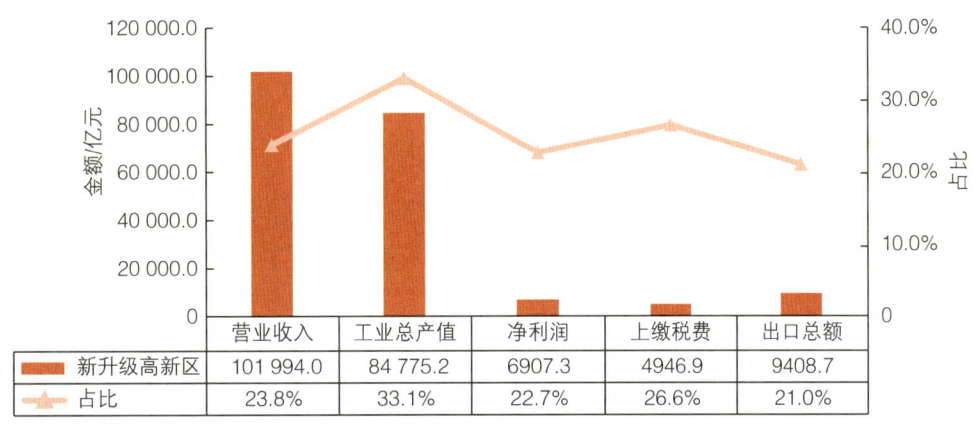

图1-23　2020年新升级高新区主要经济指标情况

新升级高新区的净利润率、增加值率、工业增加值率和净资产利润率分别为6.8%、20.5%、21.3%和12.0%。其中，新升级高新区的净资产利润率、增加值率分别较全国高新区平均水平高出1.9个百分点和0.3个百分点，而净利润率、工业增加值率分别低于全国高新区平均水平0.3个百分点、0.1个百分点（图1-24）。可以看出，新升级高新区效率型指标整体偏低，新升级高新区在推动园区创新驱动高质量发展上任重道远。

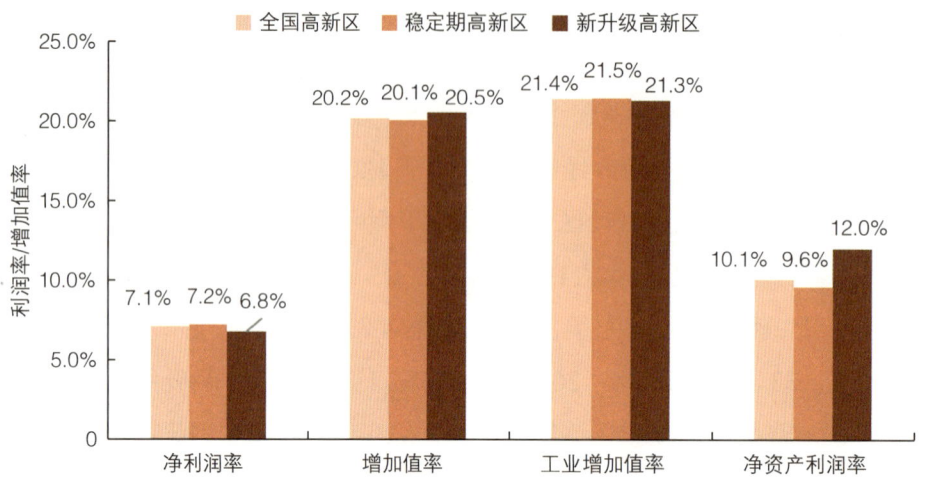

图1-24 2020年新升级、稳定期、全国高新区主要经济效益指标情况

2020年，115家新升级高新区营业收入同比增长10.5%，工业总产值同比增长6.7%，净利润同比增长18.1%，上缴税费同比增长7.4%，出口总额同比增长2.6%（表1-12）。新升级高新区虽然经济总量还难以与稳定期高新区匹敌，但主要经济指标增速相对较快，呈现出迅猛增长的态势。综合来看，新升级高新区还需要进一步建立健全火炬统计工作机制，提高统计工作的科学性。当然，也因为新升级高新区产业规模较小、经济基础相对较弱，从而能够实现相对较快的增长速度，这也为新升级高新区实现赶超式发展提供了现实可能。

表1-12 2020年新升级、稳定期、全国高新区主要经济指标增速比较

指标	新升级高新区	稳定期高新区	全国高新区
企业数量	14.9%	17.8%	17.2%
年末从业人员	6.9%	8.0%	7.7%
营业收入	10.5%	11.2%	11.0%
工业总产值	6.7%	6.7%	6.7%
净利润	18.1%	16.2%	16.6%
上缴税费	7.4%	-2.2%	0.2%
出口总额	2.6%	9.7%	8.1%

新升级高新区人力资源结构进一步优化调整。截至2020年年底，新升级高新区入统企业的从业人员期末数为642.9万人，占高新区从业人员总数的27.0%。新升级高新区从业人员按学历划分，专科学历135.1万人、本科学历129.7万人、研究生学历15.7万人，分别占新升级高新区从业人员总数的21.0%、20.2%和2.4%（表1-13、图1-25），新升级高新区人员结构呈现出持续优化的状态。新升级高新区从业人员中科技活动人员86.0万人，其中R&D人员58.3万人，R&D人员占科技活动人员比重为67.8%，高于稳定期高新区R&D人员占比。综合来看，新升级高新区高层次人员结构占比明显低于稳定期高新区，且部分指标占比约只有国家高新区总体水平的一半，新升级高新区从业人员整体素质还有待进一步提升。

表1-13　2020年新升级、稳定期、全国高新区从业人员数量分布情况

单位：万人

类别	全国高新区	稳定期高新区	新升级高新区
从业人员	2383.5	1740.6	642.9
其中：研究生	167.1	151.4	15.7
其中：本科	775.6	645.9	129.7
其中：专科	502.0	366.9	135.1
科技活动人员	514.4	428.4	86.0
R&D人员	296.1	237.8	58.3

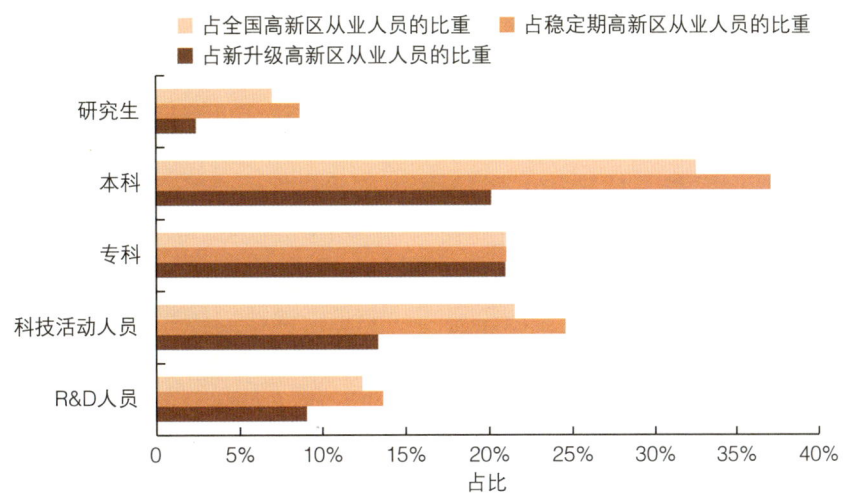

图1-25　新升级、稳定期、全国高新区从业人员占比分布情况

国家高新区创新能力评价报告2021

第二章 国家高新区创新能力指数总览

一、2020年的指数表现

根据2020年火炬统计数据测算,2020年国家高新区创新能力指数总体表现如下。

(一)总指数表现情况

国家高新区创新能力总指数持续增长(图2-1),从基期2010年开始到2020年,创新能力总指数从100.0点提升至371.9点,10年内增长了271.9点,年均增长27.2点。这表明国家高新区整体创新发展水平在不断提升,近几年呈加快增长态势。

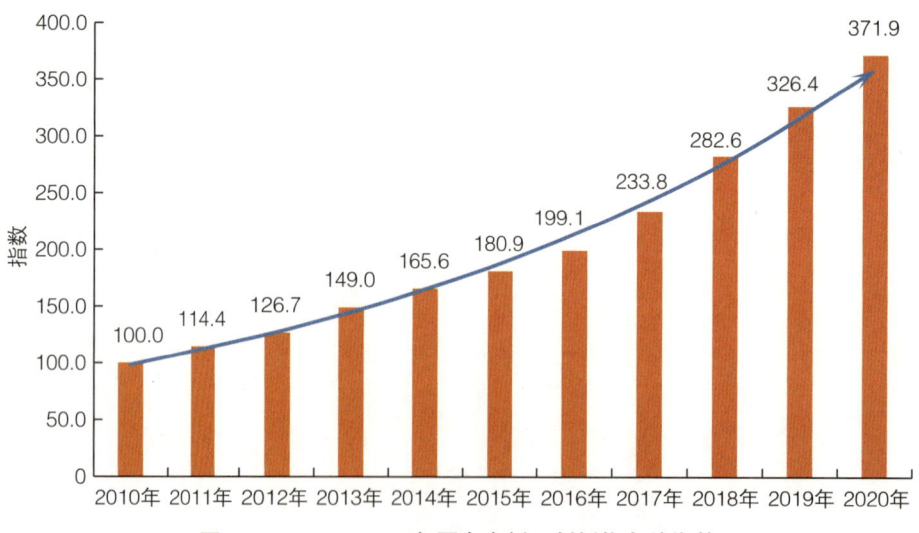

图2-1 2010—2020年国家高新区创新能力总指数

从指数的增长幅度和速度来看（图2-2），2011—2020年国家高新区创新能力总指数历年的增长幅度均在12点以上，基本保持了9%以上的增长速度。尤其是2017年以来，高新区创新能力总指数处于高速增长态势，年均增长幅度保持在30点以上，分别高达34.7点、48.8点、43.8点、45.5点。在新冠肺炎疫情影响蔓延、全球经济下行压力加大、国际经济贸易摩擦频繁等多重背景下，国家高新区仍旧牢牢把握"高"和"新"的定位，加快向高质量发展转变，创新发展能力保持平稳快速提升。

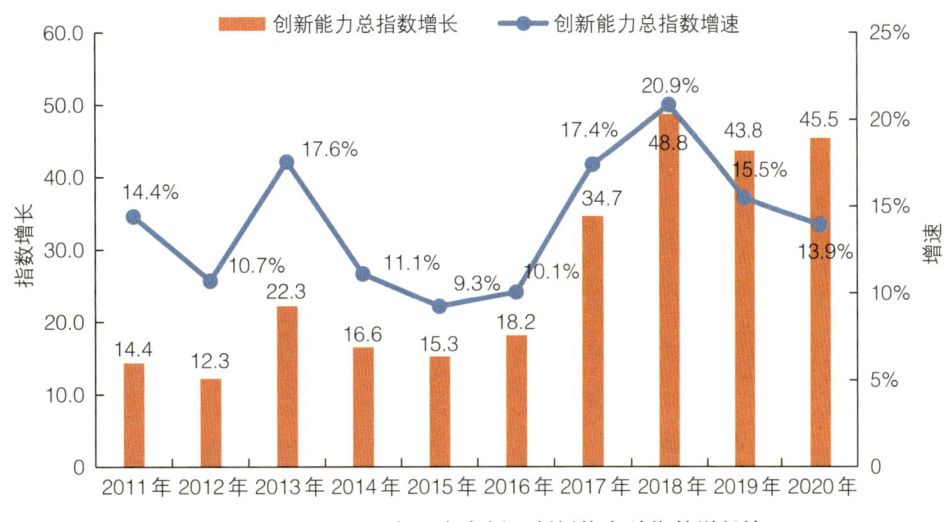

图2-2　2011—2020年国家高新区创新能力总指数增长情况

（二）分项指数表现和变化趋势

观察国家高新区创新能力5个分项指数的整体变化趋势发现，2010—2020年5个分项指数均保持增长态势。其中，创新创业环境指数增长最为显著，整体呈"J"形曲线增长趋势，增长幅度也最大；接着是创新的国际化指数，正处于跨越"S"形曲线的二次增长阶段，但增长态势有所放缓；创新资源集聚指数增长保持平稳状态；创新活动绩效指数增长相对缓慢，但近两年有加快增长态势；创新驱动发展指数增长最为缓慢（图2-3）。

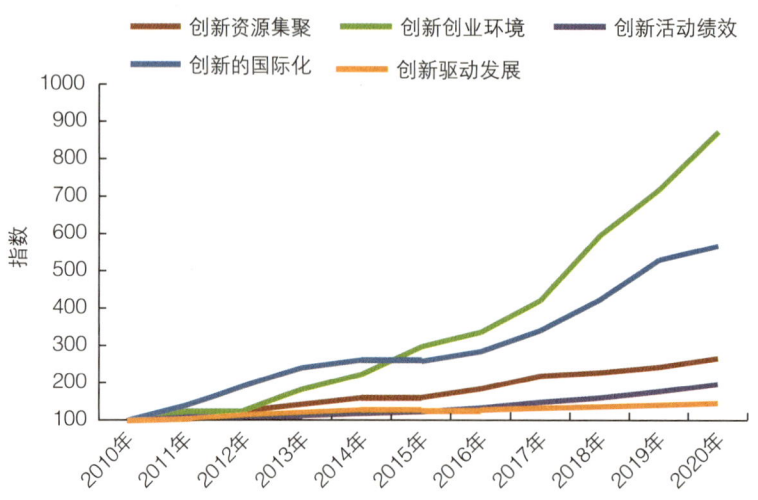

图2-3 2010—2020年国家高新区创新能力5个分项指数变化趋势

从分项指数的具体数值来看，2020年国家高新区创新资源集聚指数为268.2点，创新创业环境指数为874.2点，创新活动绩效指数为198.6点，创新的国际化指数为568.5点，创新驱动发展指数为147.9点（表2-1）。5个分项指数中创新创业环境指数最高，然后是创新的国际化指数，接下来是创新资源集聚指数、创新活动绩效指数、创新驱动发展指数。事实上，自2015年国务院正式出台鼓励大众创新创业的相关政策、2018年国务院再次提出"双创"升级意见以来，国家高新区持续推动创新创业相关工作，创新创业环境、创新的国际化均得到了很大改善。需要注意的是，高新区在创新活动绩效和创新驱动发展等方面，仍然提升较慢，在未来工作中仍需加强。

表2-1 2010—2020年国家高新区创新能力分项指数

分项指数	2010年	2011年	2012年	2013年	2014年	2015年	2016年	2017年	2018年	2019年	2020年
创新资源集聚	100.0	111.2	126.2	144.3	161.5	162.6	186.0	220.5	229.6	244.5	268.2
创新创业环境	100.0	124.5	127.3	184.4	224.0	298.8	337.3	422.5	596.6	720.0	874.2
创新活动绩效	100.0	109.0	111.6	113.8	119.6	124.3	134.4	149.8	161.7	179.0	198.6
创新的国际化	100.0	140.1	193.0	241.9	262.6	259.5	285.4	341.9	424.0	530.7	568.5
创新驱动发展	100.0	104.1	115.1	122.4	129.2	126.4	129.3	134.4	138.4	142.9	147.9

从投入产出的角度来看，创新资源集聚和创新创业环境指数10年来分别提升了168.2点和774.2点，而创新活动绩效和创新驱动发展指数的增长幅度则相对较低，分别提升了98.6点和47.9点。这表明国家高新区的创新投入产出效率还有较大的提升空间，如何利用外在环境的改善，提升人才、资本、知识等高端创新资源的配置效率，从而提升高新区创新示范、引领、辐射作用，仍将面临一个长期过程。

从分项指数的同比增速来看，2020年国家高新区创新能力5个分项指数均有不同程度的增长，增长幅度由大到小排名，分别是创新创业环境指数（增长154.1点）、创新的国际化指数（增长37.8点）、创新资源集聚指数（增长23.7点）、创新活动绩效指数（增长19.6点）、创新驱动发展指数（增长5.0点）（图2-4）。从增速来看，除创新的国际化指数同比增速放缓，其他指数较2019年增长均有不同程度的加快。

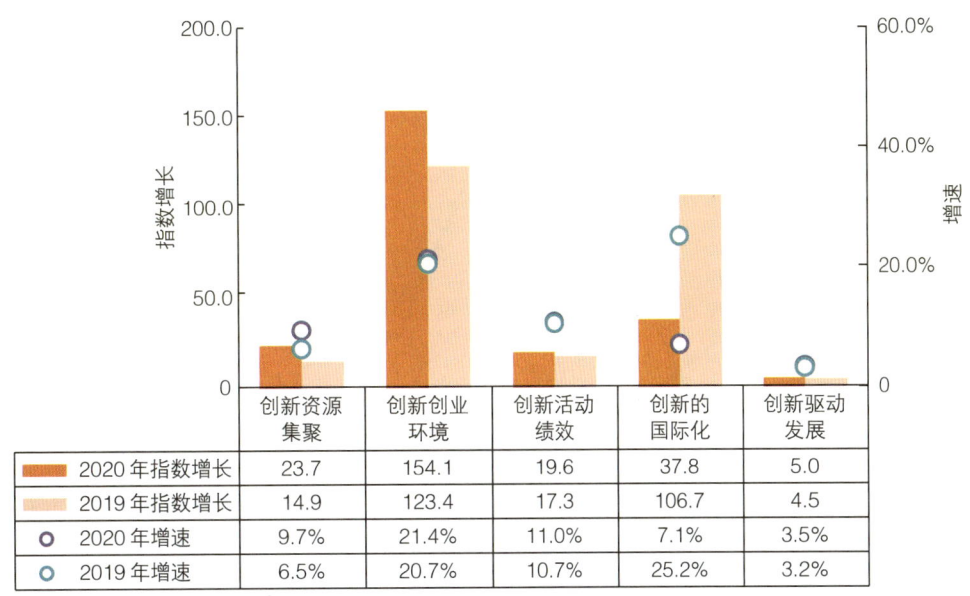

图2-4　2019年、2020年国家高新区创新能力分项指数变化情况

从分项指数对总指数增长的贡献情况来看，2020年国家高新区创新能力总指数较上一年度增长了45.5点，其中，对总指数增长贡献最大的是创新创业环境指数，贡献了30.8点，贡献度为67.8%；然后是创新活动绩效指数，贡献了4.9点，贡献度为10.8%；接下来是创新资源集聚指数、创新的国际化指数、创新驱动发展指数（图2-5）。

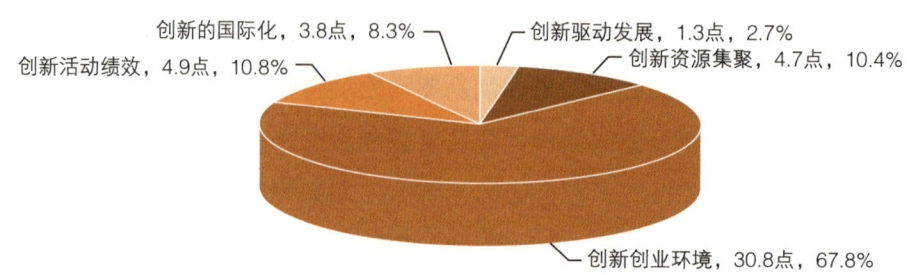

图2-5　2020年国家高新区创新能力分项指数的增长和贡献率

结合近年5个分项指数对国家高新区创新能力总指数增长的贡献率来看，自2013年起，创新创业环境指数对国家高新区创新能力总指数的贡献一直居高位，其余4个分项指数的贡献率处在交替变化中，但对总指数贡献率的差距在缩小（图2-6）。近年来国家高新区创新发展的重点正在由创新创业环境打造向创新资源集聚、创新的国际化等方面转变。

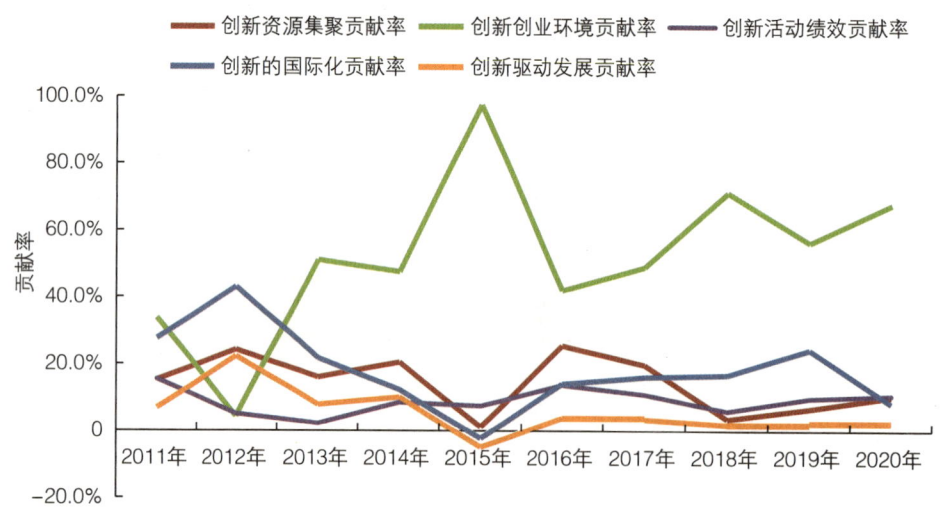

图2-6　2011—2020年国家高新区创新能力指数增长贡献率对比

在各个国家高新区层面，2020年169家国家高新区中，有146家国家高新区的创新能力总指标加权增长率为正值，占比达到86%，较2019年增加了31家，这说明国家高新区整体创新能力提升速度加快，促使高新区整体创新能力保持平稳增长，但高新区个体间创新能力提升程度的差异较大，相当大一部分高新区的创新能力有所下降。

二、不同区域国家高新区表现对比

按照园区所处地区或所处省（自治区、直辖市）的不同对国家高新区群体进行划分[①]，从创新能力总指标和5个一级指标角度对不同区域国家高新区的加权增速进行对比，观察不同区域国家高新区在2020年创新能力提升过程中的差异和特征表现。

（一）四大地区园区表现对比

对比东北、东部、西部和中部地区国家高新区群体2019年、2020年的创新能力总指标加权增长率，可以看到：一是四大地区国家高新区平均加权增长率有所下降，由2019年的10.7%下降到2020年的9.9%，下降了约0.8个百分点；二是四大地区国家高新区的创新能力均有不同程度提升，2020年创新能力总指标加权增长率从高到低依次为东部地区、东北地区、西部地区、中部地区；三是从2019年、2020年四大地区国家高新区平均加权增长率的变化来看，东部地区仍然维持着增长的领先优势，但增速略有下降，东北地区由2019年四大地区的末位跃升为第二，增长态势明显，创新发展能力提升明显，西部地区仍然排名第三，中部地区增长势头明显放慢，创新发展能力提升平缓（图2-7）。

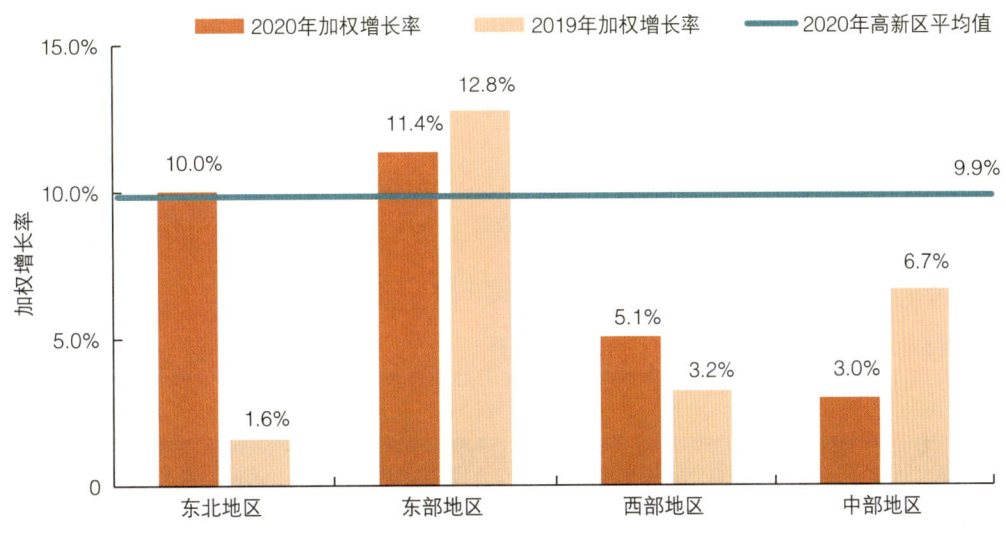

图2-7　2019年、2020年四类园区创新能力总指标加权增长率对比

---

① 不同地区和省（自治区、直辖市）的国家高新区群体分类，参见附录"四、园区分类说明"。

将构成国家高新区创新能力的5个一级指标进行分解，通过对其加权增长率的分析，观察不同区域国家高新区创新发展表现，可以看到：一是东部高新区实现了创新能力的全面增长，且创新创业环境、创新的国际化、创新活动绩效三方面带动作用明显；二是东北地区、西部地区、中部地区高新区均存在下降指标，特别是在创新的国际化方面，三大地区高新区均表现出不同程度的下滑，且东北地区受到的影响最大；三是中部地区创新驱动发展方面增长态势也不如其他地区高新区（图2-8）。

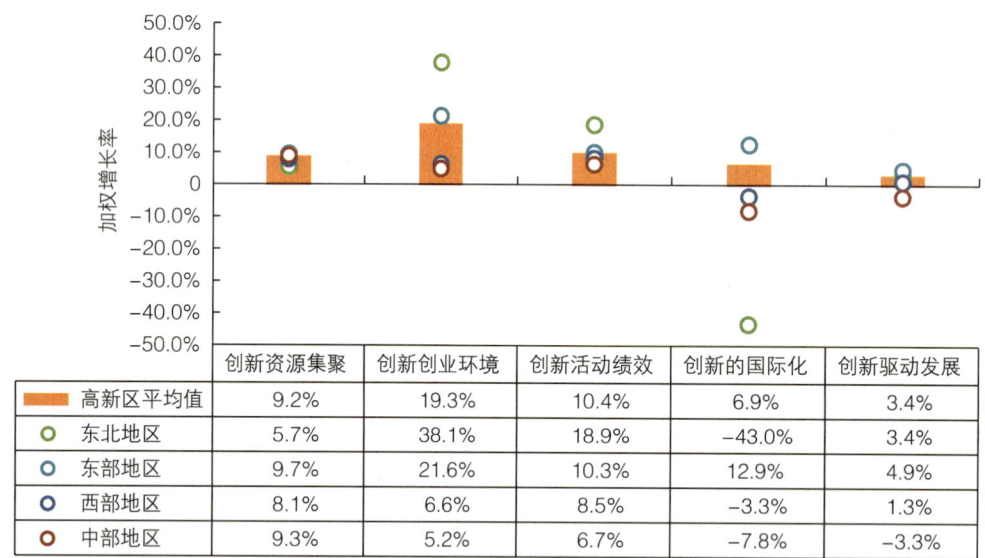

图2-8　2020年国家高新区创新能力5个一级指标加权增长率的地区分布

（二）各省域园区表现对比

按照园区所属省级行政区（简称"省份"）对国家高新区群体进行划分，观察其创新能力总指标加权增长率的不同表现（表2-2）。

表2-2　2020年国家高新区创新能力总指标加权增长率的省份分布

省份	创新能力总指标加权增长率	省份	创新能力总指标加权增长率
青海	30.8%	内蒙古	18.7%
甘肃	23.5%	黑龙江	17.8%
山东	18.8%	宁夏	17.5%

续表

省份	创新能力总指标加权增长率	省份	创新能力总指标加权增长率
江苏	14.9%	广东	6.6%
上海	13.9%	安徽	6.4%
浙江	12.7%	河南	6.3%
辽宁	12.4%	贵州	6.1%
山西	11.1%	云南	6.0%
北京	10.6%	天津	6.0%
广西	9.9%	四川	4.3%
福建	9.5%	吉林	0.4%
湖南	9.3%	海南	−1.5%
江西	9.0%	陕西	−2.7%
河北	8.1%	新疆	−3.1%
重庆	6.8%	湖北	−4.2%

在2020年30个有国家高新区分布的省份中，有86.7%的省份区域创新能力得到持续提升。按各省份国家高新区创新能力总指标加权增长率的不同，将国家高新区划分为4个等级（图2-9），可以看到：一是超过15%的省份共有6个，较2019年增加3个，总指标加权增长率由高到低分别为青海、甘肃、山东、内蒙古、黑龙江、宁夏，创新能力提升显著；二是10%（不含）~15%的省份共有6个，较2019年减少2个，总指标加权增长率由高到低分别为江苏、上海、浙江、辽宁、山西、北京，创新能力提升较为突出；三是0~10%的省份共有14个，较2019年增加1个，创新能力提升相对明显；四是出现负增长（0以下）的省份共有4个，较2019年减少2个，总指标加权增长率由高到低分别为海南、陕西、新疆、湖北，创新能力并未得到改善。

国家高新区创新能力评价报告 2021

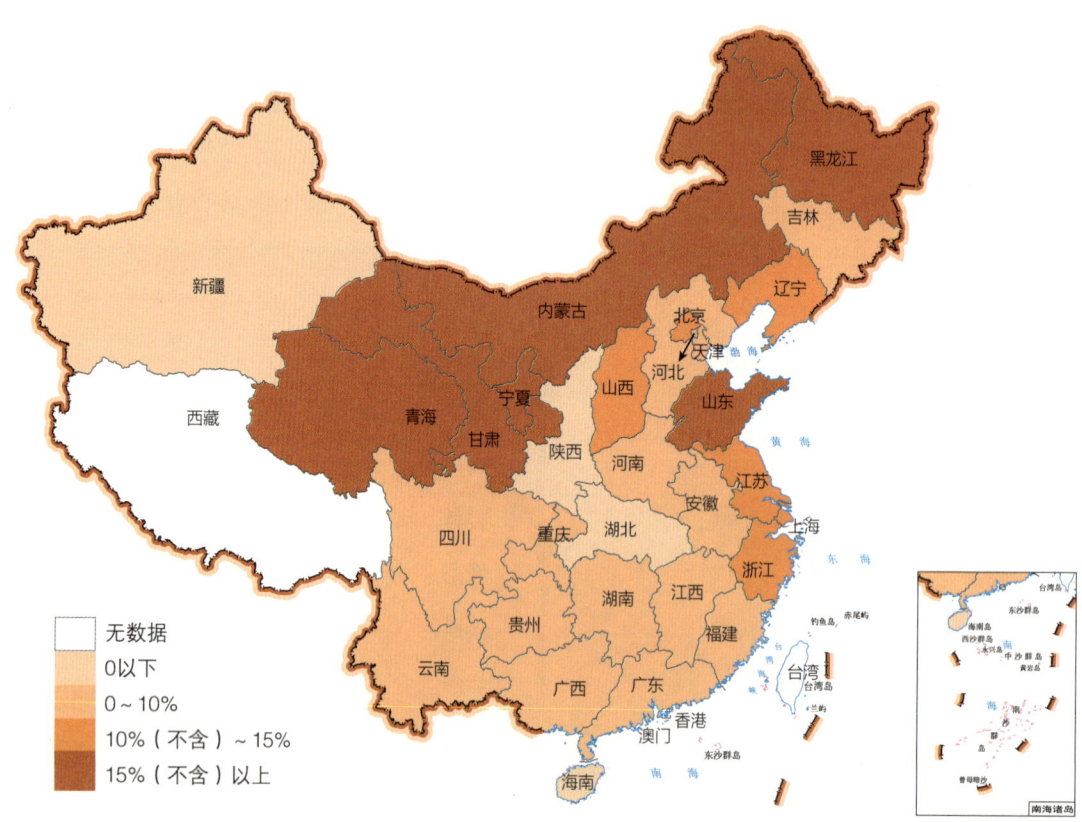

图2-9 2020年国家高新区创新能力总指标加权增长率的省份分布

对构成国家高新区创新能力的5个一级指标进行分解，得出各省份内国家高新区一级指标的加权增长率，见表2-3、图2-10。

表2-3 2020年国家高新区创新能力5个一级指标加权增长率省份分布

省份	创新资源集聚	创新创业环境	创新活动绩效	创新的国际化	创新驱动发展
黑龙江	29.5%	30.2%	23.7%	0.2%	-0.2%
吉林	-18.2%	51.3%	13.2%	-101.1%	2.6%
辽宁	10.9%	26.5%	15.5%	12.0%	-0.5%
北京	4.4%	16.5%	12.4%	8.6%	9.9%
福建	18.8%	10.6%	11.8%	7.9%	-0.5%
广东	0.1%	11.7%	8.8%	14.2%	2.5%
海南	-37.2%	16.6%	-4.9%	2.6%	14.4%
河北	6.0%	36.0%	10.5%	-16.8%	-5.0%

续表

省份	创新资源集聚	创新创业环境	创新活动绩效	创新的国际化	创新驱动发展
江苏	14.5%	26.9%	23.6%	9.5%	−0.8%
山东	20.2%	40.4%	21.1%	4.7%	3.8%
上海	17.2%	22.4%	2.3%	18.7%	14.4%
天津	18.2%	6.0%	14.2%	−10.1%	−5.6%
浙江	11.6%	27.1%	8.5%	28.7%	0
甘肃	28.3%	23.0%	3.2%	109.4%	6.2%
广西	8.5%	23.8%	14.4%	−12.5%	4.6%
贵州	12.7%	1.6%	18.7%	−31.0%	6.7%
内蒙古	29.2%	33.4%	26.4%	−17.5%	5.5%
宁夏	−12.1%	30.6%	30.1%	5.9%	22.9%
青海	51.7%	45.6%	49.0%	−8.0%	−0.5%
陕西	1.7%	−7.8%	4.3%	−9.5%	−6.5%
四川	10.7%	4.7%	8.5%	0.6%	−3.8%
新疆	−10.8%	8.5%	10.9%	−42.8%	−4.5%
云南	14.6%	−2.5%	22.7%	−15.3%	−2.1%
重庆	2.7%	22.9%	4.8%	9.1%	−1.7%
安徽	22.5%	−0.9%	6.6%	8.1%	−1.5%
河南	7.2%	4.0%	−7.1%	27.0%	12.5%
湖北	8.6%	−6.2%	2.9%	−45.7%	−3.4%
湖南	4.1%	8.9%	24.7%	−7.0%	4.9%
江西	5.5%	34.2%	8.6%	−2.5%	−3.2%
山西	−5.2%	−4.9%	38.0%	47.1%	−4.5%

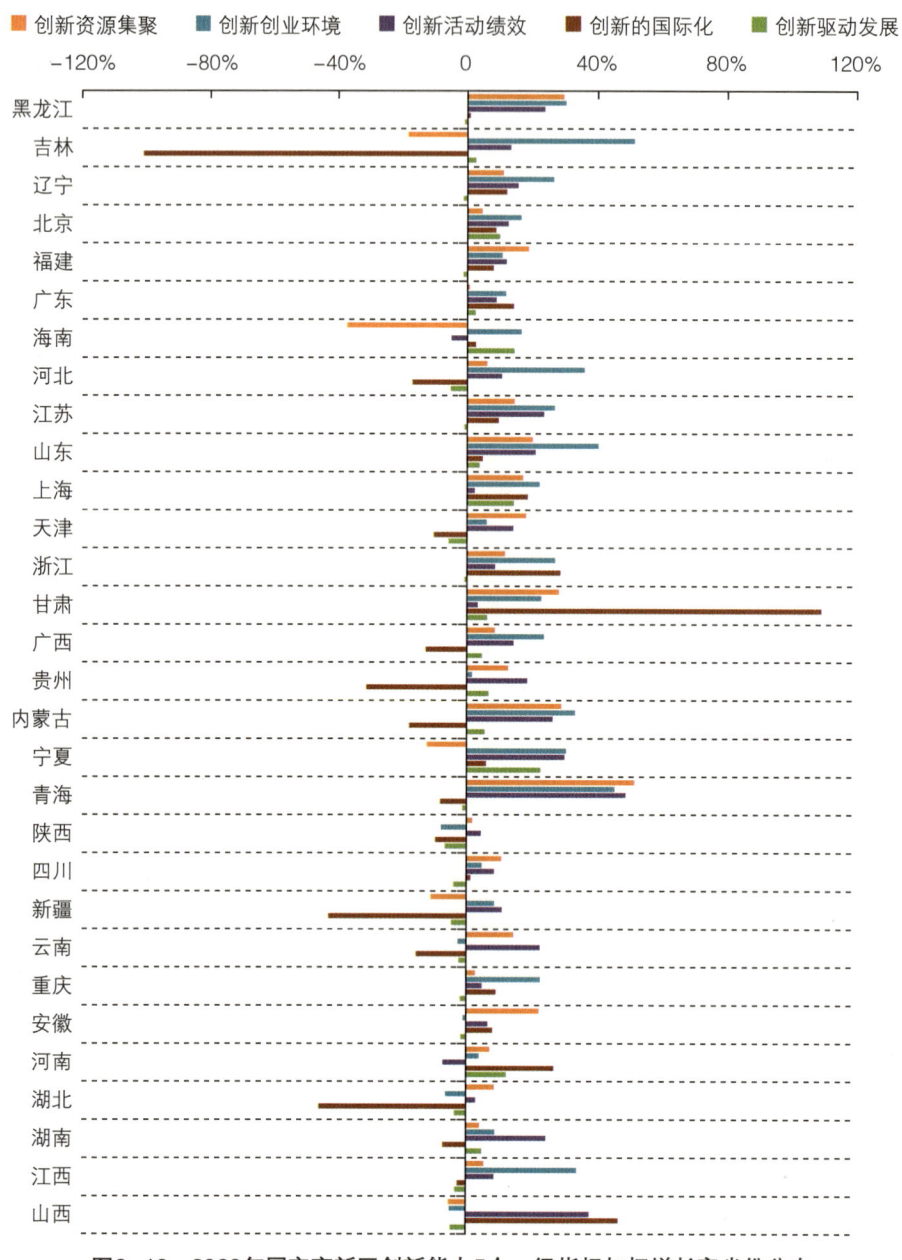

图2-10 2020年国家高新区创新能力5个一级指标加权增长率省份分布

对2020年各省份国家高新区5个一级指标的加权增长率进行比较发现以下特点。一是从极差来看，5个一级指标的加权增长率按极差由大到小排列为创新的国际化（相差210.5个百分点）、创新资源集聚（相差89.0个百分点）、创新创业环境（相差59.0个百分点）、创新活动绩效（相差56.1个百分点）、创新驱动发展（相差29.4个百分点）。可见，各省份高新区在创新的国际化、创新资源集聚方面的表现差距最为明显。其中，创新的国际化加权增长率最高、最低的省份分别是甘肃（109.4%）、吉林（-101.1%）；创新资源集聚加权增长率最高、最低的省份分别是青海（51.7%）、海南（-37.2%）。二是从单项一级指标来看，2020年，有八成以上省份高新区创新资源集聚指标、创新创业环境指标，有九成以上创新活动绩效指标，有五成以上创新的国际化指标，以及四成以上创新驱动发展指标的加权增长率为正值，较2019年，高新区创新活动绩效指标得到提升的省份数量增加，由25个增加到28个；创新驱动发展指标得到提升的省份数量略有减少，由18个减少到13个。这说明各省份高新区普遍在创新活动绩效方面得到提升，但是着力提升创新驱动发展成效仍是各省份当前开展创新发展工作的难点。三是从国家高新区5个一级指标增长的均衡性来看，2020年5个一级指标均正向增长的省份共5个，分别是北京、广东、山东、上海、甘肃，说明这些省份对高新区创新发展的建设更注重统筹兼顾。

三、不同类别国家高新区指数对比

不同类别国家高新区的表现对比主要包括三类园区（世界一流高科技园区、创新型科技园区、创新型特色园区）和非三类园区的其他园区（简称"其他园区"）的对比、稳定期高新区和新升级高新区的对比，国家自主创新示范区园区（简称"自创区园区"）和非国家自主创新示范区园区（简称"非自创区园区"）的对比。按照不同类别的国家高新区群体分别计算创新能力总指标和5个一级指标的加权增长率，以此来观察不同类别国家高新区群体在2020年创新能力提升过程中的差异和特征。

（一）三类园区表现对比

根据当前科技部对国家高新区的分类指导和组织管理政策，可将国家高新区群体分为世界一流高科技园区、创新型科技园区、创新型特色园区及其他园区。比较四类园区创新能力总指标加权增长率，可以看到：一是2020年三类园区及其他园区创新能力均有不同幅度的提升，其中创新型特色园区仍然是增长最快的园区类别（达到13.1%），然后是其他园区（达到12.2%），它们均处于高速增长阶段，创新型科技园区和世界一流高科技园区增速接近（分别为9.5%、8.4%）；二是与2019年相比，其他园区、创新型科技园区增速加快，而创新型特色园区、世界一流高科技园区增速则放缓（图2-11）。结合来看，世界一流高科技园区作为创新基础较好、创新能力较强的园区，增长态势已经趋于平稳；创新型特色园区、其他园区增长迅猛，提升较快，后发优势明显。

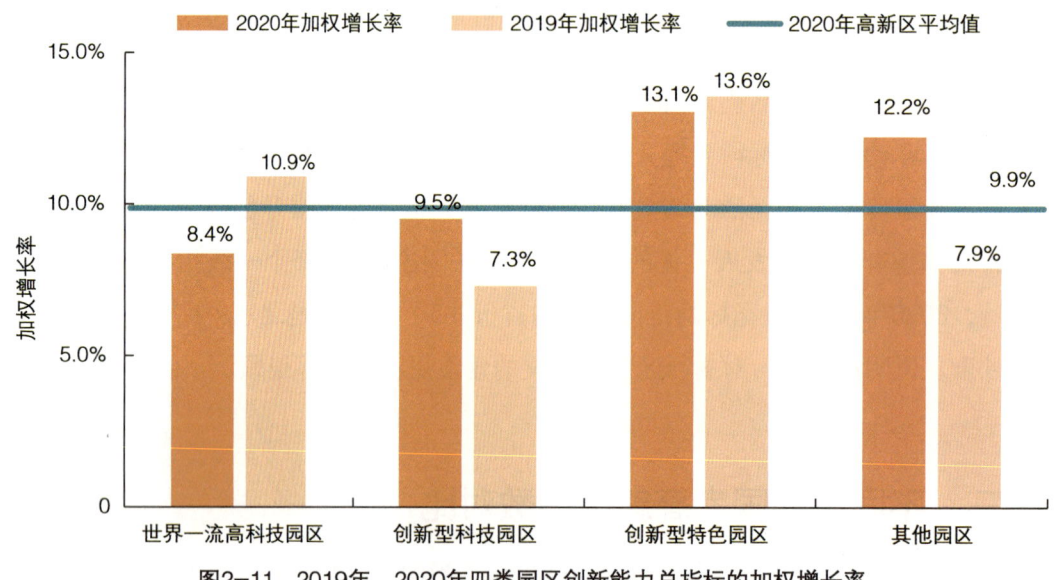

图2-11 2019年、2020年四类园区创新能力总指标的加权增长率

对构成国家高新区创新能力的5个一级指标进行分解，通过对其加权增长率的分析可以发现：2020年，各类园区在创新创业环境方面均改善明显，加权增长率均在14%以上，其中其他园区、创新型科技园区达到20%以上，实现高速增长；同时，创新型特色园区在创新活动绩效方面更为突出，加权增长率达到23.7%，远高于其他类型高新区；创新型科技园区在创新的国际化方面表现不佳，加权增长率落后于其他高新区（图2-12）。

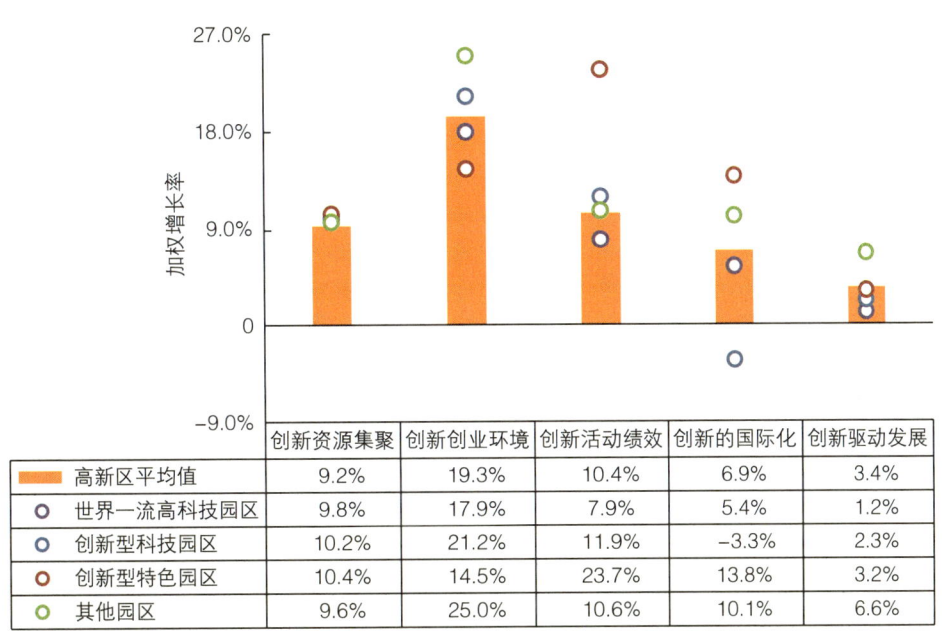

图2-12　2020年四类园区创新能力5个一级指标加权增长率对比

（二）稳定期和新升级园区表现对比

以2006年为界，将2006年及以前升级为国家高新区的园区视为稳定期高新区，共54家，将2007年至今升级为国家高新区的园区视为新升级高新区，共115家。比较两类园区创新能力总指标加权增长率，可以看到：一是2020年两类园区创新能力均有不同幅度的提升，其中新升级高新区加权增长率为10.0%，略高于稳定期高新区的9.7%；二是与2019年比，尽管新升级高新区创新能力较稳定期高新区仍保持较快的增长，但二者增长差距在缩小（2019年新升级高新区、稳定期高新区加权增长率分别为14.6%、10.1%）。新升级高新区基数较小，在"以升促建"过程中对于创新能力的改善成效更为明显，后期要如何保持这种增长态势将面临较大挑战。

对构成国家高新区创新能力的5个一级指标进行分解，通过对其加权增长率的分析可以发现：新升级高新区创新增长优势更多体现在创新创业环境、创新的国际化、创新驱动发展方面，这3个一级指标均高于稳定期高新区；而稳定期高新区在创新资源集聚、创新活动绩效方面显然更具优势（图2-13）。相对2019年，两类园区在创新能力增长的5个一级指标方面，差距同样在缩小。

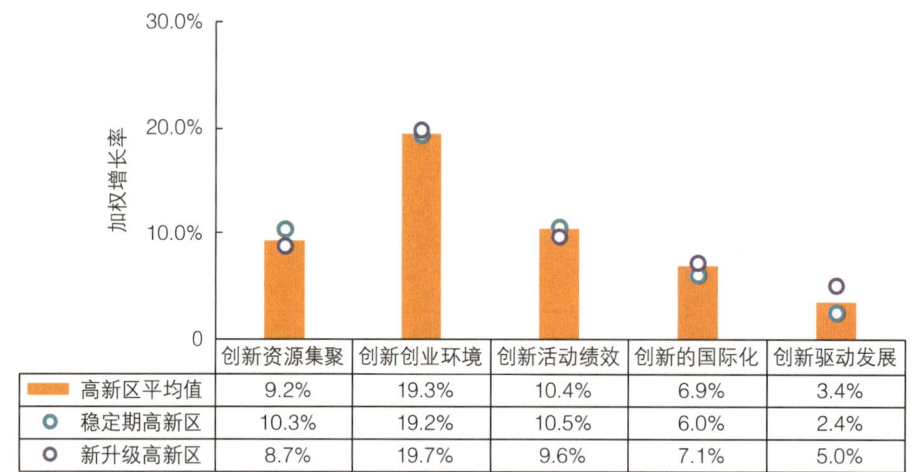

图2-13 2020年新升级和稳定期高新区创新能力5个一级指标加权增长率对比

（三）自创区、非自创区园区表现对比

以是否纳入国家自主创新示范区范畴为界，将纳入国家自主创新示范区范畴的高新区视为自创区园区，共61家；将尚未纳入国家自主创新示范区范畴的高新区视为非自创区园区，共108家。比较两类园区创新能力总指标加权增长率，可以看到：2020年，自创区园区的创新能力总指标加权增长率为9.8%，略高于同期非自创区园区8.1%的增长水平。与2019年相比，自创区园区创新能力提升速度放缓，降低了1.1个百分点，非自创区园区的提升速度加快，增长了0.4个百分点。自创区园区多为具有一定创新实力的园区，在响应国家战略及政策先行先试方面表现更好，有效地起到了示范引领和辐射带动作用；非自创区的增长潜力也在逐步增加。

对构成国家高新区创新能力的5个一级指标进行分解，从各指标加权增长率可以看到：2020年，自创区园区的创新发展增长优势更多体现在创新的国际化、创新资源集聚方面，两个一级指标加权增长率分别高出非自创区园区33.0、4.5个百分点；而非自创区园区的创新发展增长优势更多体现在创新活动绩效方面，高出自创区5.2个百分点；两类园区在创新创业环境、创新驱动发展方面的增长差距并不明显（图2-14）。这说明2020年自创区园区在实现国际连接、集聚高端创新资源方面取得的工作成效更为显著，非自创区园区在创新成果产出方面发力更为突出。

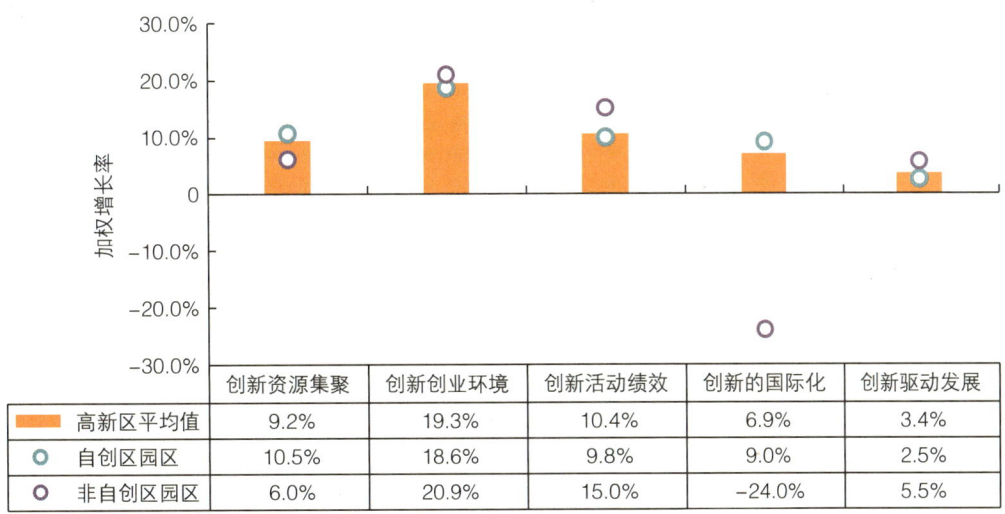

图2-14　2020年自创区园区、非自创区园区创新能力5个一级指标加权增长率对比

国家高新区创新能力评价报告2021

第三章 创新资源集聚评价

区域创新资源集聚能够较为客观地反映一个区域创新能力的强弱。创新资源集聚程度一方面体现着国家高新区之间创新资源的禀赋差异；另一方面反映了国家高新区财政及企业创新研发投入的基础。考察指标涵盖研发人员、研发经费、政府投入、研究机构和高新技术企业集聚程度。从测算结果来看，2020年创新资源集聚指数为268.2点，较上年增长23.7点，指数增速为9.7%。

创新资源集聚指标下设5个二级指标，分别为企业R&D人员全时当量、企业R&D投入占增加值比例、财政科技支出占当年财政支出比例、省级及以上各类研发机构数量、当年认定的高新技术企业数量。2020年，5个二级指标分别为202.4万人年、10.6%、15.3%、28 709家和37 775家，与2019年相比，同比增长率[①]依次为11.2%、3.6%、-0.2%、12.5%和29.9%，其中4个指标实现了增长，财政科技支出占当年财政支出比例指标略有下降（图3-1）。

从增速贡献[②]来看，当年认定的高新技术企业数量指标对创新资源集聚指数增长的贡献最大，对加权增长率的贡献率为45%；然后为省级及以上各类研发机构数量，贡献率为25%。

---

① 如果当年有新升级的国家高新区，则为了排除每年新升级国家高新区对增速的影响，报告中的"同比增长率"是指保持国家高新区数量相同的情况下所计算的增速，即报告中本年度二级指标增速的计算对象是上一年全国国家高新区。例如，2018年5个二级指标数据均是169家高新区整体数据，而计算与2017年同比增长率时，使用的是2018年157家高新区整体数据和2017年157家高新区整体数据。如果当年没有新升级的国家高新区，则不用考虑。
② 在观察每个二级指标对相应一级指标增速的贡献时，使用的是"加权增长率"。

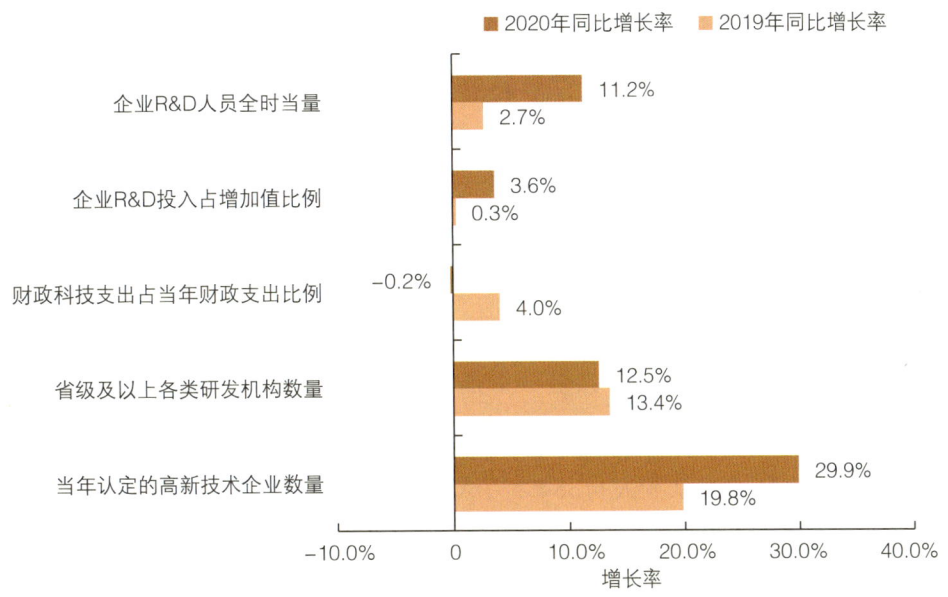

图3-1 2019年、2020年国家高新区创新资源集聚各二级指标的增长率对比

下面围绕5个二级指标，分别从创新人才集聚、科技资金投入、创新主体培育3个方面对国家高新区创新资源集聚情况进行详细分析和阐述。

一、创新人才集聚

人才是第一资源，多层次人才的集聚对区域经济社会发展起着至关重要的作用。国家高新区作为我国人才集聚高地，始终高度重视人才引育工作，现已经聚集了一大批顶尖科学家、科技人员、企业家、技能型人才等各类人才，已经成为全国的创新人才集聚高地。在创新资源集聚评价中，使用企业R&D人员全时当量这一指标来观察国家高新区创新人才集聚情况，以下为高新区的具体表现情况。

（一）人才政策持续完善，从业人员稳步增长

集聚多层次创新创业人才，是国家高新区工作的重中之重。近年来，国家高新区不断加大人才工作投入，创新和完善人才政策体系，面向创新人才的支持政策已经成为国家高新区创新政策的标准配置。国家高新区2020年调查问卷显示，全国169家国家高新区中，有161家建立了标志性专项人才计划，如中关村高端领军人才聚集工

程、雏鹰人才计划，天津高新区人才政策"黄金七条"，上海张江国家自主创新示范区国际人才试验区建设，深圳高新区鹏城英才计划，武汉高新区"3551光谷人才计划"，合肥高新区"江淮硅谷"人才工程，成都高新区"金熊猫"人才计划，南宁高新区年度创新人才计划，惠州高新区恺旋人才计划，湘潭高新区"551人才计划"，株洲高新区中国动力谷双创人才计划等。

随着人才引进计划的相继出台和园区从业人员生活条件的逐步改善，国家高新区的人才发展环境显著提升，从业人员数量加速增长。2020年，国家高新区从业人员[①]数从2019年的2213.5万人增长至2383.5万人，同比增长7.7%，增速较上年提高1.9个百分点。其中，当年新增从业人员384.5万人，同比增长12.7%；当年吸纳高校应届毕业生72.7万人，同比增长6.3%（图3-2）。

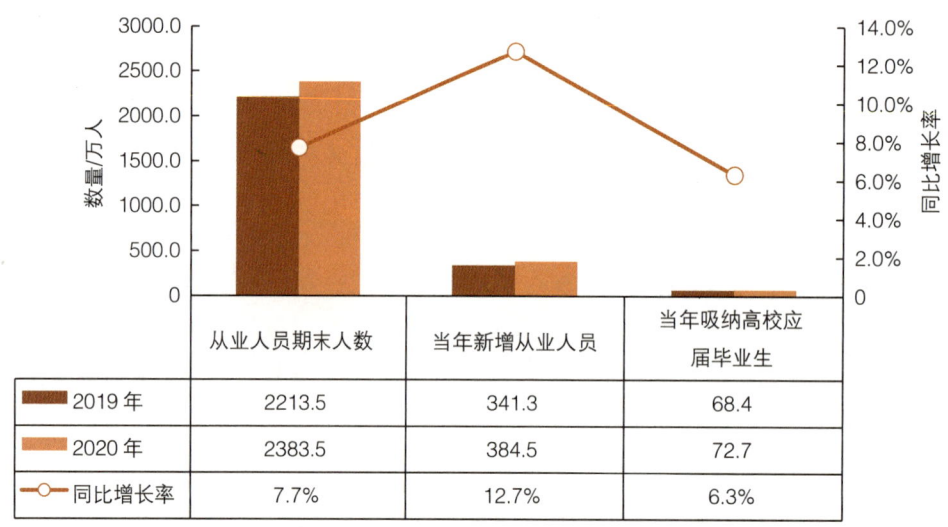

图3-2　2019年、2020年国家高新区从业人员情况比较

（二）人员结构不断优化，高技能人才更吃香

在从业人员源源不断汇入的同时，国家高新区从业人员队伍的整体结构也在不断优化，高学历化和高技能化趋势明显。

从学历来看，2020年国家高新区从业人员中有研究生（博士、硕士）167.1万人、

---

① 本书国家高新区从业人员均指"入统企业的从业人员"。

本科生775.6万人、大专生502.0万人，分别同比增长12.5%、11.8%、8.0%；大专以下学历的其他从业人员增速相对缓慢，同比增长3.6%（图3-3）。同时，2020年本科及以上学历从业人员占比由2019年的38.0%提升至39.5%，其中，研究生学历从业人员占比由2019年的6.7%提升至7.0%，本科学历从业人员占比由2019年的31.3%提升至32.5%，而大专学历从业人员占比由2019年的21.0%提升至21.1%，其他从业人员的占比则有所下降（图3-4）。可以看到，国家高新区以研究生、本科生为代表的高学历从业人员的增长速度明显高出其他学历人员，且高学历从业人员的占比在不断提升。

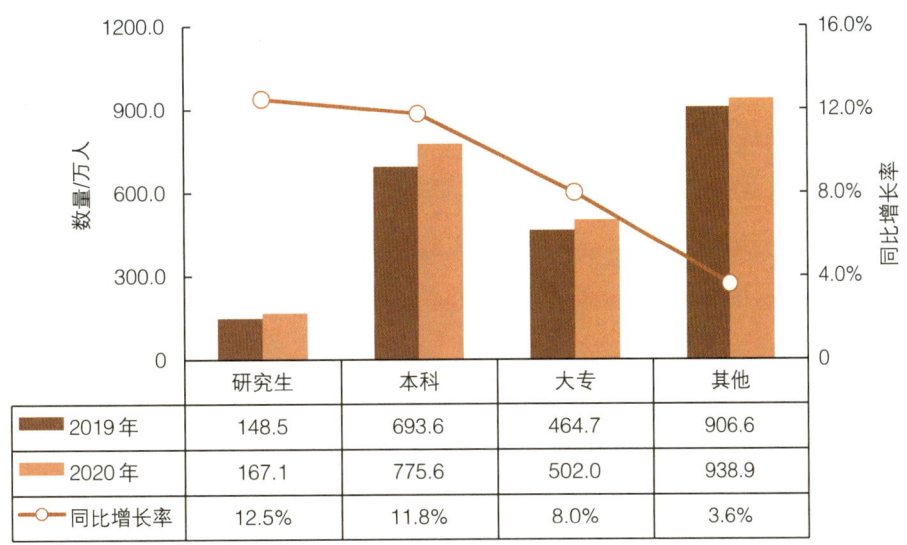

图3-3 2019年、2020年国家高新区各学历从业人员的增长情况

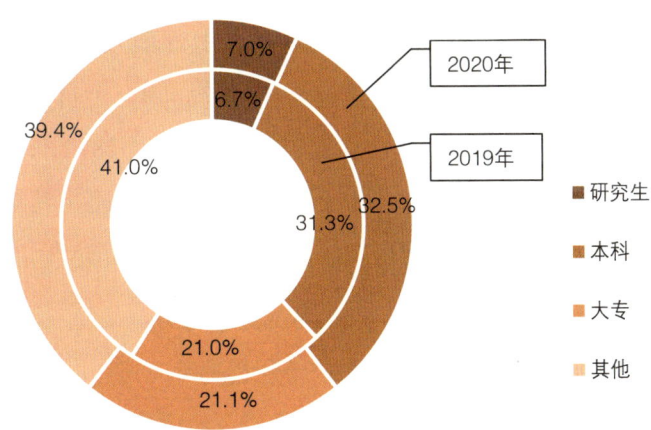

图3-4 2019年、2020年国家高新区从业人员的学历分布

具体到高新区，2020年西安、杭州、中关村、苏州工业园、上海张江、武汉、成都、合肥等代表性园区，其从业人员中本科及以上学历从业人员占比均在50%以上，分别为64.8%、63.8%、62.2%、58.2%、56.5%、55.9%、55.7%、51.9%，远高于国家高新区整体水平（39.5%）（图3-5）。其中，合肥、上海张江、杭州、苏州工业园、中关村5家园区较2019年提升明显。这些园区所在城市综合发展实力较强，有较好的科教资源及更多的高技术产业就业机会，成为所在城市吸引知识型人才的核心区域。

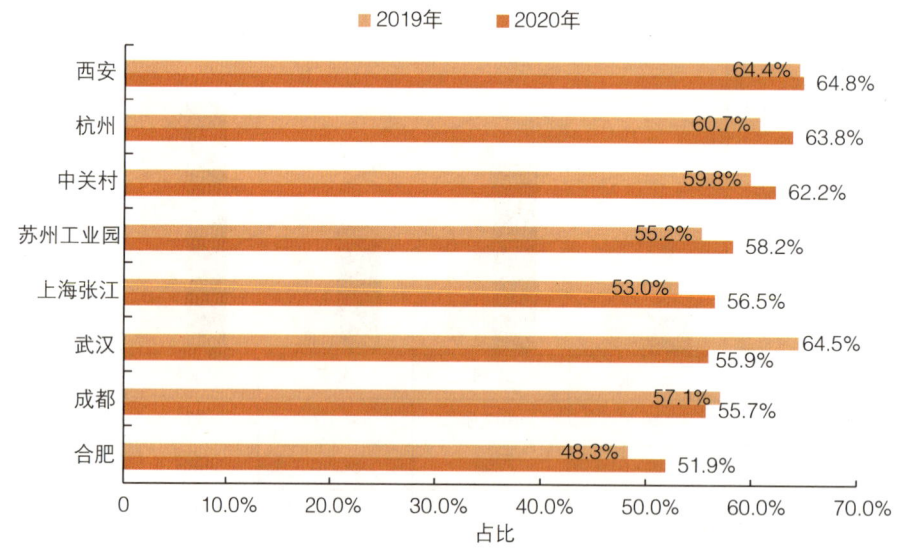

图3-5 2019年、2020年国家高新区从业人员的本科及以上学历人员占比

从职业类型来看，2020年国家高新区中层及以上管理人员达到196.0万人，同比增长9.2%，占从业人员总数的比例为8.2%，较上年提高0.1个百分点；专业技术人员达到671.8万人，同比增长9.0%，占从业人员总数的比例为28.2%，较上年提高0.4个百分点（图3-6）。高新区管理人才和技能人才数量增长迅速，其增长速度均明显高于从业人员的整体增速（7.7%），分别高出整体增速1.5个百分点、1.3个百分点。

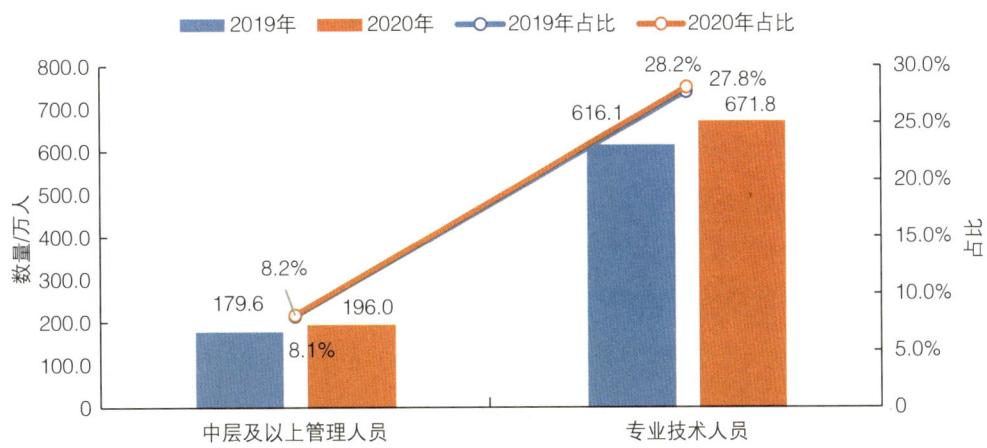

图3-6 2019年、2020年国家高新区从业人员的职业类型分布

2020年高新区初级及以上技能人员共计251.4万人,占从业人员总数的比例为10.5%,较上年降低0.4个百分点。从技能级别来看,从业人员中有高级技师(国家职业资格一级)11.1万人、技师(国家职业资格二级)24.1万人、高级技能人员(国家职业资格三级)65.7万人、中级技能人员(国家职业资格四级)71.0万人、初级技能人员(国家职业资格五级)79.5万人,同比增长率分别为3.4%、4.4%、0.7%、7.0%和3.7%,高新区的各类技能人员数量在迅速增长(图3-7)。

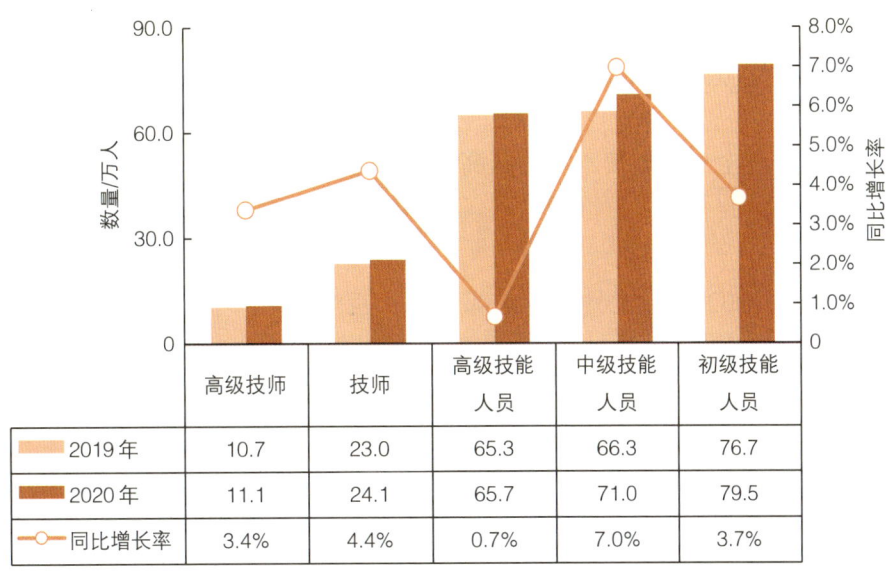

图3-7 2019年、2020年国家高新区各类技能从业人员分布情况

（三）R&D人员稳定增长，各地差异表现悬殊

2020年，国家高新区中从事科技活动人员共计514.4万人，同比增长10.4%，占从业人员总数的21.6%，较上年提高0.5个百分点。其中，企业R&D人员全时当量整体保持稳定增长，从2011年的93.2万人年增长至2020年的202.4万人年，2020年同比增长11.2%，占我国全部R&D人员全时当量（523.5万人年）的38.7%，同比下降0.8个百分点（图3-8）。从研发人员密度来看，2020年高新区企业每万名从业人员中研发人员全时当量为849人年，是全国平均水平（69人年）的12.3倍[①]。

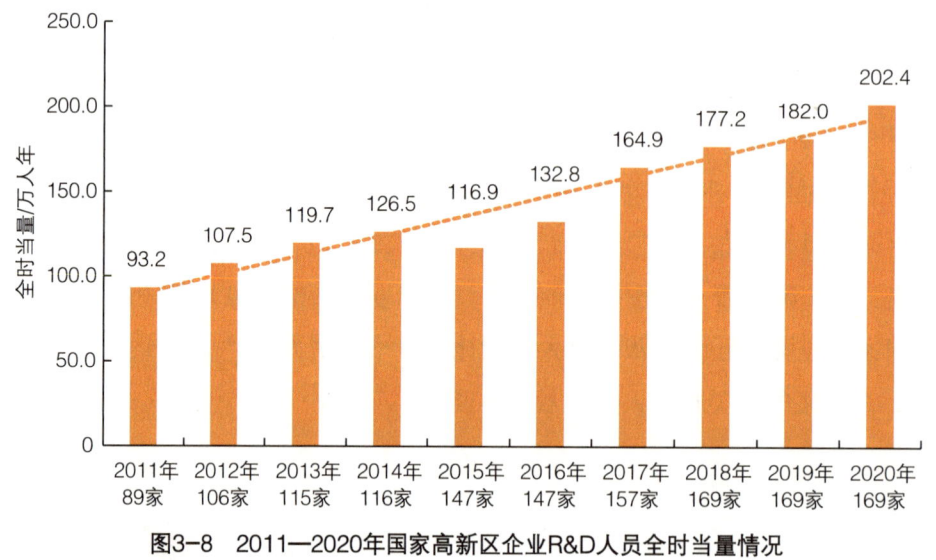

图3-8　2011—2020年国家高新区企业R&D人员全时当量情况

企业R&D人员全时当量按不同地区高新区、不同省份高新区、不同类别高新区进行对比，差异明显。

分地区来看，2020年东北地区、东部地区、西部地区、中部地区的国家高新区企业R&D人员全时当量分别为5.1万人年、134.4万人年、25.5万人年和37.4万人年，地区差异显著（图3-9）。其中，东部地区集聚了国家高新区66.4%的研发人员资源，中部地区和西部地区各集聚了18.5%和12.6%的研发人员资源。目前，东部地区拥有较多的国家高新区（达70家，占全国总量的41.4%），拥有企业数量和经济发展水平

---

① 全国数据来源于《中国统计年鉴2021》。

也远高于其他地区，是集聚科技研发人员的主要区域。相比2019年，2020年国家高新区对企业R&D人员的集聚程度进一步提升，但不同区域的分布不平衡状况有所加剧，其中东部地区高新区研发人员的占比有所提升，而东北地区、西部地区和中部地区高新区的占比均略有下降。

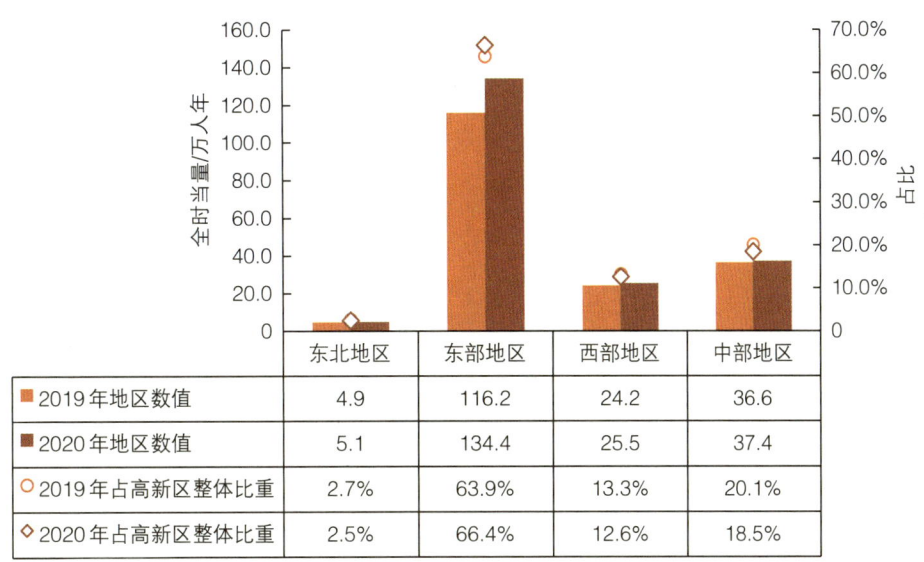

图3-9　2019年、2020年国家高新区企业R&D人员全时当量的地区分布情况

分省份来看，2020年国家高新区企业R&D人员全时当量超过10万人年的省份共有7个，分别为广东、江苏、北京、湖北、浙江、山东和上海，其总量占全国高新区总量的68.2%，较2019年62.8%提升了5.4个百分点，R&D人员数在排名前7位的高新区中聚集明显（表3-1）。其中，江苏由2019年的24.0万人年提升到31.6万人年，在全国占比由13.2%提升到15.6%，在所有省份中同比提升最快，表现突出。江苏近年围绕推动科技自立自强，深入实施创新驱动发展核心战略、科教与人才强省战略，并研究出台针对全省高新区高质量发展的实施意见，进一步加强省内国家高新区的统筹管理，人才发展环境优化明显。

表3-1　2020年国家高新区企业R&D人员全时当量的省份分布情况

省份	国家高新区企业R&D人员全时当量/万人年	占国家高新区整体的比例	省份	国家高新区企业R&D人员全时当量/万人年	占国家高新区整体的比例
广东	37.4	18.5%	重庆	2.76	1.4%
江苏	31.6	15.6%	河北	2.51	1.2%
北京	19.7	9.8%	广西	2.25	1.1%
湖北	14.4	7.1%	天津	1.97	1.0%
浙江	12.9	6.4%	内蒙古	1.03	0.5%
山东	11.3	5.6%	贵州	0.99	0.5%
上海	10.5	5.2%	黑龙江	0.98	0.5%
陕西	9.5	4.7%	吉林	0.93	0.5%
四川	8.0	3.9%	山西	0.80	0.4%
安徽	7.4	3.7%	甘肃	0.40	0.2%
湖南	6.3	3.1%	云南	0.37	0.2%
福建	6.3	3.1%	海南	0.11	0.1%
河南	4.6	2.3%	新疆	0.10	0.1%
江西	3.8	1.9%	宁夏	0.08	0
辽宁	3.2	1.6%	青海	0.04	0

分园区类别来看，平均每家世界一流高科技园区、创新型科技园区和创新型特色园区的企业R&D人员全时当量分别为96 174人年、19 121人年、11 831人年，均明显高于其他园区。尤其是世界一流高科技园区，其企业R&D人员全时当量均值是国家高新区平均水平的8倍，在研发人才资源集聚方面具有绝对的领先优势。按照稳定期园区和新升级园区、自创区园区和非自创区园区进行划分，可以看到稳定期园区与自创区园区企业R&D人员全时当量的均值分别为30 289人年、27 855人年，要远高于新升级园区和非自创区园区的均值，是高新区平均水平的2倍多（图3-10）。

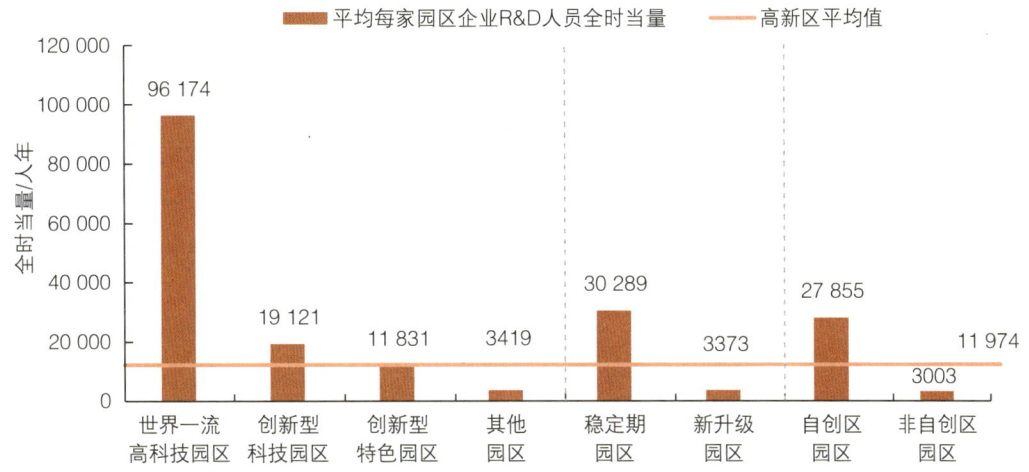

图3-10 2020年不同类别国家高新区的企业R&D人员全时当量情况

具体到单个园区，2020年企业R&D人员全时当量在1.0万人年及以上的国家高新区共计45家，其中排名前十的国家高新区分别为中关村、深圳、上海张江、南京、武汉、西安、苏州工业园、广州、杭州和成都，分别为19.7万人年、17.7万人年、10.3万人年、9.7万人年、8.9万人年、7.9万人年、7.3万人年、7.3万人年、6.0万人年和5.9万人年，中关村和深圳高新区的企业R&D人员数量头部效应明显（图3-11）。

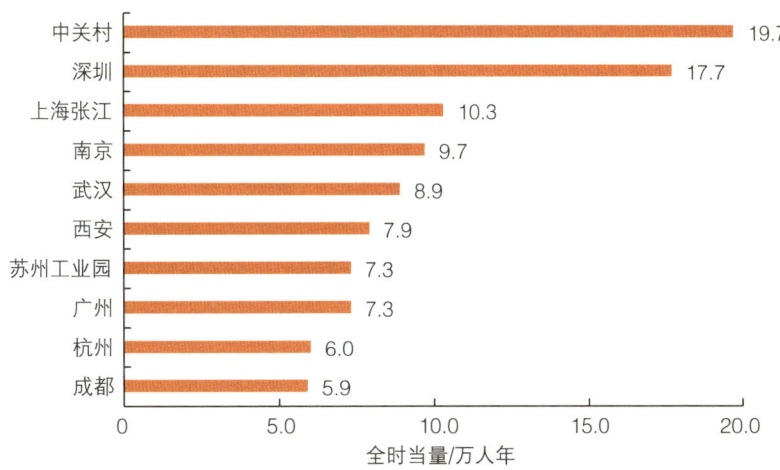

图3-11 2020年企业R&D人员全时当量排名前十的国家高新区情况

二、科技资金投入

源源不断的科技资金投入是提升创新实力的重要保障。经过多年的发展和建设，国家高新区不断提升科技资金投入水平，并创新支持方式，逐步建立起政府、企业、社会多方参与的科技投入体系。国家高新区创新资源集聚评价中，用财政科技支出占当年财政支出比例、企业R&D投入占增加值比例分别体现科技创新经费中的政府投入和企业投入。

（一）企业R&D投入不断加大，东中部地区优势明显

2020年，国家高新区企业研发投入费用持续增长，企业R&D经费内部支出（简称"企业R&D投入"）为9192亿元，同比增长11.3%，占全国企业R&D经费支出（18 673.8亿元）[1]的49.2%。其中，企业R&D投入超过100亿元的高新区共计17家，较上年增加1家，从高到低分别为中关村、深圳、上海张江、西安、广州、武汉、南京、杭州、合肥、苏州工业园、成都、东莞、长沙、济南、宁波、珠海和青岛高新区，占全部高新区的66.7%，其中中关村和深圳高新区的企业R&D投入分别高达1140.9亿元、1065.3亿元，占全部高新区的24.0%。

从研发投入强度来看，2020年国家高新区企业R&D投入与园区生产总值（GDP）的比例[2]为6.8%，与2019年持平，是同期我国全社会研发投入强度（2.4%）的2.8倍，远高于全国平均水平。2011—2020年，国家高新区企业R&D投入占增加值比例整体呈增长趋势，2020年为10.6%，较上年有所增加（图3-12）。

对企业R&D投入占增加值比例按不同地区高新区、不同省份高新区、不同类别高新区进行的比较分析如下。

从地区分布情况来看，2020年东部地区国家高新区企业R&D投入占增加值比例最高，达到11.6%；然后为中部地区，达到11.1%；而西部地区和东北地区均不足9%。从两年变化来看，2020年东部地区高新区的企业R&D投入占增加值比例保持稳定，中

---

[1] 数据来自国家统计局《2020年全国科技经费投入统计公报》。
[2] 此处研发投入强度，使用"国家高新区企业R&D投入与GDP比例"，是为了与全国的研发投入强度数据保持一定的可比性。

部地区、西部地区均有所提升，而东北地区则略有下降（图3-13）。整体来看，东部地区和中部地区高新区的企业研发投入力度要远高于东北地区和西部地区。

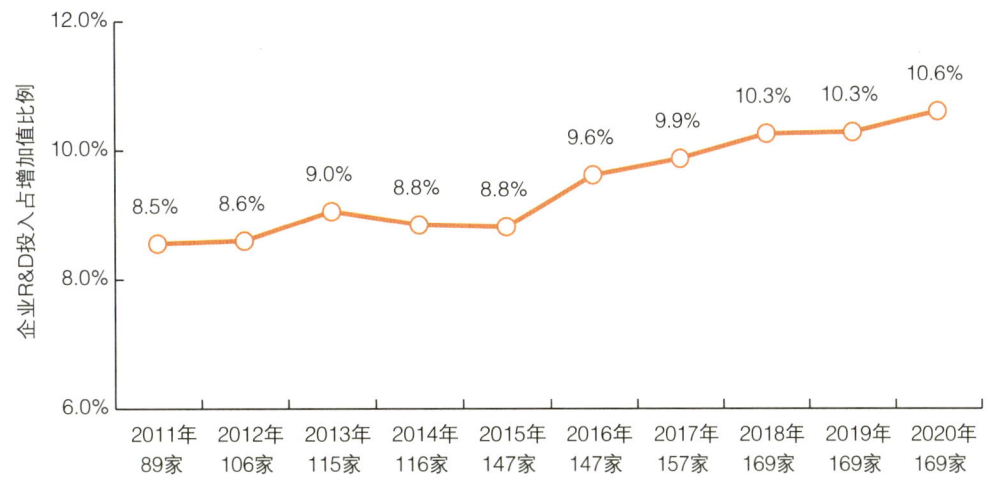

图3-12　2011—2020年国家高新区企业R&D投入占增加值比例情况

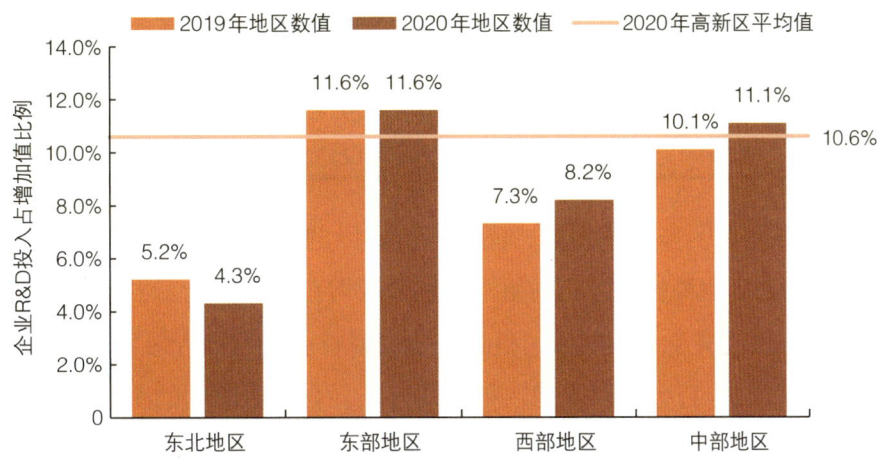

图3-13　2019年、2020年国家高新区企业R&D投入占增加值比例的地区分布情况

从省份分布情况来看，2020年国家高新区企业R&D投入占增加值比例在10%及以上的省份共计10个，从高到低分别为广东、湖南、安徽、湖北、江苏、浙江、四川、福建、山东和陕西（表3-2）。其中，广东高新区企业R&D投入占增加值比例高达15.9%，但该比例较上年略有下降。从两年变化来看，有17个省份高新区企业R&D投入占增加值比例有所提升，有13个省份有所下降，出现上升的省份居多。

表3-2 2019年、2020年国家高新区企业R&D投入占增加值比例的省份分布情况

省份	2020年国家高新区企业R&D投入占增加值比例	2019年国家高新区企业R&D投入占增加值比例	省份	2020年国家高新区企业R&D投入占增加值比例	2019年国家高新区企业R&D投入占增加值比例
广东	15.9%	16.5%	内蒙古	9.2%	7.0%
湖南	12.5%	13.3%	上海	9.1%	8.5%
安徽	12.0%	10.0%	江西	9.0%	9.5%
湖北	11.9%	9.8%	天津	8.2%	4.6%
江苏	11.9%	12.2%	广西	7.8%	6.9%
浙江	11.3%	12.0%	辽宁	6.9%	7.5%
四川	10.9%	12.4%	贵州	5.8%	4.9%
福建	10.6%	10.1%	山西	4.6%	4.8%
山东	10.2%	9.4%	海南	3.6%	3.8%
陕西	10.0%	7.7%	黑龙江	3.1%	2.1%
北京	9.9%	10.1%	青海	2.7%	2.0%
宁夏	9.6%	7.5%	吉林	2.7%	4.5%
河北	9.4%	9.7%	甘肃	2.1%	1.1%
重庆	9.2%	9.0%	云南	2.0%	1.7%
河南	9.2%	8.9%	新疆	0.8%	1.1%

从不同类别高新区来看，世界一流高科技园区的企业R&D投入占增加值比例最高，为12.8%，创新型科技园区和创新型特色园区均在9.0%以上，三类园区企业R&D投入占增加值比例均高于其他园区，世界一流高科技园区的优势最为明显，比国家高新区平均水平高2.2个百分点。同样，稳定期园区、自创区园区的企业R&D投入占增加值比例分别为11.5%、12.0%，均高于国家高新区平均水平，分别是新升级园区、非自创区园区的1.4倍和1.8倍（图3-14）。

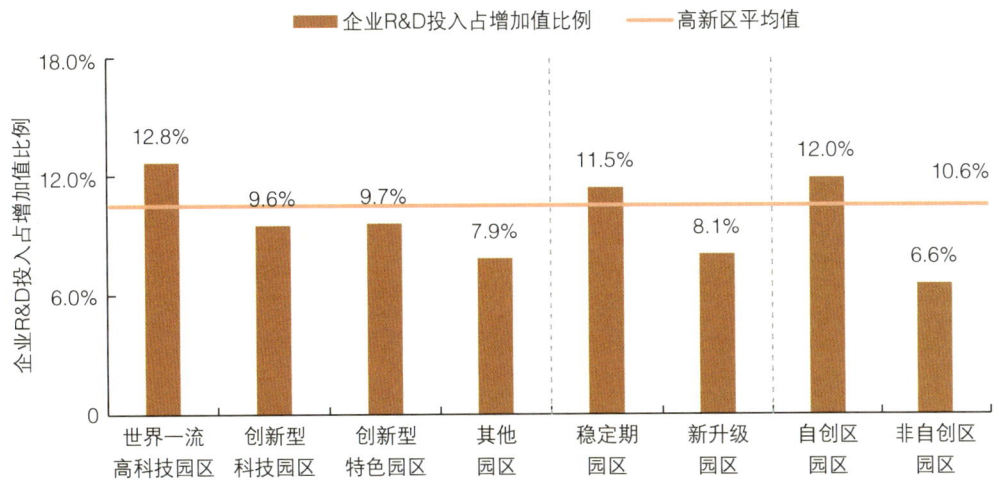

图3-14 2020年不同类别国家高新区的企业R&D投入占增加值比例情况

（二）财政科技支出稳步增加，10家一流园区遥遥领先

国家高新区通过加大政府科技资金投入力度，充分发挥财政资金的引导和杠杆作用，调动更多社会资金投入创新。直接的财政科技拨款和间接的财税政策是国家激励企业研发与创新的普遍做法。

2020年，国家高新区财政科技拨款总额达1437.9亿元，同比增长12.5%，增速较上年有所下降。其中，有12家高新区当年财政科技拨款在30亿元及以上，较上年增加了2家，分别为上海张江、武汉、广州、深圳、合肥、西安、苏州工业园、成都、天津、郑州、杭州和长沙高新区。

2011—2020年，国家高新区通过财政拨款支持科技创新的力度呈波动上升趋势，财政科技支出占当年财政支出比例从2011年的7.8%提升至2020年的15.3%，整体比2011年约翻了一番（图3-15）。从主要采取的财税政策来看，主要通过设立高新技术产业专项补助资金和科技发展资金资助企业科研开发、设立专利申请资助专项经费、对自主创新型企业减税或返还、特许权使用费实行免征或减征、建立高增值产品的增值税补偿机制等多种举措支持企业创新。

图3-15 2011—2020年国家高新区财政科技支出占比变化情况

从税收减免的具体情况来看，2020年国家高新区对企业减免税收总计4032.9亿元，同比增长18.8%。其中，增值税减免946.9亿元，同比增长6.3%；所得税减免2906.3亿元，同比增长21.9%（图3-16）。

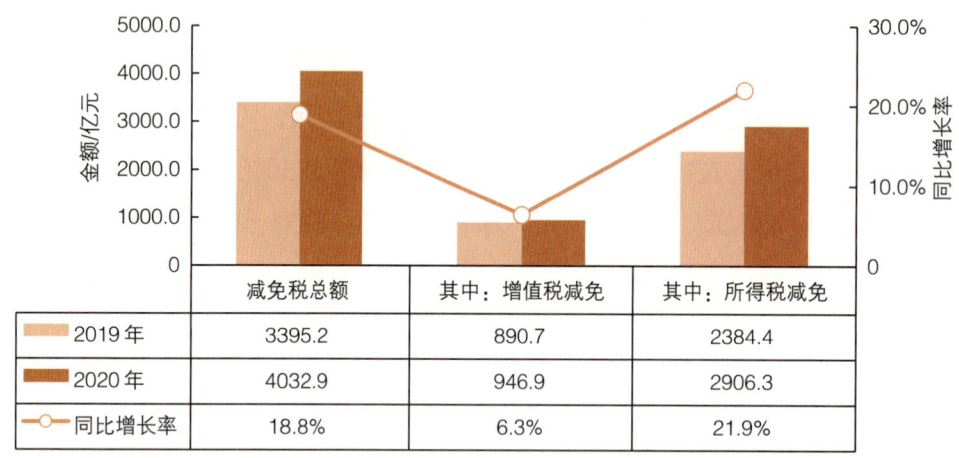

图3-16 2019年、2020年国家高新区企业税收减免情况

在企业所得税减免中，享受高新技术企业所得税减免1301.5亿元，所占份额最大，为44.8%，不过该比例较上年有所下降；然后为研发加计扣除所得税减免，税额达到1000.0亿元，占企业所得税减免的34.4%，是所占份额增加最多的税种；技术转让所得税减免额为10.8亿元，同比增长33.7%，是所得税减免中增长最快的税种（图3-17）。

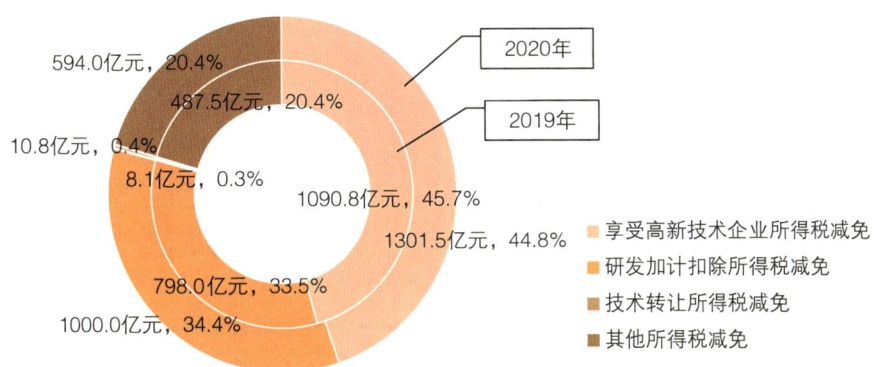

图3-17 2019年、2020年国家高新区企业所得税减免额和分布情况

财政科技支出占当年财政支出比例按不同地区高新区、不同省份高新区、不同类别高新区进行对比,有明显差异。

从地区分布情况来看,2020年财政科技支出占当年财政支出比例最高的是中部地区高新区,达到17.8%,然后是东部地区,为15.8%,西部地区和东北地区则相对较低,分别为12.3%和9.1%(图3-18)。从两年变化来看,东部地区和西部地区的比例均出现了下降,东北地区和中部地区则出现了上升,说明2020年东北地区和中部地区的国家高新区对创新活动的财政支持力度进一步强化,政府对创新的重视程度有所提高。

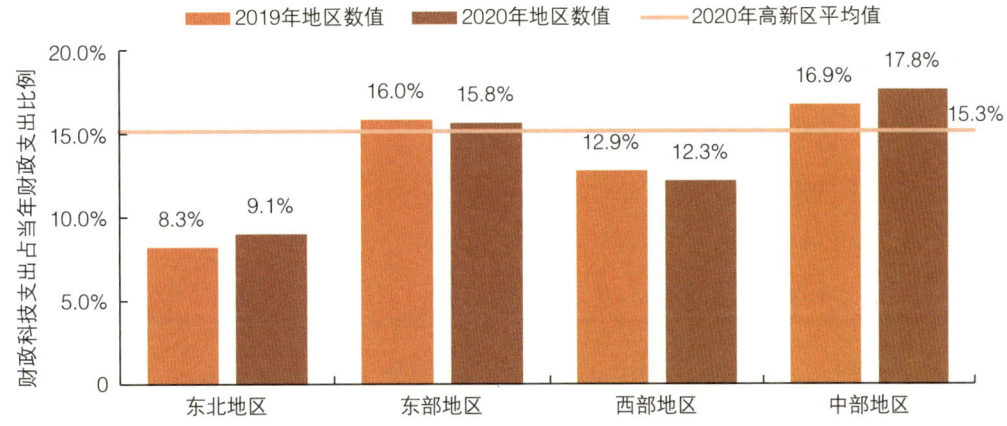

图3-18 2019年、2020年国家高新区财政科技支出占当年财政支出比例的地区分布情况

第三章 创新资源集聚评价 73

从省份分布情况来看，2020年国家高新区财政科技支出占当年财政支出比例高于50%的是北京[①]和上海（表3-3）。除此之外，安徽、天津和福建3个省份高新区占比均在20%以上。从近两年变化来看，30个省份中有17个省份的高新区该比例出现上升，有13个省份出现下降。其中，海南出现大幅下降，主要是由于海口高新区财政科技支出总额虽然持续增长，但相比当年财政总支出额度，占比表现为大幅下降。

表3-3 2019年、2020年国家高新区财政科技支出占当年财政支出比例的省份分布情况

省份	2020年国家高新区财政科技支出占比	2019年国家高新区财政科技支出占比	省份	2020年国家高新区财政科技支出占比	2019年国家高新区财政科技支出占比
北京	99.3%	100.0%	湖南	12.8%	13.0%
上海	84.3%	50.8%	贵州	12.8%	11.9%
安徽	40.4%	36.7%	浙江	11.9%	11.7%
天津	24.3%	24.7%	四川	11.7%	9.6%
福建	24.3%	18.0%	辽宁	10.4%	8.4%
山西	18.5%	8.5%	江苏	10.3%	10.8%
河南	17.9%	15.2%	吉林	10.1%	9.9%
内蒙古	16.4%	9.3%	山东	9.4%	7.8%
广东	15.9%	21.0%	河北	8.7%	7.8%
湖北	15.7%	15.7%	云南	7.3%	6.4%
陕西	15.5%	22.3%	黑龙江	3.9%	6.0%
重庆	15.0%	21.9%	海南	3.0%	66.2%
江西	13.9%	15.7%	宁夏	2.8%	5.5%
甘肃	13.4%	14.5%	青海	1.9%	0.4%
广西	13.3%	12.0%	新疆	1.5%	1.8%

从不同类别高新区来看，2020年世界一流高科技园区财政科技支出占当年财政支出比例达到29.6%，远高出创新型科技园区、创新型特色园区和其他园区；稳

[①] 部分国家高新区没有一级财政，财政支出、财政科技支出数据分别使用"管委会管理并支出的园区发展专项资金额"和"专项资金中用于科技支出金额"代替。北京中关村高新区两项资金数额相同，仅作为对比参考。

定期园区高出新升级园区7.9个百分点,自创区园区高出非自创区园区7.0个百分点(图3-19)。整体来看,对于发展比较成熟的世界一流高科技园区、稳定期园区和自创区园区,当地政府更为重视创新,财政科技投入的力度更大,而三类园区中的创新型特色园区表现一般。

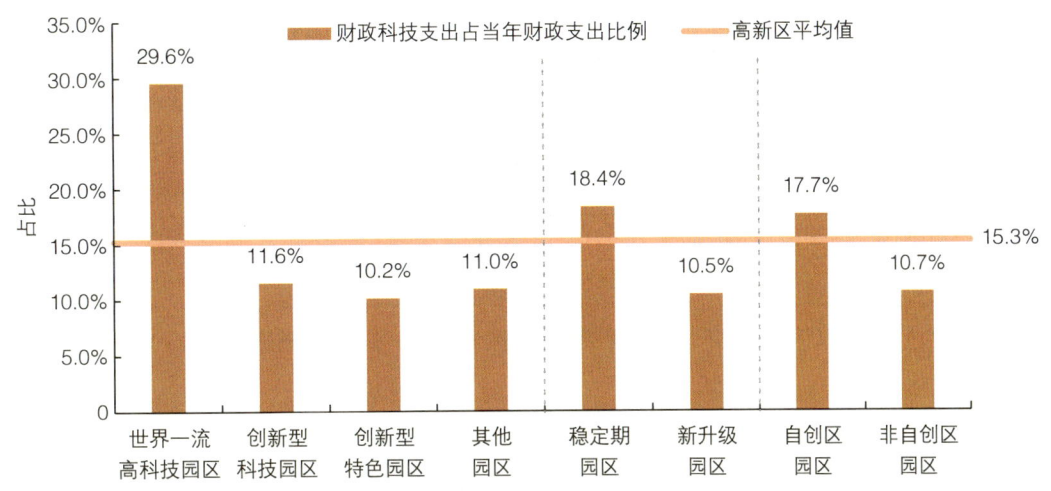

图3-19　2020年不同类别国家高新区财政科技支出占当年财政支出比例情况

(三)科技活动经费全面提高,无形资产摊销增幅最大

截至2020年年底,国家高新区的企业科技活动经费支出合计为19 571.6亿元,同比增长16.7%。从科技活动经费支出明细来看,人员人工费用为8640.0亿元,直接投入费用为5552.9亿元,折旧费用与长期待摊费用为868.6亿元,无形资产摊销费用为335.7亿元,设计费用为416.9亿元,装备调试费用与试验费用为446.9亿元,委托外单位开展科技活动费用为2204.1亿元。相比2019年,各项科技活动经费支出均有所提升,其中无形资产摊销费用增长最快,同比增速为26.6%(图3-20)。

从科技活动经费支出的分布结构来看,2020年国家高新区企业的人员人工费用占比最高,达到44.1%,然后是直接投入费用,占比为28.4%(图3-21)。

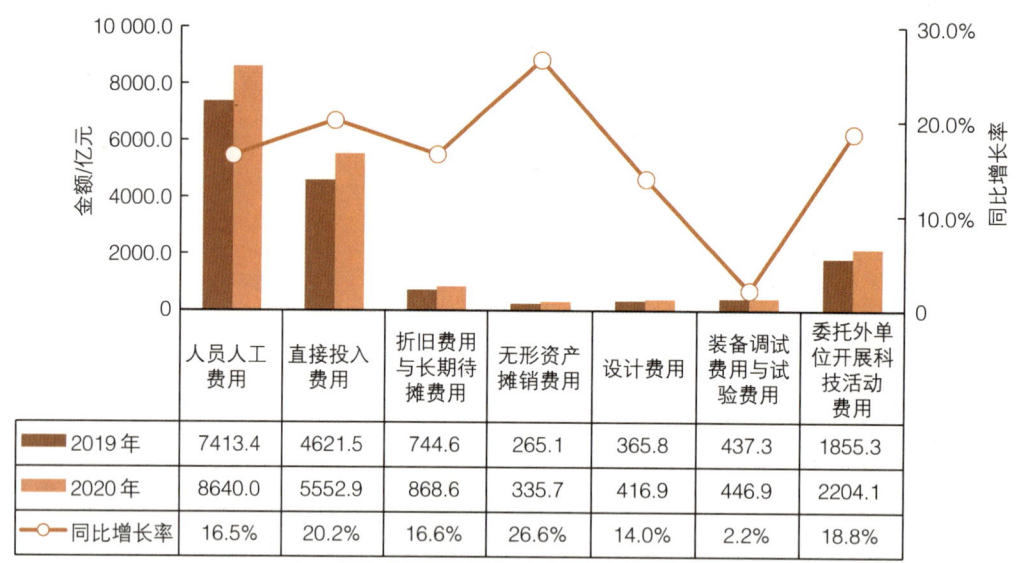

图3-20　2019年、2020年国家高新区企业的各项科技活动费用情况

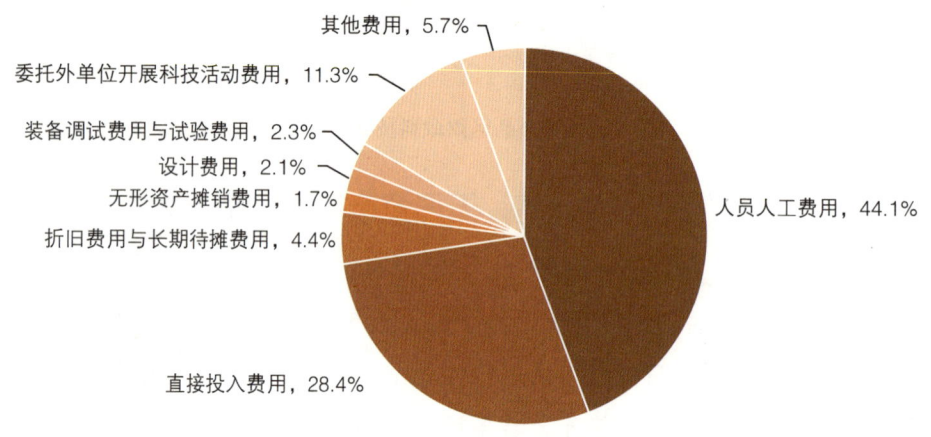

图3-21　2020年国家高新区企业的各项科技活动费用支出的分布情况

三、创新主体培育

高校、科研院所、企业都是国家高新区创新体系的重要组成部分，是进行科学研究、技术开发、技术产业化的重要主体。国家高新区一直将创新主体的引进和培育作为推动创新发展的重要工作，并通过资源招引、政策支撑和环境优化，在创新主体培育方面取得了显著的成效。国家高新区创新资源集聚评价中，体现创新主体发展的指

标有两个,分别为省级及以上各类研发机构数量①、当年认定的高新技术企业数量。

(一)各类研发机构蓬勃发展,东部地区优势进一步加大

国家高新区培育和集聚了众多的研究机构,以增强知识和技术的源头供给。2011—2020年,国家高新区省级及以上各类研发机构数量整体呈增长趋势,2020年为28 709家,同比增长12.5%,平均每个国家高新区拥有省级及以上各类研发机构170家(图3-22)。

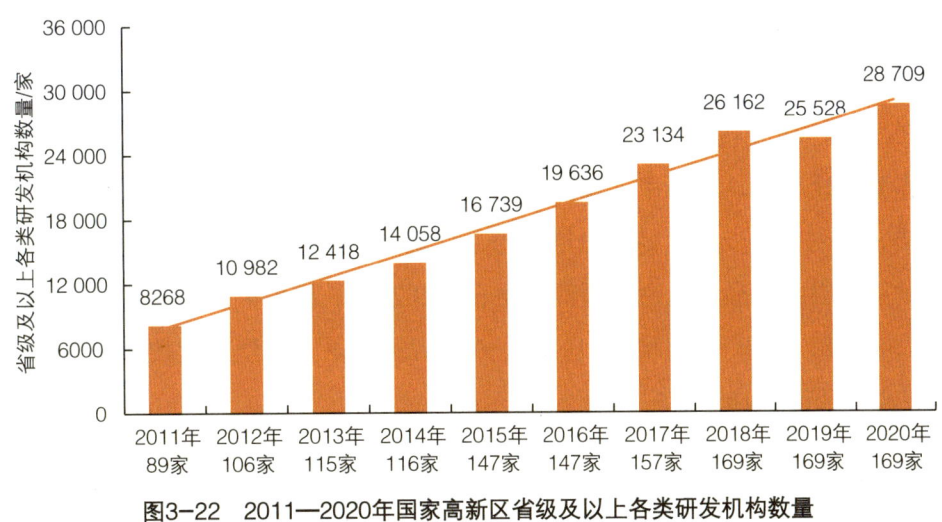

图3-22 2011—2020年国家高新区省级及以上各类研发机构数量

具体来看,截至2020年年底,国家高新区内拥有国家认定的企业技术中心(包含分中心)887家,同比增长12.3%;拥有国家或行业归口研究院所1154家,同比增长9.5%;拥有国家认定博士后科研工作站1577家,同比增长9.0%(图3-23)。高新区集聚了全国79%以上的国家工程研究中心、国家重点实验室、国家工程实验室,其中累计建设国家重点实验室401家、国家工程研究中心(包含分中心)112家、国家工程技术研究中心263家、国家工程实验室176家、国家地方联合工程研究中心(工程实验室)482家。

---

① 省级及以上各类研发机构数量具体所包含的机构类型见附录。从2016年开始该指标纳入"国家和地方联合实验室、其他国家级研发机构和新型产业技术研发机构"三类机构数;从2019年开始,该指标去掉了"外资研发机构"。

第三章 创新资源集聚评价 77

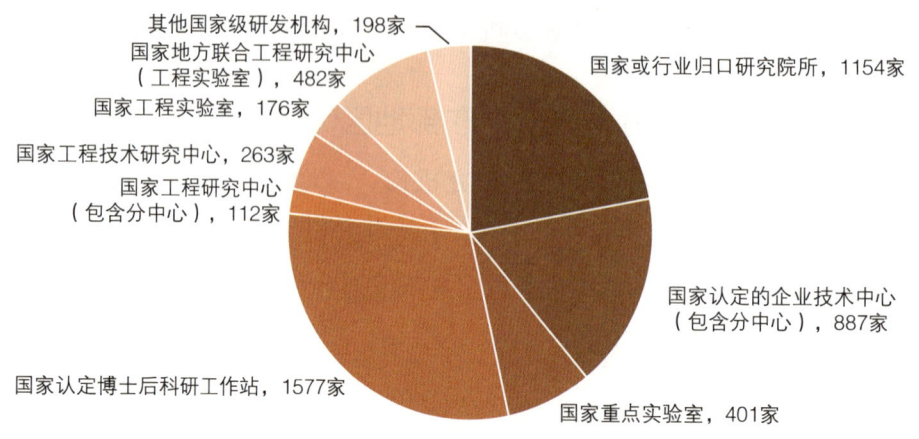

图3-23　2020年国家高新区各类国家级研发机构数量分布情况

此外，新型研发机构作为促进科技和经济有效结合的重要市场化组织形式在高新区中得到迅速发展，从国家层面到省份层面纷纷推出了促进新型研发机构发展的政策和举措，旨在进一步优化科研力量布局，强化产业技术供给，促进科技成果转移转化，推动科技创新和经济社会发展深度融合。2020年，国家高新区拥有各类新型产业技术研发机构2335家，同比增加11.8%；其中省级及以上新型产业技术研发机构1076家，同比略有下降（1085家）。

从新型产业技术研发机构的区域分布来看，2020年，国家高新区新型产业技术研发机构主要集中在东部地区（1431家），其中省级及以上新型产业技术研发机构574家，以广东、江苏、浙江等省份表现最为突出；中部地区、西部地区高新区分别拥有332家、146家省级及以上新型产业技术研发机构；东北地区高新区仅拥有24家省级及以上新型产业技术研发机构（图3-24）。相较2019年，东部地区、中部地区拥有的新型产业技术研发机构数量显著增长，反映出当地高新区对科技成果转移转化及产业化的需求更为迫切。

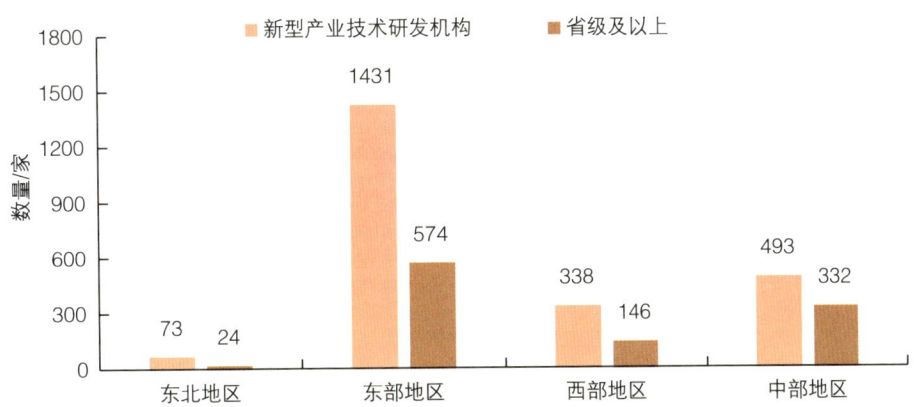

图3-24　2020年国家高新区新型产业技术研发机构数量的地区分布情况

以下按不同地区高新区、不同省份高新区、不同类别高新区对省级及以上各类研发机构数量进行分析。

从地区分布情况来看，2020年东北地区、东部地区、西部地区、中部地区的国家高新区分别集聚了1718家、15 700家、4545家、6746家省级及以上各类研发机构，54.7%的研发机构集中在东部地区的高新区。观察两年变化：从数量上看，四大区域的省级及以上各类研发机构数量较上年均有所增长；从占高新区整体比重来看，除东部区域有所提升外，其他区域均略有下降（图3-25）。

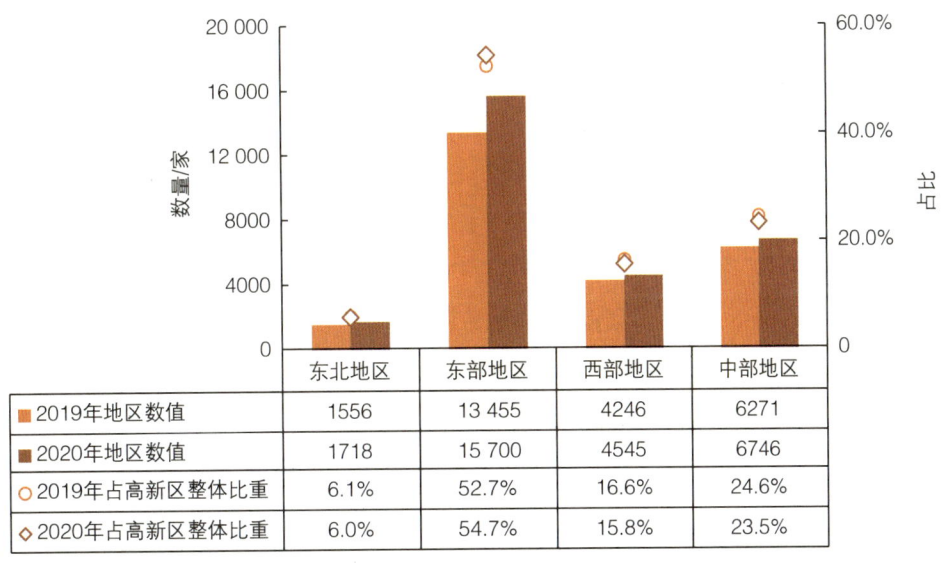

图3-25　2019年、2020年国家高新区省级及以上各类研发机构的地区分布情况

第三章　创新资源集聚评价　79

从省份分布情况来看，2020年国家高新区省级及以上各类研发机构数量超过1000家的省份共有8个，分别为江苏、广东、湖北、浙江、山东、湖南、河南和北京，这8个省份集聚了高新区六成以上的研发机构；其中，江苏、广东分别拥有省级及以上各类研发机构4494家、4172家，占国家高新区整体的比例均在15%左右，远超其他省份（表3-4）。

表 3-4 2020年国家高新区省级及以上各类研发机构的省份分布情况

省份	国家高新区省级及以上各类研发机构数量/家	占国家高新区整体的比例	省份	国家高新区省级及以上各类研发机构数量/家	占国家高新区整体的比例
江苏	4494	15.65%	广西	559	1.95%
广东	4172	14.53%	江西	524	1.83%
湖北	2071	7.21%	吉林	519	1.81%
浙江	1969	6.86%	黑龙江	375	1.31%
山东	1809	6.30%	天津	373	1.30%
湖南	1584	5.52%	河北	350	1.22%
河南	1421	4.95%	贵州	305	1.06%
北京	1137	3.96%	新疆	258	0.90%
安徽	955	3.33%	甘肃	257	0.90%
陕西	941	3.28%	山西	191	0.67%
四川	926	3.23%	云南	183	0.64%
重庆	836	2.91%	内蒙古	150	0.52%
辽宁	824	2.87%	青海	79	0.28%
上海	735	2.56%	宁夏	51	0.18%
福建	623	2.17%	海南	38	0.13%

按园区类别划分，平均每家世界一流高科技园区、创新型科技园区、创新型特色园区的省级及以上各类研发机构数量分别为768家、336家、193家，均高于国家高新区平均值（170家），且远高于其他园区平均值，三类园区的研发机构资源相对丰富，尤其是世界一流高科技园区，其平均值是国家高新区平均值的4.5倍；稳定期园区的省级及以上各类研发机构数量平均值为359家，是新升级园区的4.4倍；自创区园区的省级及以上各类研发机构数量平均值为328家，是非自创区园区的4.0倍（图3-26）。

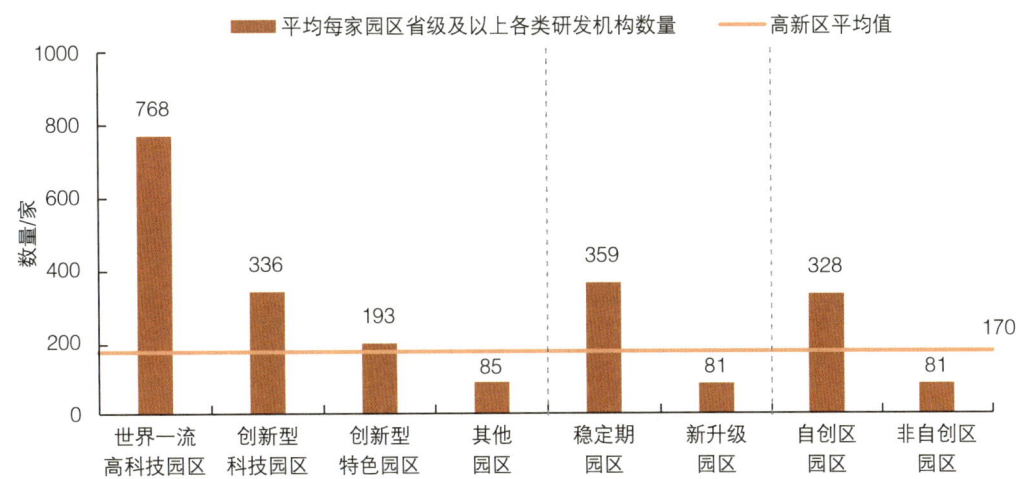

图3-26 2020年不同类别国家高新区平均每家园区省级及以上各类研发机构数量的分布情况

（二）认定高企数量大幅增长，超六成集聚在东部地区

高新技术企业是科技创新的重要主体，培育和发展高新技术企业一直是高新区推动创新发展工作的重要抓手。2020年，高新区火炬入统的高新技术企业共计99 305家，同比增长24.8%，占高新区企业总数的60.1%（简称"入统高企率"），该比例较上年提高4.1个百分点。

从具体园区来看，2020年入统高新技术企业在1000家以上的高新区较上年增加6家，共计21家，分别为中关村、上海张江、深圳、南京、广州、武汉、西安、成都、天津、佛山、苏州工业园、郑州、长沙、杭州、合肥、宁波、济南、厦门、大连、珠海和太原高新区（图3-27）。其中，仅中关村就拥有16 993家入统高新技术企业，占国家高新区整体的17.1%。

同时，国家高新区高新技术企业的新生力量不断壮大。2011年高新区当年认定的高新技术企业仅为4971家，2020年达到37 775家，是2011年的7.6倍，比2019年同期增长29.9%，高新区高新技术企业培育和认定工作卓有成效（图3-28）。

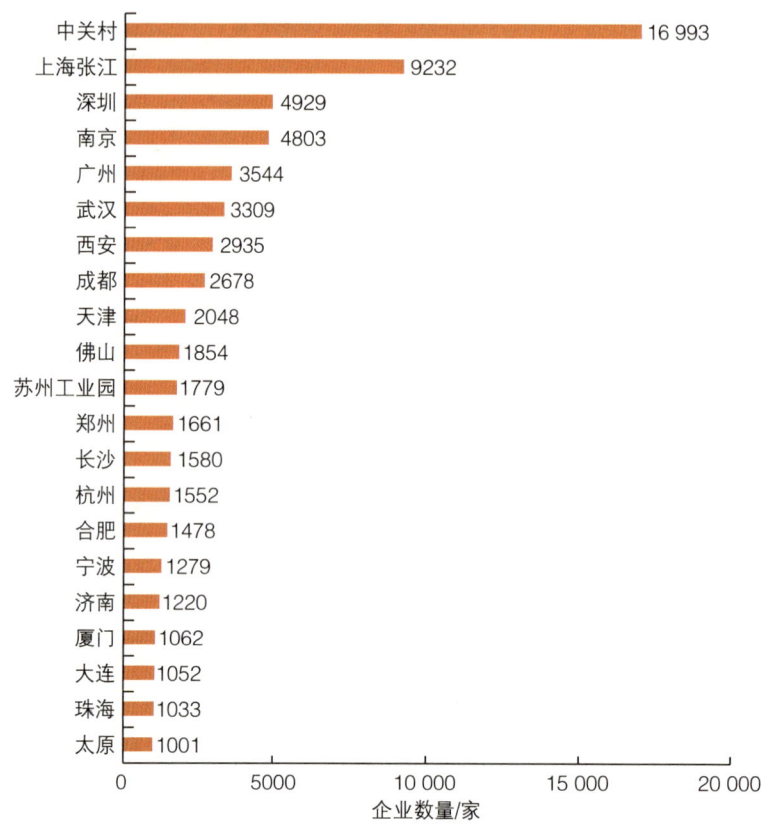

图3-27 2020年入统高新技术企业数超1000家的国家高新区

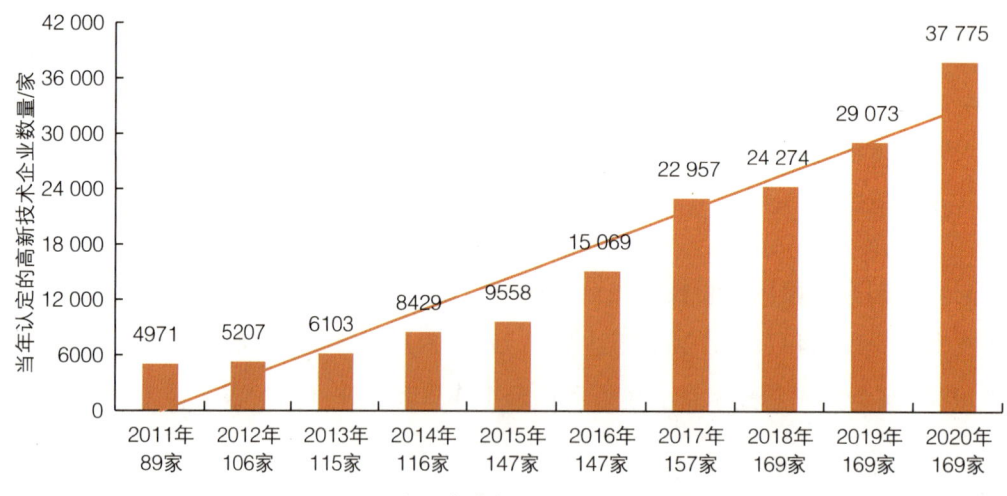

图3-28 2011—2020年国家高新区当年认定的高新技术企业数量

以下按不同地区高新区、不同省份高新区、不同类别高新区对当年认定的高新技术企业数量进行分析。

从地区分布情况来看，2020年东北地区、东部地区、西部地区、中部地区的国家高新区分别拥有1760家、24 683家、4744家和6588家当年认定的高新技术企业，65.3%的认定高新技术企业集中在东部地区的高新区（图3-29）。从两年变化来看，2020年四大地区高新区当年认定的高新技术企业数量较上年均有所增加，而从占高新区整体比重来看，东部地区和中部地区小幅下降，东北地区和西部地区均有小幅提升，仍然需要在高新技术企业的引进和培育方面加大工作力度。

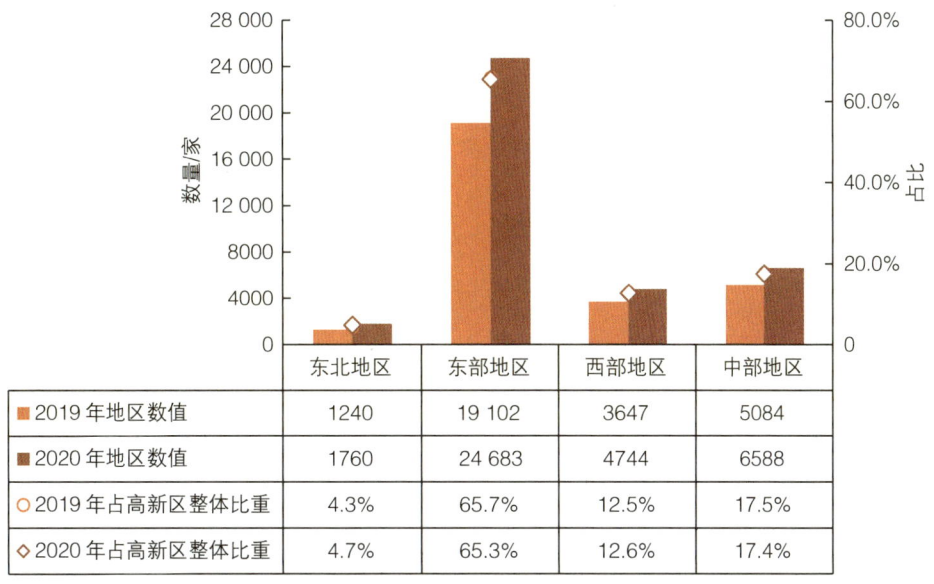

	东北地区	东部地区	西部地区	中部地区
■ 2019年地区数值	1240	19 102	3647	5084
■ 2020年地区数值	1760	24 683	4744	6588
○ 2019年占高新区整体比重	4.3%	65.7%	12.5%	17.5%
◇ 2020年占高新区整体比重	4.7%	65.3%	12.6%	17.4%

图3-29　2019年、2020年国家高新区当年认定的高新技术企业的地区分布情况

从省份分布情况来看，2020年当年认定的高新技术企业数量超过1000家的国家高新区较上年增加了4家，共计12家，分别为北京、广东、江苏、上海、湖北、浙江、山东、四川、陕西、湖南、河南和安徽，这12家高新区当年认定的高新技术企业数量合计30 661家，占国家高新区整体的比例为81.2%（表3-5）。其中北京、广东、江苏当年认定的高新技术企业数量分别为5695家、5043家和4679家，占国家高新区整体的比例均在12%以上。

表3-5 2020年国家高新区当年认定高新技术企业的省份分布情况

省份	国家高新区当年认定的高新技术企业数量/家	占国家高新区整体的比例	省份	国家高新区当年认定的高新技术企业数量/家	占国家高新区整体的比例
北京	5695	15.1%	河北	619	1.6%
广东	5043	13.4%	广西	614	1.6%
江苏	4679	12.4%	重庆	604	1.6%
上海	2955	7.8%	江西	557	1.5%
湖北	2457	6.5%	吉林	399	1.1%
浙江	2058	5.4%	黑龙江	378	1.0%
山东	1725	4.6%	山西	350	0.9%
四川	1470	3.9%	甘肃	186	0.5%
陕西	1355	3.6%	贵州	165	0.4%
湖南	1144	3.0%	云南	118	0.3%
河南	1067	2.8%	内蒙古	108	0.3%
安徽	1013	2.7%	海南	85	0.2%
辽宁	983	2.6%	新疆	80	0.2%
福建	939	2.5%	青海	26	0.1%
天津	885	2.3%	宁夏	18	0

按园区类别划分，2020年世界一流高科技园区、创新型科技园区、创新型特色园区、其他园区当年认定的高新技术企业数量平均分别为1763家、369家、216家和66家，世界一流高科技园区的头部效应明显，分别是创新型科技园区、创新型特色园区和其他园区的4.8倍、8.2倍和26.7倍（图3-30）。同时，2020年稳定期园区、自创区园区当年认定的高新技术企业数量平均分别为568家、509家，分别是新升级园区、非自创区园区的9.2倍、8.2倍。

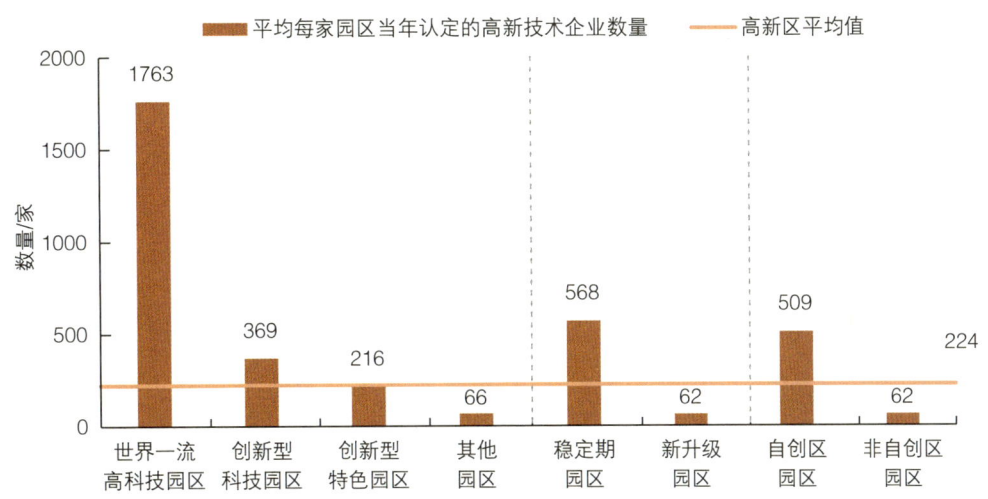

图3-30 2020年不同类别国家高新区当年认定的高新技术企业的分布情况

（三）高企创新能力表现突出，经济能力有待提升

从创新投入情况来看，2020年国家高新区高新技术企业科技活动人员合计426.4万人，占国家高新区整体的比例为82.9%；R&D人员全时当量为162.2万人年，占国家高新区整体的比例达到80.2%；R&D经费内部支出达到7186.4亿元，占国家高新区整体的比例达到78.2%（表3-6）。高新技术企业的创新人员、创新经费投入指标占国家高新区整体的比例均在78%以上，是高新区开展创新活动的主体。

表3-6　2020年国家高新区高新技术企业主要创新投入指标及占比情况

类别	科技活动人员合计/万人	R&D人员全时当量/万人年	R&D经费内部支出/亿元
高新技术企业	426.4	162.2	7186.4
国家高新区整体	514.4	202.4	9192.2
高新技术企业占比	82.9%	80.2%	78.2%

从创新成果产出情况来看，2020年国家高新区高新技术企业当年申请专利、申请发明专利分别为77.0万件、39.1万件，占国家高新区整体的比例分别为83.0%、82.7%；授权专利、授权发明专利分别达到52.0万件、15.0万件，占国家高新区整体的比例分别为84.1%、82.4%；拥有有效专利、有效发明专利分别为252.0件、84.7万件，占国家高新区整体的比例分别达到85.0%、84.3%（图3-31）。同时，高新技术

企业当年形成国际标准420项，当年形成国家或行业标准8521项，当年获得国家科技奖励174项，占国家高新区整体的比例分别为71.2%、82.9%和88.3%。除了国际标准之外，2020年高新技术企业当年的主要创新成果指标占国家高新区整体的比例均高于80%。

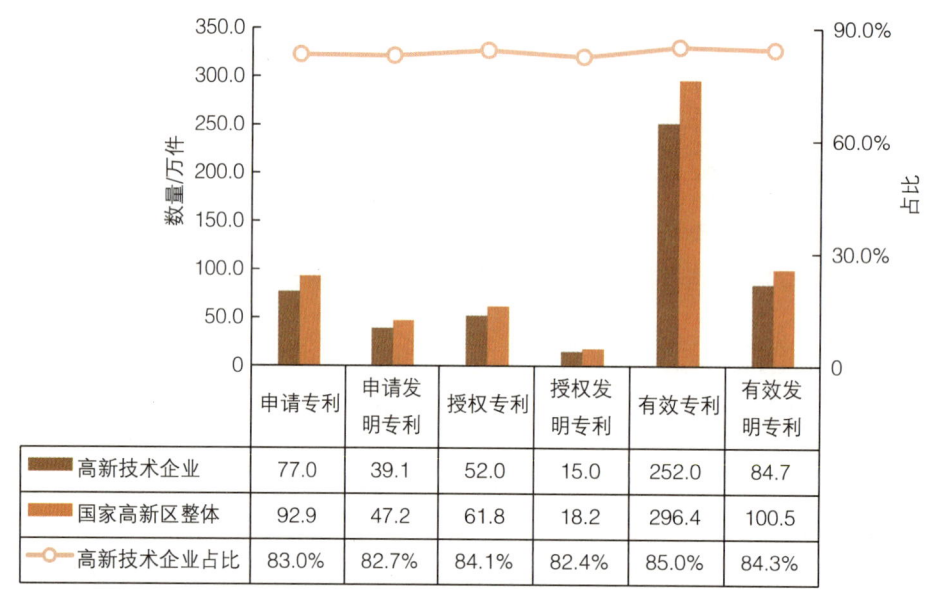

图3-31　2020年国家高新区高新技术企业专利成果产出及占比情况

高新技术企业对高新区创新经济方面的贡献较为显著。2020年高新区高新技术企业实现技术收入43 114.5亿元、认定登记的技术合同成交金额达6492.1亿元，占国家高新区整体的比例分别为73.3%、81.0%；高新技术产品销售收入129 668.7亿元、新产品销售收入65 839.2亿元，占国家高新区整体的比例分别达到79.2%、74.6%，占比均在70%以上（图3-32）。

无论是在创新投入、创新成果产出，还是在创新经济方面，高新技术企业的贡献基本都在七成以上，可见高新技术企业已经成为支撑国家高新区创新发展的中坚力量。但是，从主要的经济规模指标来看，与创新方面的贡献相比，2020年高新区高新技术企业在经济规模方面的贡献欠佳，高新技术企业营业收入、工业总产值、净利润、上缴税费、出口总额5项指标占国家高新区整体的比例在45%～60%（图3-33）。

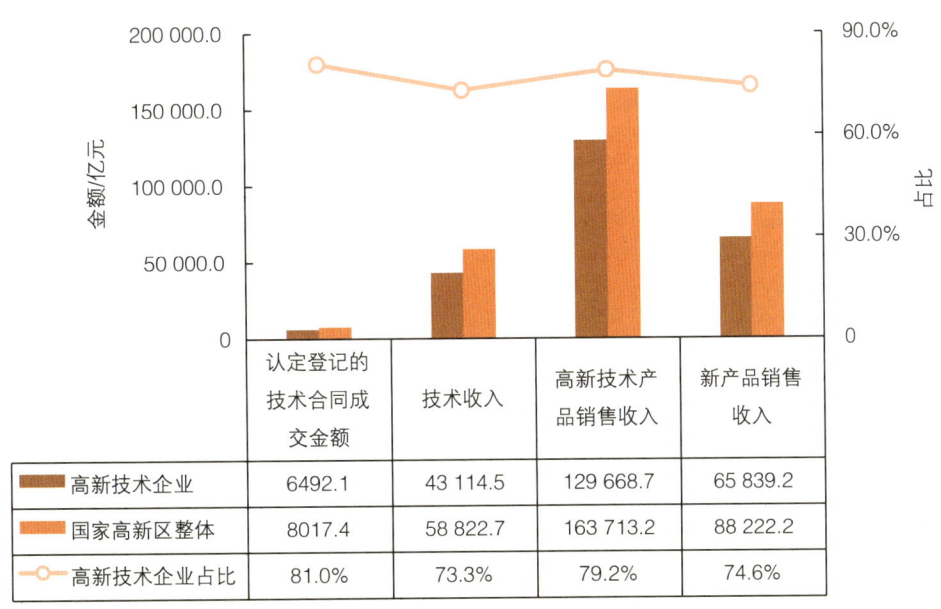

图3-32　2020年国家高新区高新技术企业主要创新经济指标及占比情况

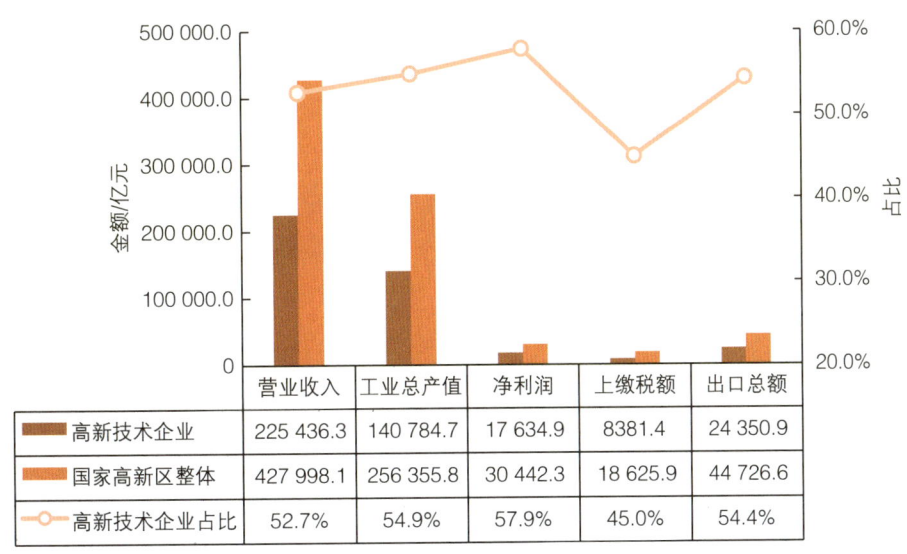

图3-33　2020年国家高新区高新技术企业主要经济规模指标及占比情况

值得注意的是，高新技术企业中的中小微企业占比达96.2%，与规上企业相比，中小微企业的规模化、市场化表现较弱，但是在加大科技创新投入、加快创新成果转移转化等方面，已经成为科技创新的主导力量，高新区需进一步加大对高新技术企业，特别是科技型中小企业的关注和扶持力度。

国家高新区创新能力评价报告2021

第四章 创新创业环境评价

创新创业环境主要考察影响创新能力与绩效的外部因素，关注的是高新区所营造的创新创业环境在吸引创新要素和提升创新能力方面的作用。国家高新区创新创业环境的营造一方面取决于高新区管委会直接或间接提供的创新服务；另一方面取决于聚集在高新区的各类创新主体共同构建的创新氛围与支撑条件。前者可以直接通过高新区所搭建的平台载体、聚集的服务资源来测度，后者可以从创新创业活跃程度得到间接反映。

优越的创新创业环境是国家高新区持续开展创新活动的有力支撑和保障，是高新区创新活动所依赖的关键基础条件。从测算结果来看，2020年创新创业环境指数为874.2点，比上年增长154.2点，增速为21.4%。

创新创业环境下设5个二级指标，分别为当年新注册企业数占工商注册企业总数比例、省级及以上各类创新服务机构数量、企业开展产学研合作研发费用支出、科技企业孵化器及加速器内企业数量、创投机构当年对企业的风险投资总额。2020年5个二级指标数值分别为20.8%、5944家、1902.4亿元、137 924家和1877.1亿元，其同比增长率分别为-3.5%、14.8%、26.7%、13.0%和85.3%，4个指标实现了增长，当年新注册企业数占工商注册企业总数比例指标略有下降（图4-1）。

从增速贡献来看，创投机构当年对企业的风险投资总额指标对创新创业环境指数增长的贡献最大，对创新创业环境指标加权增长率的贡献为56%；然后为企业开展产学研合作研发费用支出和省级及以上各类创新服务机构数量，分别贡献22%和14%。

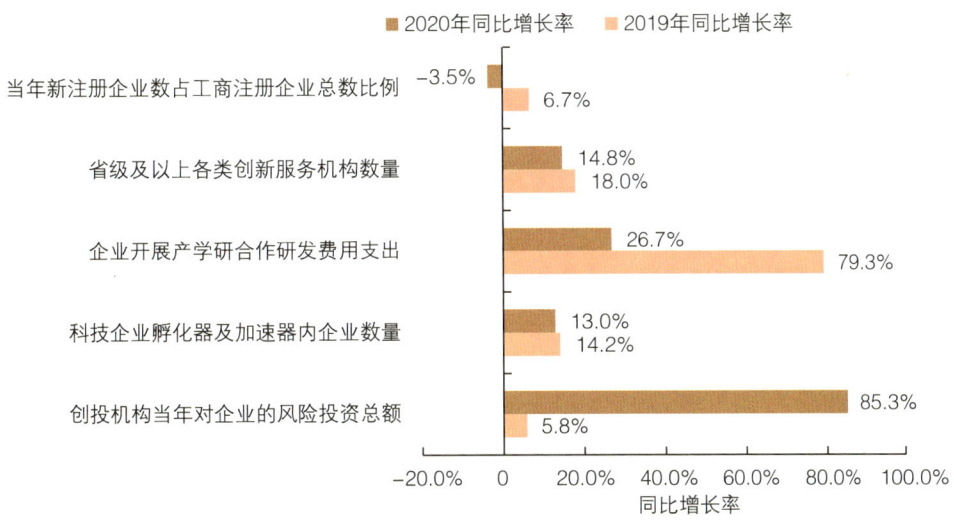

图4-1　2019年、2020年高新区创新创业环境各二级指标的同比增长率对比

下面围绕5个二级指标，并结合相关指标和资料，分别从"双创"活力表现、服务效能表现、金融环境表现三个方面，对国家高新区创新创业环境建设情况进行详细分析和阐述。

一、"双创"活力表现

创业孵化是国家高新区最突出的功能之一。第一家科技企业孵化器就诞生在国家高新区。随着"大众创业、万众创新"活动的开展，国家高新区进一步加大了创业孵化载体的建设力度，构建了"众创空间—孵化器—加速器—专业园区"的孵化体系，并且不断提升创业服务质量，优化创新创业环境。如今，国家高新区已经成为"双创"主体最密集、"双创"活力最强劲、"双创"环境最优越的区域。国家高新区创新创业环境评价中，体现创业孵化和活力方面的指标为当年新注册企业数占工商注册企业总数比例和科技企业孵化器及加速器内企业数量。

（一）孵化载体数量稳步增长，人才服务机构增速保持高位

截至2020年年底，国家高新区内共有科技企业孵化器3018家，其中省级及以上1508家、国家级739家，同比增长率分别达到10.1%、11.2%和15.6%；众创空间达到

第四章　创新创业环境评价　91

3681家，同比增长率为11.7%，其中科技部备案的众创空间为1147家，同比增长率为25.8%；科技企业加速器888家，同比增长率为14.6%（图4-2）。

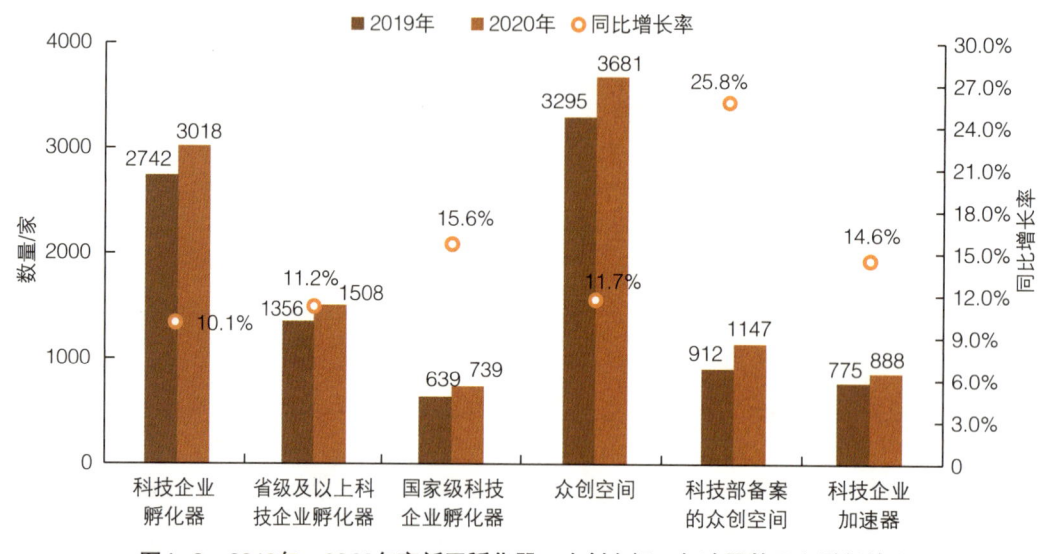

图4-2　2019年、2020年高新区孵化器、众创空间、加速器数量和增长情况

具体到单个园区的科技企业孵化器情况，2020年科技企业孵化器超过40家的国家高新区共有13家，数量与2019年持平，包括中关村、南京、广州、成都、深圳、青岛、上海张江、杭州、合肥、武汉、佛山、东莞和宁波高新区。排名前三的中关村、南京和广州高新区的科技企业孵化器均在150家以上；同时，中关村拥有最多的国家级科技企业孵化器，达到44家，然后是南京和上海张江高新区，分别为39家和37家（图4-3）。

具体到单个园区的众创空间情况，2020年共有17家国家高新区的众创空间达到50家，较上年增加1家，包括南京、中关村、深圳、武汉、上海张江、西安、苏州工业园、广州、厦门、太原、成都、济南、宁波、青岛、杭州、合肥和长沙高新区，排名前八的高新区众创空间均在100家及以上。其中，中关村拥有的科技部备案的众创空间数量最多，然后是深圳和武汉高新区（图4-4）。

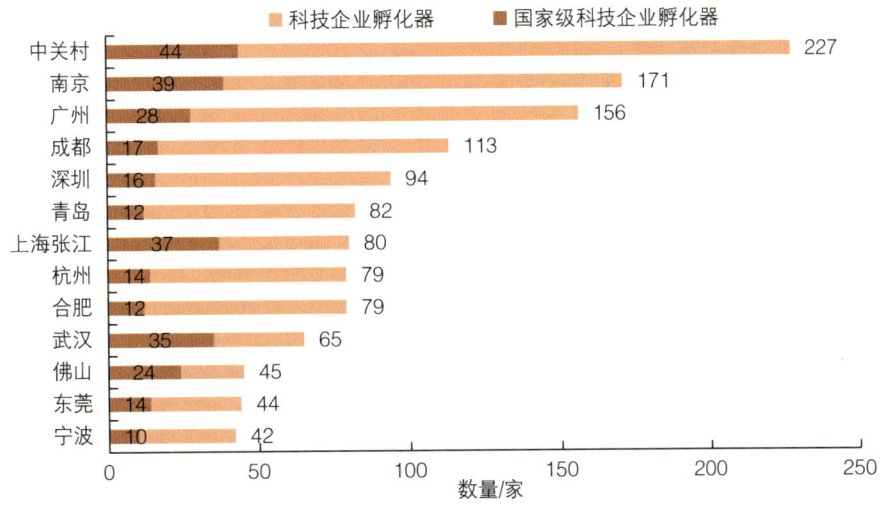

图4-3 2020年科技企业孵化器超过40家的高新区

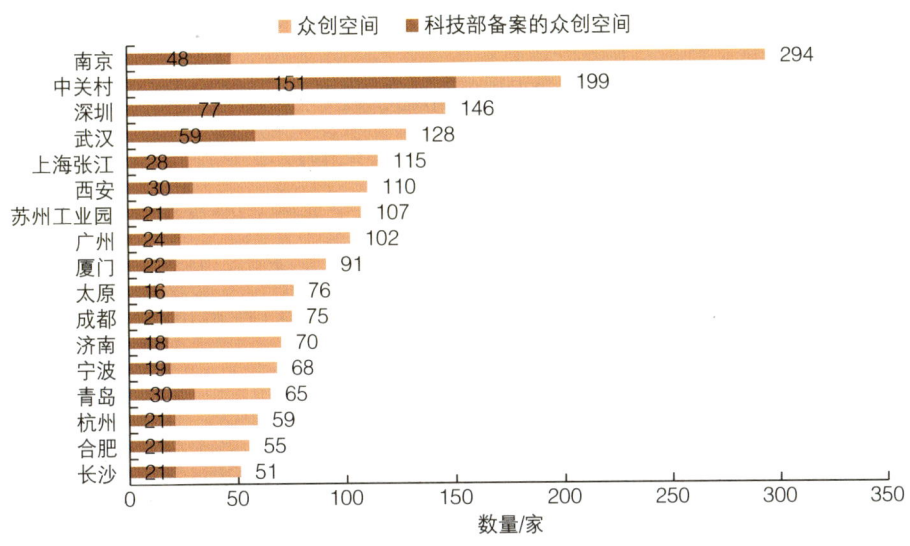

图4-4 2020年众创空间在50家及以上的高新区

在大众创新创业服务方面,根据对国家高新区开展的问卷调查,2020年,高新区"双创"工作在增加就业、创业孵化、促进企业创新、提供创新创业平台和便利的硬件设施环境等方面改善显著。截至2020年年底,超过95%的高新区建立标志性专项人才计划;几乎所有的高新区或相关责任部门都组织或举办过创新创业活动;大学生、科研人员、留学归国人员是高新区创业者的主要来源[1]。与此同时,国家高新区创业

---

[1] 资料来源:调查问卷。

服务社会环境也在不断完善。截至2020年年底，高新区内共有技工学校960家，律师事务所3103家，会计师事务所2625家，税务机构1143家，审计事务所1991家，人才服务机构6936家，且较上年度均有所增长；税务机构与人才服务机构增长尤其迅速，同比增长率均达到15.1%（表4-1）。

表4-1 高新区创业相关的公共服务机构数量

年份	技工学校/家	律师事务所/家	会计师事务所/家	税务机构/家	审计事务所/家	人才服务机构/家
2019	867	2714	2366	993	1761	6028
2020	960	3103	2625	1143	1991	6936
同比增长率	10.7%	14.3%	10.9%	15.1%	13.1%	15.1%

（二）在孵企业创新高，东部地区优势进一步强化

随着孵化载体建设工作的推进及创业服务体系的逐步完善，国家高新区的孵化企业数持续增长。2011—2020年，国家高新区科技企业孵化器及加速器内企业数量增长迅速（图4-5），2020年突破13万家（137 924家），相比2019年12万家（122 092家），增长1万多家，同比增长13%，平均每家高新区拥有在孵企业816家，较上年增加94家。

图4-5 2011—2020年高新区科技企业孵化器及加速器内企业数量情况

分地区来看，2020年东部地区高新区在孵企业达到79 826家，数量最多，占国家高新区整体比重达到57.9%，较上年提高0.9个百分点。中部和西部地区高新区在孵企业分别为33 189家、16 303家，分别占24.1%、11.8%。东北地区高新区在孵企业为8606家，占比仅为6.2%，较上年下降0.5个百分点，并且该比例已经连续两年下降，表明东北地区高新区的科技孵化工作亟须强化（图4-6）。

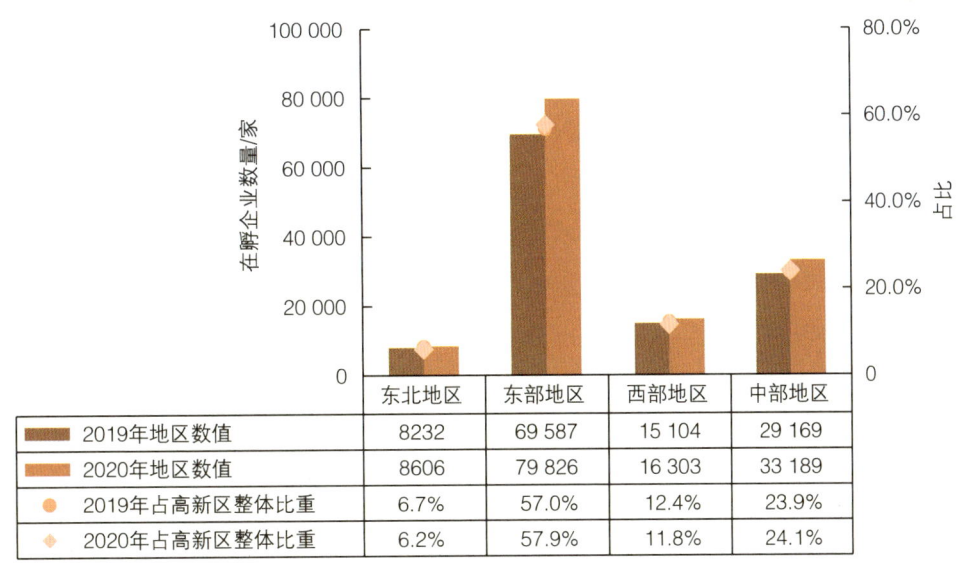

图4-6　2019年、2020年高新区在孵企业数量的地区分布

分省份来看，2020年高新区科技企业孵化器及加速器内企业数量排在前十的省份分别是江苏、广东、北京、湖北、浙江、山东、湖南、上海、河南和安徽，其中江苏18 163家、广东15 362家、北京14 975家、湖北10 248家、浙江8868家，分别占国家高新区整体的13.17%、11.14%、10.86%、7.43%、6.43%，排前五的省份占高新区整体的49.03%；另外有9个省份的占比均不到1%，分别为山西、甘肃、内蒙古、新疆、贵州、云南、青海、宁夏和海南（表4-2）。

表4-2 2020年高新区科技企业孵化器及加速器内企业数量的省份分布

省份	高新区科技企业孵化器及加速器内企业数量/家	占国家高新区整体的比例	省份	高新区科技企业孵化器及加速器内企业数量/家	占国家高新区整体的比例
江苏	18 163	13.17%	黑龙江	2296	1.66%
广东	15 362	11.14%	江西	2280	1.65%
北京	14 975	10.86%	吉林	2138	1.55%
湖北	10 248	7.43%	福建	2074	1.50%
浙江	8868	6.43%	广西	1954	1.42%
山东	8662	6.28%	天津	1864	1.35%
湖南	8208	5.95%	山西	958	0.69%
上海	6129	4.44%	甘肃	864	0.63%
河南	5923	4.29%	内蒙古	787	0.57%
安徽	5572	4.04%	新疆	773	0.56%
辽宁	4172	3.02%	贵州	724	0.52%
陕西	3781	2.74%	云南	662	0.48%
河北	3521	2.55%	青海	458	0.33%
四川	3373	2.45%	宁夏	229	0.17%
重庆	2698	1.96%	海南	208	0.15%

分类别来看，2020年世界一流高科技园区、创新型科技园区、创新型特色园区科技企业孵化器及加速器内企业数量为5207家、1388家、795家，其中世界一流高科技园区、创新型科技园区高于高新区均值，尤其世界一流高科技园区是高新区均值的6.4倍，而创新型特色园区低于高新区均值；平均每家稳定期园区为1881家，远高于新升级园区，为高新区均值的2.3倍；平均每家自创区园区为1661家，远高于非自创区园区，为高新区均值的2倍左右（图4-7）。

具体到园区层面，2020年科技企业孵化器及加速器内企业数量超1000家的有32家高新区，其总和为90 379家，占高新区整体的65.5%；其中，超3000家的有8家高新区，排在前五位的分别是中关村、上海张江、广州、杭州和武汉高新区；中关村园区表现最为突出，该数值占高新区整体的10.9%，远高出其他园区（图4-8）。

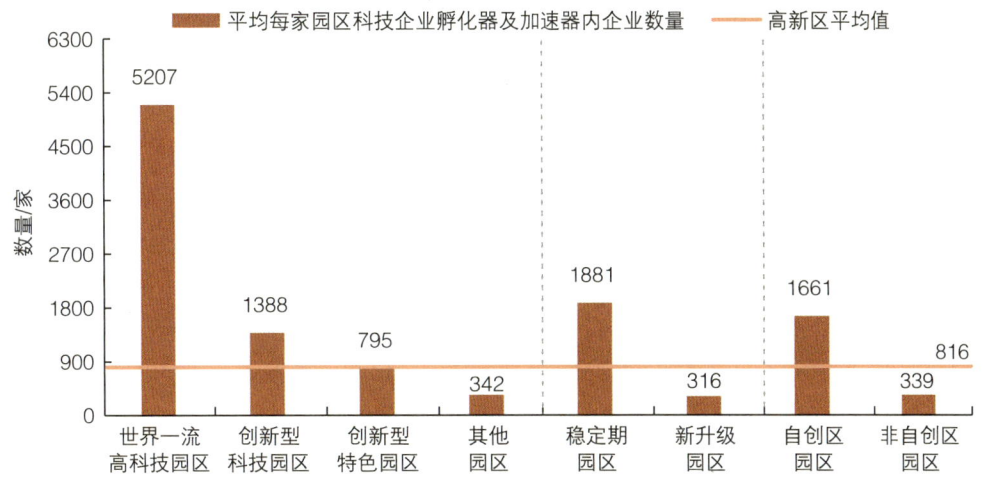

图4-7 2020年不同类别高新区在孵企业数量的分布情况

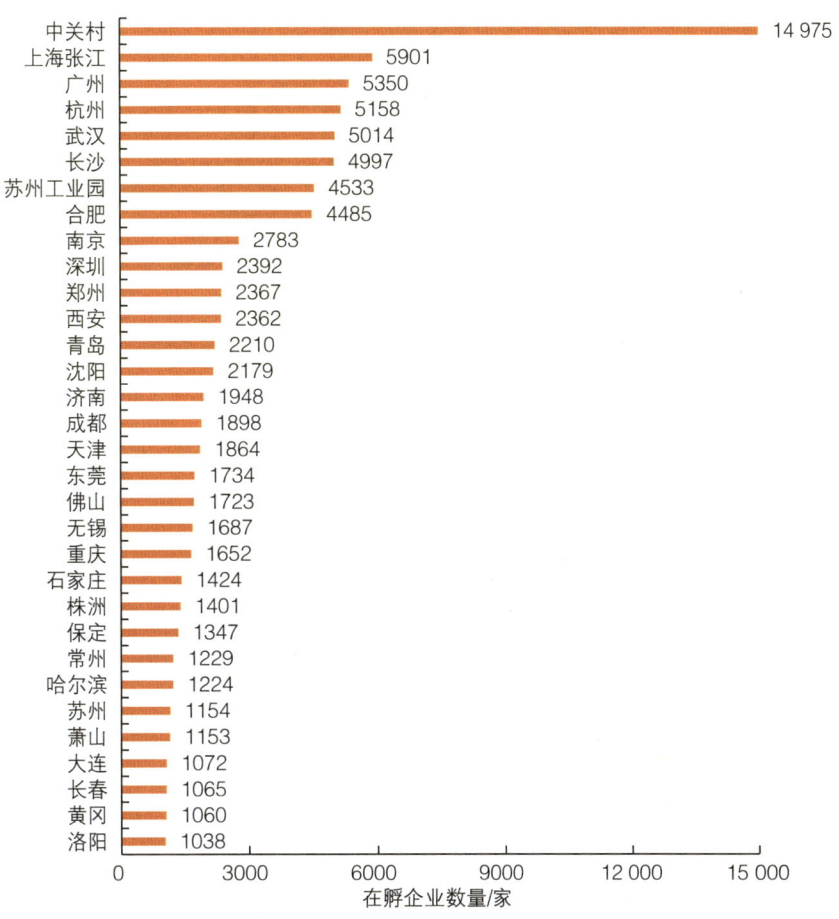

图4-8 2020年科技企业孵化器及加速器在孵企业数超1000家的高新区

第四章 创新创业环境评价

（三）新注册企业数增长迅猛，日均注册企业超 2000 家

在政府和市场双重力量的推动下，国家高新区的新增企业再创新高，高新区当年新注册企业数从2011年开始持续提升，到2020年年底达到74.8万家，较上年增加12.9万家，同比增长20.88%（图4-9）。高新区每天新注册企业2047家，比上年每天多注册350家。

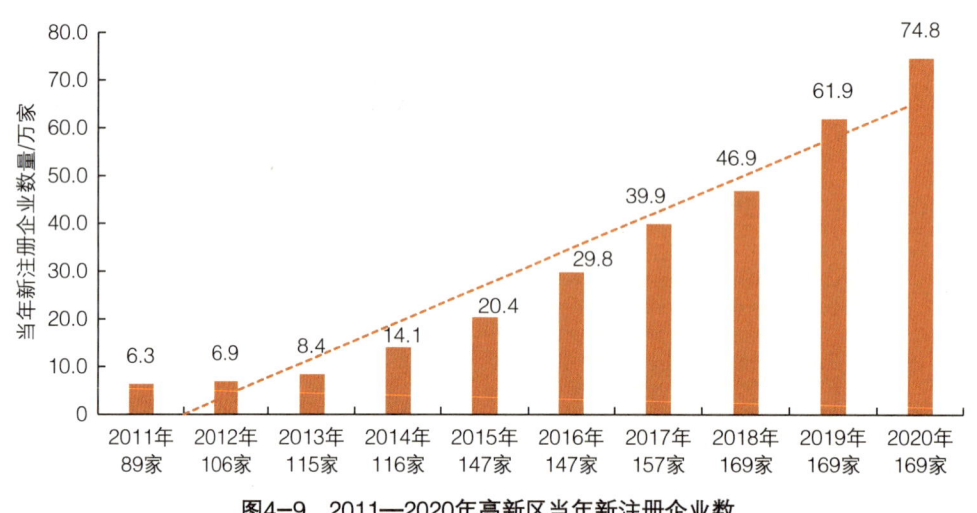

图4-9 2011—2020年高新区当年新注册企业数

从当年新注册企业类型来看，2020年74.8万家新注册企业中有8.3万家为工业型企业，占比为11.1%；有21.1万家为技术开发和技术服务型企业，占比达到28.2%（表4-3）。当年新注册的技术开发和技术服务型企业数是工业企业的2.5倍，说明高新区对高技术服务业企业更具吸引力，更多知识密集型企业在此生长。

表4-3 2020年高新区当年新注册企业类型

年份	当年新注册企业/家	工业型企业/家	技术开发和技术服务型企业/家
2019	619 279	68 100	192 011
2020	747 535	83 353	211 327
同比增长率	20.7%	22.4%	10.1%

从高新区个体来看，2020年共有19家高新区当年新注册企业数超过1万家，较上年增加了4家高新区，包括广州、中关村、南京、深圳、成都、西安、佛山、苏州工业

园、武汉、济南、合肥、重庆、上海张江、宁波、杭州、郑州、长沙、青岛和天津高新区，这19家高新区当年新注册企业数占高新区整体的比例合计达到59%（图4-10）。

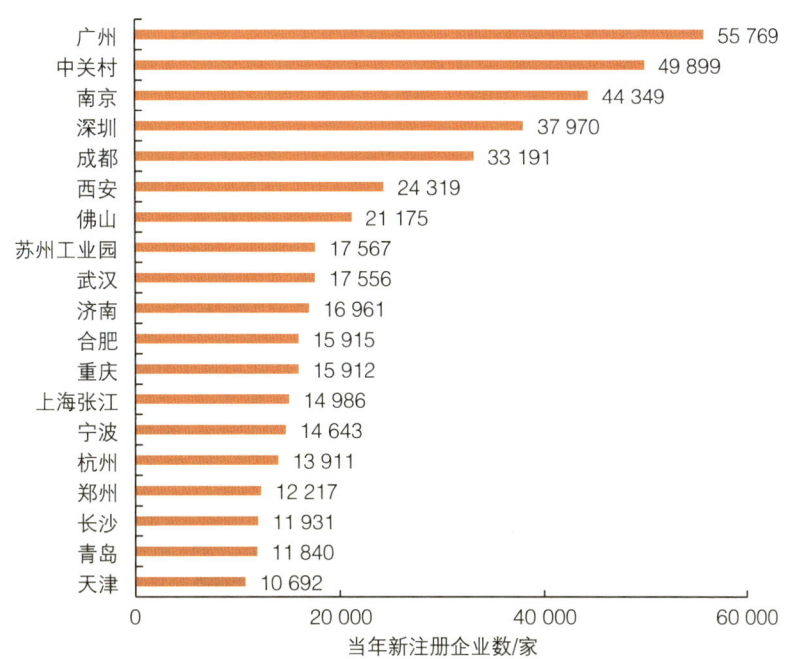

图4-10　2020年当年新注册企业数超万家的高新区

从当年新注册企业数占比来看，2011年以来，高新区当年新注册企业数占工商注册企业总数比例整体保持波动增长趋势，2020年比例为20.8%，较上年下降0.8个百分点，近6年来基本维持在20%以上的比重（图4-11）。

分地区来看，2020年我国中部地区高新区新注册企业数占工商注册企业总数比例为23.3%，在高新区平均值以上；而西部地区、东部地区和东北地区高新区分别为20.1%、20.5%和19.3%，均低于高新区平均值，这跟东部地区高新区企业存量规模较大直接相关（图4-12）。从4个地区两年的变化看，除东北地区较上年上升0.8%个百分点，其余3个地区较上年均有小幅回落。

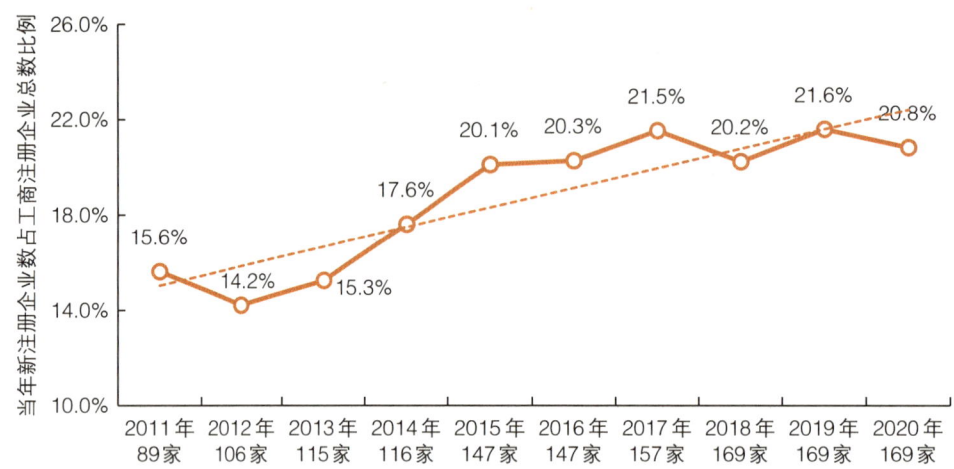

图4-11 2011—2020年高新区当年新注册企业数占工商注册企业总数比例

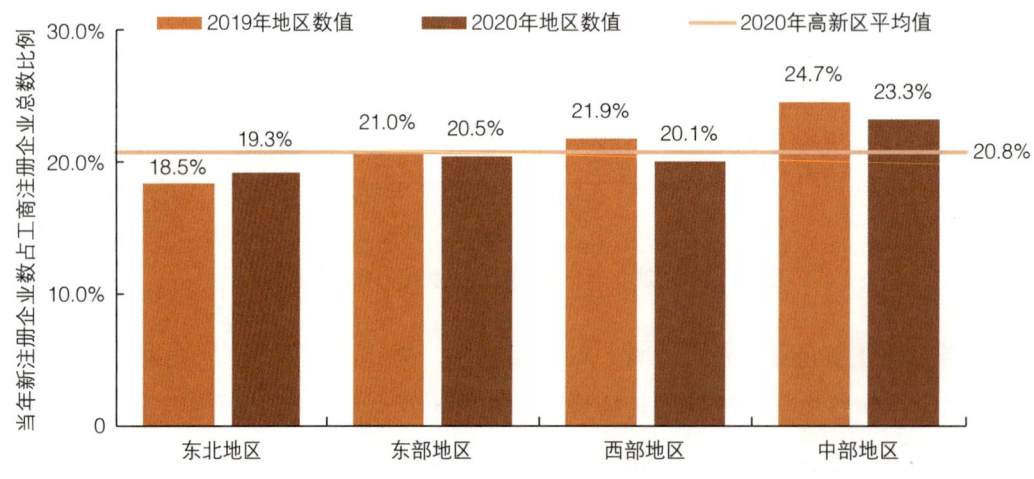

图4-12 2020年四大地区当年新注册企业数占工商注册企业总数比例

分省份来看，2020年有19个省份的高新区当年新注册企业数占工商注册企业总数比例在20%以上，排名前10的省份分别为山西、宁夏、广东、江西、海南、安徽、福建、山东、贵州和湖南；而北京该比例排名落后，这与中关村工商注册企业的存量规模较大密切相关（表4-4）。2020年中关村拥有工商注册企业51万家，远超其他高新区，是第二位南京高新区的2.5倍。

表4-4 高新区当年新注册企业数占工商注册企业总数比例的省份分布

省份	2020年高新区当年新注册企业数占比	2019年高新区当年新注册企业数占比	省份	2020年高新区当年新注册企业数占比	2019年高新区当年新注册企业数占比
山西	32.4%	23.5%	吉林	21.3%	18.7%
宁夏	31.0%	19.6%	陕西	21.1%	24.9%
广东	30.9%	32.3%	重庆	21.1%	21.9%
江西	29.3%	27.4%	浙江	20.3%	19.9%
海南	27.8%	10.6%	江苏	19.9%	21.2%
安徽	27.7%	25.5%	河北	19.6%	20.8%
福建	26.0%	32.3%	湖北	19.0%	25.3%
山东	25.9%	24.9%	上海	17.4%	25.1%
贵州	25.3%	25.3%	内蒙古	16.9%	19.4%
湖南	24.6%	24.3%	辽宁	16.7%	18.0%
黑龙江	24.3%	19.7%	广西	16.3%	18.8%
青海	23.7%	23.6%	云南	16.0%	16.5%
天津	22.9%	25.9%	新疆	14.5%	14.3%
河南	22.9%	21.5%	甘肃	10.6%	13.4%
四川	21.7%	22.9%	北京	9.8%	11.0%

分类别来看，2020年创新型科技园区和其他园区的新注册企业数占工商注册企业总数比例相对较高，分别为23.6%和22.5%，均高于高新区平均值；创新型特色园区基本与高新区平均值持平，世界一流高科技园区低于高新区平均值；新升级园区高于稳定期园区，非自创区园区高于自创区园区（图4-13）。相对而言，创新型科技园区、其他园区、新升级园区、非自创区园区由于企业基数相对较小，新注册企业数占比指标更容易出现较高的数值。

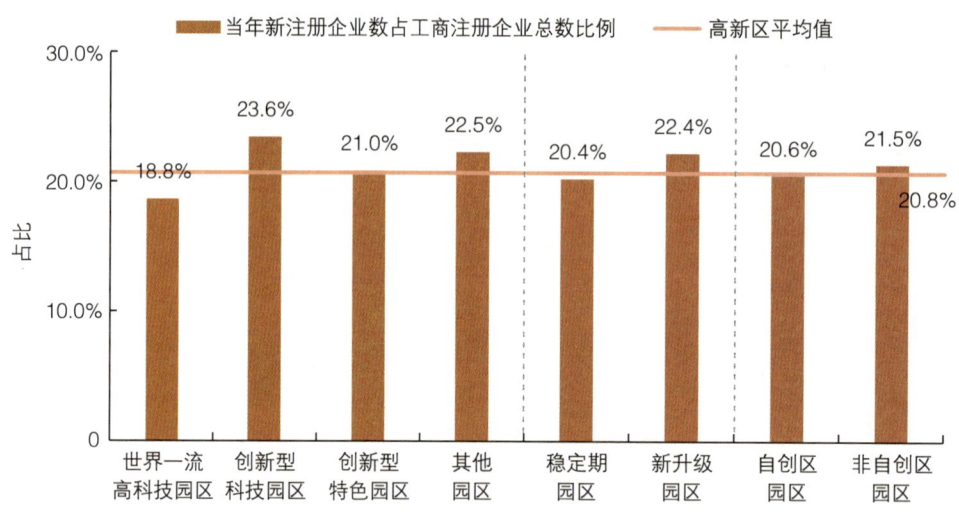

图4-13 2020年不同类别高新区当年新注册企业数占比分布

具体到园区层面，2020年高新区当年新注册企业数占工商注册企业总数比例排名前15的园区分别为铜陵狮子山、青岛、呼和浩特、连云港、安顺、清远、湘潭、佛山、南昌、营口、随州、咸阳、璧山、汕头和太原高新区，其中约有一半园区是新升级的国家高新区（图4-14）。相对而言，这些园区的企业发展活力，在各自所属的稳定期和新升级园区群体中表现突出。

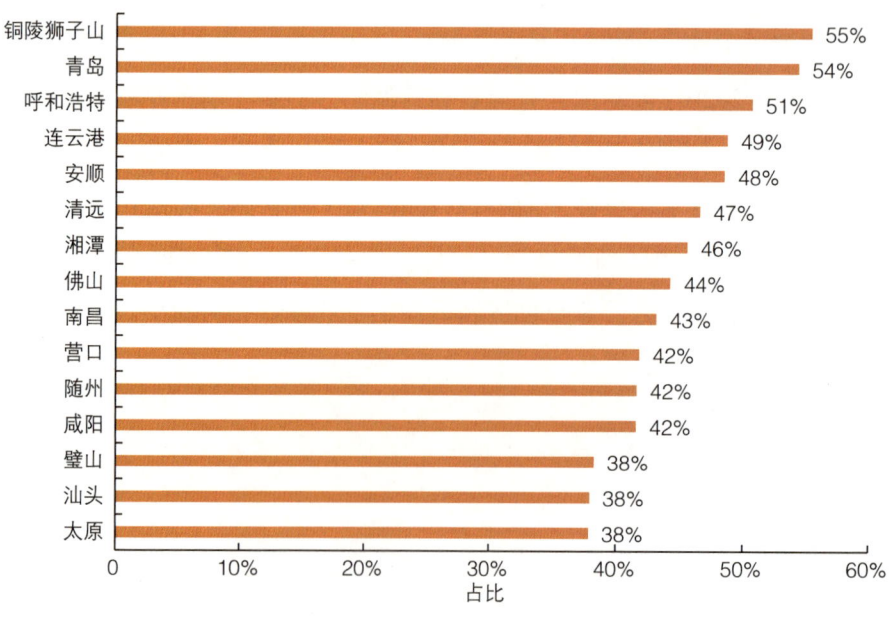

图4-14 2020年当年新注册企业数占比排名前15的高新区情况

二、服务效能表现

国家高新区一方面通过积极探索和完善相关创新创业政策，为园区企业的创新发展提供良好的政策服务环境；另一方面通过大力推动相关创新创业服务机构的发展，提高园区服务"双创"的能力，为企业开展产学研合作提供便利条件，助推科技创新成果产业化。国家高新区创新创业环境评价中，采用省级及以上各类创新服务机构数指标来体现创新服务建设方面的情况，采用企业开展产学研合作研发费用支出指标来体现创新合作开展的情况。

（一）"双创"政策资金持续增长，贷款贴息及创业风投力度最大

创新创业是国家高新区健康持续发展的动力之源，良好的创新创业环境是激发和支撑创新创业的关键所在。国家高新区不断积极探索有效的创新创业政策，持续优化创新创业环境，为推动高质量发展提供良好的软硬件支撑。高新区主要通过对"双创"平台开展政府购买服务或奖励、搭建互联网+线上线下联动的创业网络平台、建立创业投资引导机制、提供创业担保贷款等方式完善创新创业政策服务环境。截至2020年年底，超过90%的高新区建立了创业投资引导机制[①]。

随着国家高新区创新创业政策环境的持续优化，高新区支持创新创业的资金也在不断增长。具体来看，2020年高新区管委会支持企业技术创新的资金达到639.6亿元，同比增长22.1%；对科技型企业贷款贴息的资金为59.8亿元，同比增长31.2%；支持创业风险投资的资金为763.3亿元，同比增长31.2%；吸引和支持大学及研发机构的资金为319.8亿元，同比增长24.2%；支持创新创业服务机构发展的资金为79.5亿元，同比增长4.5%；支持创新创业人才的资金为125.3亿元，同比增长17.0%；支持担保机构的资金为392.2亿元，同比增长5.5%（图4-15）。从资金分布来看，2020年国家高新区支持创新创业的资金涨幅最大的是对科技型企业贷款贴息和支持创业风险投资两个方面。

---

① 资料来源：调查问卷。

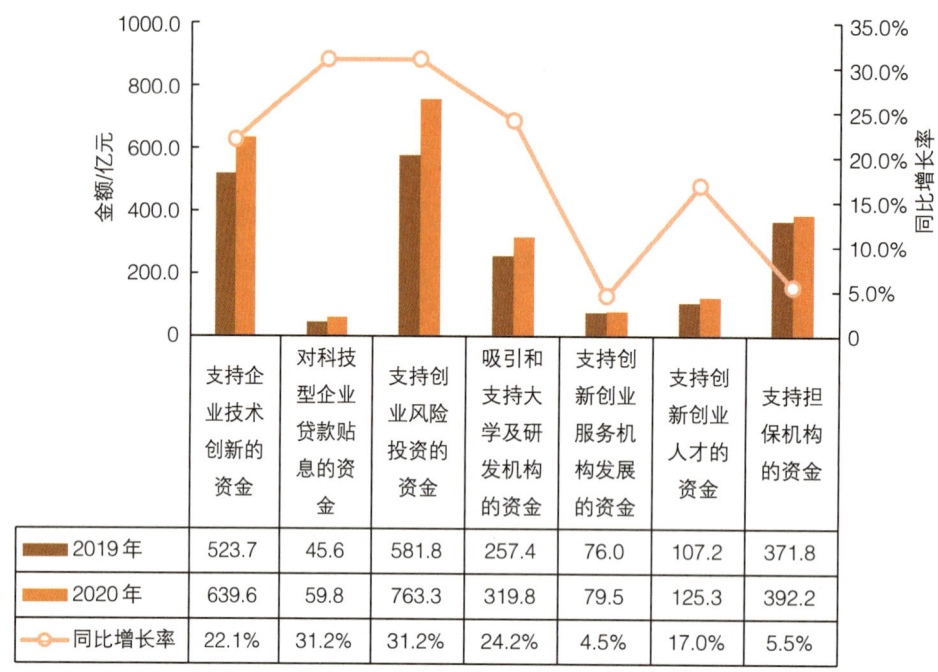

图4-15　2019年、2020年高新区管委会支持创新创业资金情况

（二）东部园区创新服务机构数占比近六成，中关村遥遥领先

国家高新区省级及以上各类创新服务机构数[①]自2013年开始持续增长，2020年达到5944家，同比增长14.8%（图4-16）。其具体包括省级及以上生产力促进中心301家，其中国家级111家；省级及以上技术转移机构950家，其中国家级313家；省级及以上产业技术创新战略联盟1002家，其中国家级174家；省级及以上资质产品检验检测机构3691家，其中国家级1262家（图4-17）。

---

① 自2013年开始该指标中有两类机构的内涵发生变化，使得相应数值大幅减少，故2011年、2012年该指标数值仅作参考。

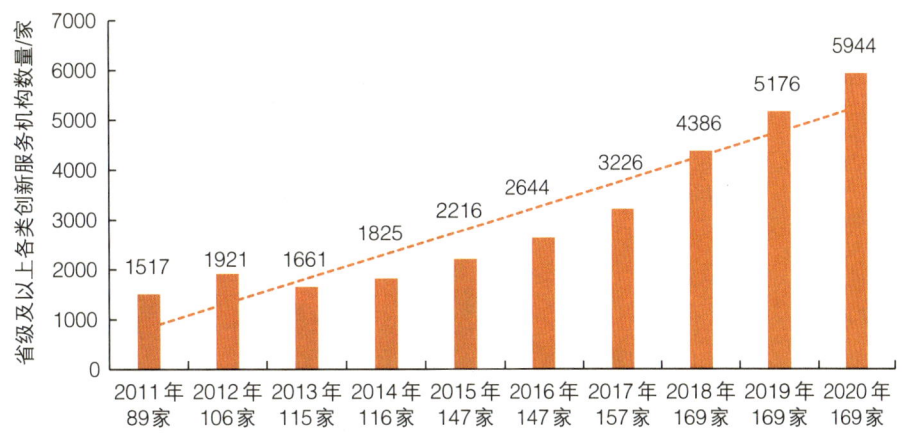

图4-16 2011—2020年高新区省级及以上各类创新服务机构数量情况

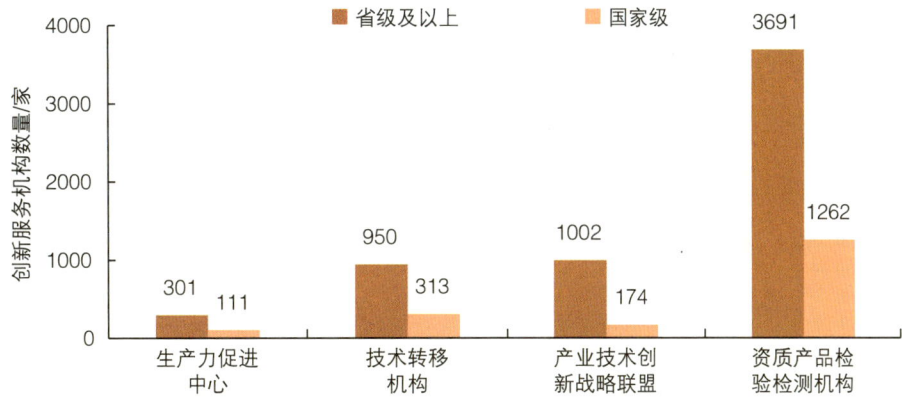

图4-17 2020年高新区各类创新服务机构数量情况

以下按不同地区高新区、不同省份高新区、不同类别高新区对评价指标"省级及以上各类创新服务机构数"进行分析。

从地区分布来看，2020年东北地区、东部地区、西部地区、中部地区国家高新区各拥有省级及以上各类创新服务机构376家、3450家、931家、1187家；东部地区占高新区整体的比例最高，达58.0%，该比例较上年下降1个百分点；东北、西部、中部地区机构数量占比均小幅增长，占比分别达到6.3%、15.7%、20.0%，其中东北地区仍占比最低（图4-18）。

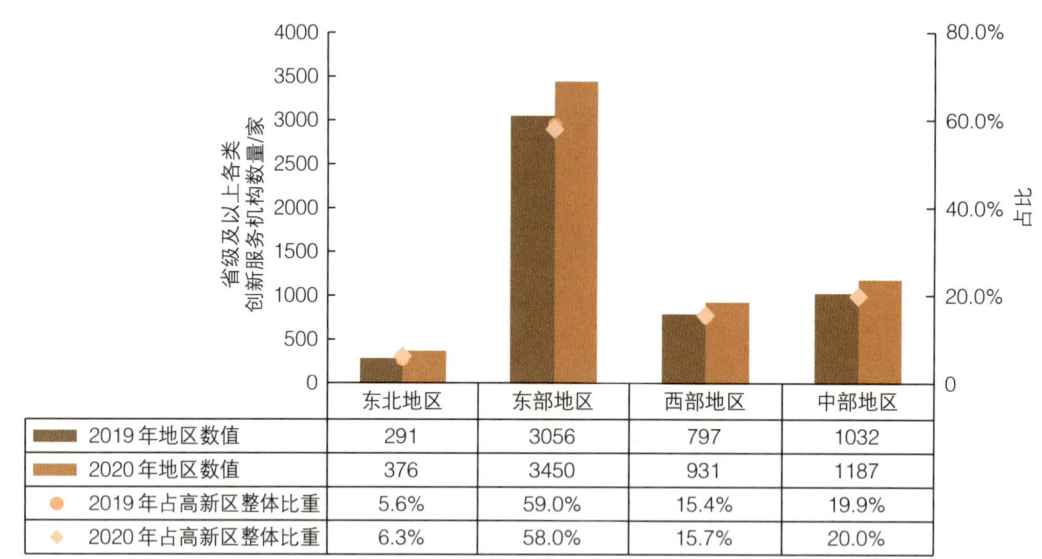

图4-18　2020年省级及以上各类创新服务机构数量的地区分布情况

分省份来看，国家高新区各类创新服务机构主要集中在北京、江苏、山东、广东、湖北、浙江等省份。其中北京最为突出，拥有省级及以上各类创新服务机构1065家，占国家高新区整体比例为17.9%；然后是江苏，占比达到10.9%；山东、广东、湖北、浙江占比也在5%以上；四川、湖南、河南、安徽、陕西等中西部内陆省份表现相对较好。占比不到1%的省份有6个，分别为新疆、云南、宁夏、内蒙古、海南和青海，这6个省份的高新区除新疆外，其余5个省份所拥有省级及以上各类创新服务机构均不到30家（表4-5）。

表4-5　2020年高新区省级及以上各类创新服务机构数量的省份分布情况

省份	高新区省级及以上各类创新服务机构数量/家	占国家高新区整体的比例	省份	高新区省级及以上各类创新服务机构数量/家	占国家高新区整体的比例
北京	1065	17.9%	四川	271	4.6%
江苏	649	10.9%	湖南	248	4.2%
山东	441	7.4%	上海	234	3.9%
广东	411	6.9%	辽宁	200	3.4%
湖北	367	6.2%	河南	186	3.1%
浙江	353	5.9%	安徽	174	2.9%

续表

省份	高新区省级及以上各类创新服务机构数量/家	占国家高新区整体的比例	省份	高新区省级及以上各类创新服务机构数量/家	占国家高新区整体的比例
陕西	156	2.6%	黑龙江	70	1.2%
河北	140	2.4%	甘肃	63	1.1%
广西	140	2.4%	天津	61	1.0%
江西	131	2.2%	新疆	42	0.7%
吉林	106	1.8%	云南	25	0.4%
重庆	96	1.6%	宁夏	22	0.4%
贵州	89	1.5%	内蒙古	19	0.3%
福建	88	1.5%	海南	8	0.1%
山西	81	1.4%	青海	8	0.1%

分类别来看，平均每家世界一流高科技园区拥有的省级及以上各类创新服务机构达到220家，远超其他类型的园区，是高新区平均值的6.3倍；创新型科技园区的这一数字也高出高新区平均值，是高新区平均值的1.7倍；平均每家稳定期园区拥有省级及以上各类创新服务机构78家，是高新区平均值的2.2倍；平均每家自创区园区拥有省级及以上各类创新服务机构68家，是高新区平均值的1.9倍；而新升级园区、非自创区园区则不及高新区平均值的一半（图4-19）。

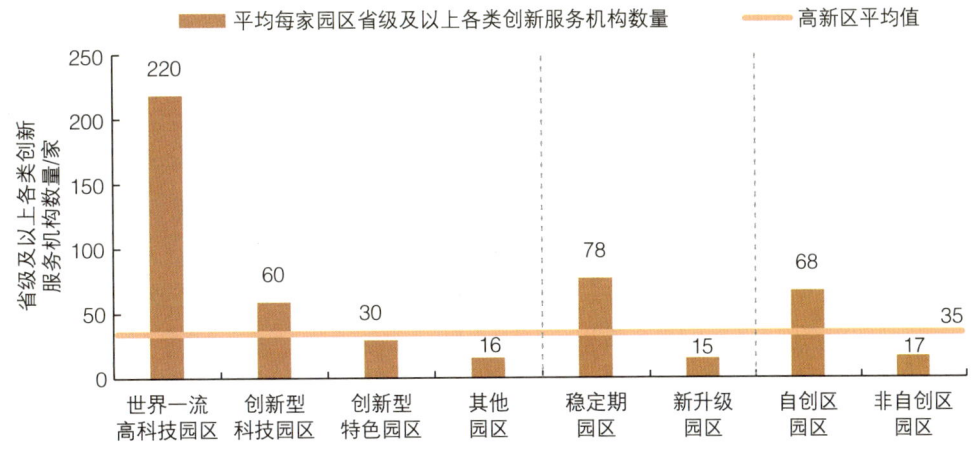

图4-19　2020年不同类别高新区省级及以上各类创新服务机构数量分布情况

具体到园区层面，2020年拥有省级及以上各类创新服务机构数排名前10的国家高新区分别为中关村、上海张江、广州、成都、苏州工业园、长沙、南京、宁波、武汉和南宁高新区；其中，中关村园区数量最多，达到1065家，是排名第二的上海张江园区的4.8倍，占国家高新区整体的17.9%（图4-20）。

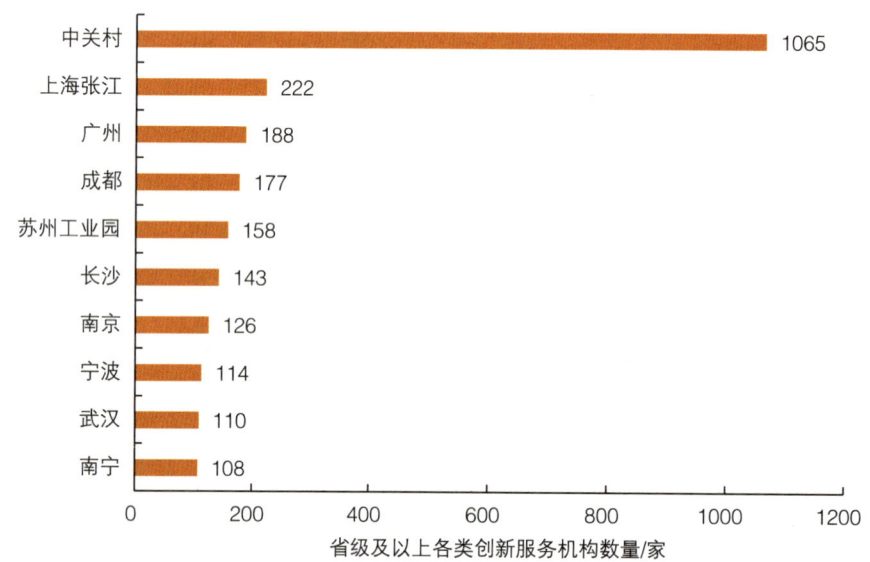

图4-20　2020年拥有省级及以上各类创新服务机构数排名前10的高新区

（三）产学研合作不断深化，城市经费投入差异明显

产学研合作经费是产学研主体之间合作规模的表征，体现了不同创新主体之间的协作水平。2011—2015年，国家高新区产学研合作经费一直处于缓慢增长状态，从2016年开始跳跃式增长，到2020年，企业开展产学研合作研发费用支出达到1902.4亿元，同比增长26.7%（图4-21）。究其原因，中美贸易争端、全球化进程受阻，倒逼企业提升自主创新能力，企业更愿意与高校院所、创新型企业开展研发合作。

从产学研费用支出明细来看，委托境内研究机构费用为417.5亿元，同比增长7.0%；委托境内高等学校费用为52.7亿元，同比下降19.9%；委托境内企业费用达到1432.3亿元，同比增长37.0%（图4-22）。从产学研费用支出结构来看，委托境内企业费用在三种产学研合作支出中占比最高，达到75.3%，说明2020年高新区企业之间普遍重视开放创新合作（图4-23）。

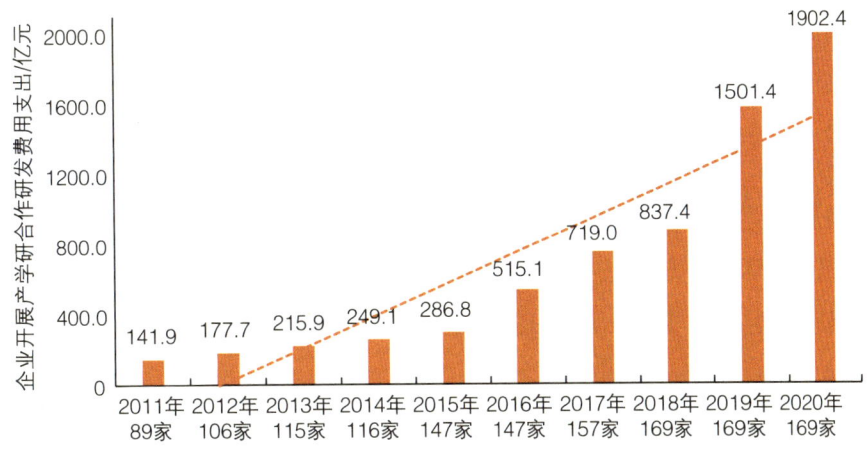

图4-21　2011—2020年高新区企业开展产学研合作研发费用支出情况

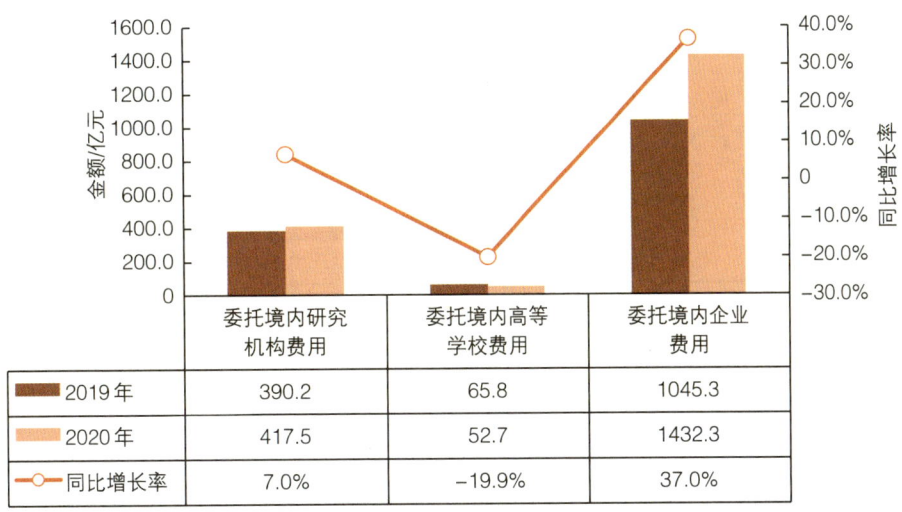

图4-22　2019年、2020年高新区企业开展产学研合作研发费用情况

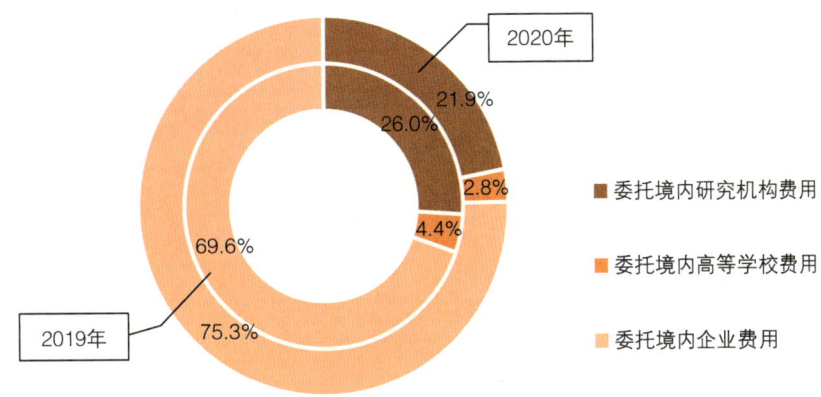

图4-23　2019年、2020年高新区企业开展产学研合作研发费用分布情况

第四章　创新创业环境评价　109

以下按不同地区高新区、不同省份高新区、不同类别高新区对评价指标"企业开展产学研合作研发费用支出"进行分析。

分地区来看，国家高新区企业开展产学研合作研发费用支出的地区间差异较大，东部地区高新区产学研合作规模最大，经费支出达1649.5亿元，较上年增长390.9亿元，占整个国家高新区总量的86.7%；东北、西部地区经费支出较上年有所增长，而中部地区略有下滑。三个地区的经费支出占高新区整体比重较上年均有不同程度的下滑（图4-24）。

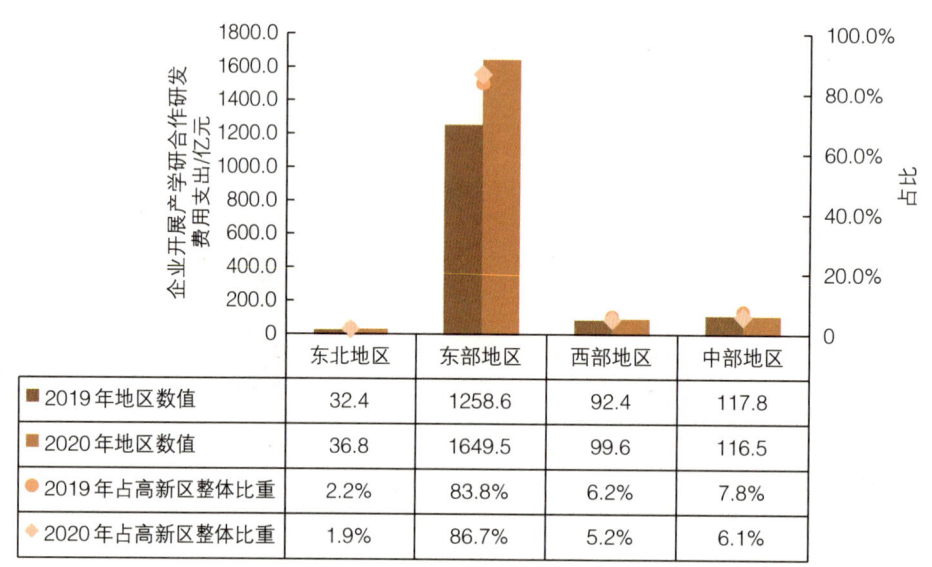

图4-24 2020年高新区企业开展产学研合作研发费用支出的地区分布

分省份来看，国家高新区产学研合作研发费用支出较多的主要是东部沿海省份和中部部分省份。费用支出超过50亿元的省份较上年增加了1个，共计6个省份，分别是广东、北京、上海、江苏、浙江和山东，占高新区整体的比例分别达到40.65%、22.54%、9.32%、4.71%、4.25%和3.28%；其中，广东、北京这两个省份的高新区贡献了高新区整体六成以上的产学研合作研发费用（表4-6）。

表4-6 2020年高新区企业开展产学研合作研发费用支出的省份分布

省份	高新区企业开展产学研合作研发费用支出/亿元	占国家高新区整体的比例	省份	高新区企业开展产学研合作研发费用支出/亿元	占国家高新区整体的比例
广东	773.4	40.65%	辽宁	11.6	0.61%
北京	428.8	22.54%	河北	10.3	0.54%
上海	177.3	9.32%	天津	8.4	0.44%
江苏	89.7	4.71%	广西	7.7	0.41%
浙江	80.8	4.25%	海南	5.2	0.27%
山东	62.4	3.28%	贵州	5.0	0.26%
四川	45.0	2.37%	黑龙江	4.2	0.22%
湖北	39.0	2.05%	甘肃	3.9	0.21%
安徽	27.3	1.44%	重庆	3.9	0.21%
陕西	25.6	1.35%	云南	3.8	0.20%
吉林	21.0	1.10%	内蒙古	3.0	0.16%
河南	18.4	0.97%	山西	2.9	0.15%
江西	14.9	0.78%	新疆	1.1	0.06%
湖南	14.0	0.74%	青海	0.2	0.01%
福建	13.3	0.70%	宁夏	0.2	0.01%

分类别来看，2020年平均每家世界一流高科技园区的企业开展产学研合作研发费用支出为131.6亿元，是高新区平均值的11.6倍；创新型科技园区、创新型特色园区和其他园区均未达到高新区平均水平。同时可以看到，平均每家自创区园区的企业产学研费用支出为29.3亿元，远高于非自创区园区，是其26.6倍；稳定期园区则是新升级园区的10倍左右（图4-25）。

具体到单个园区，2020年企业开展产学研合作研发费用支出达到10亿元以上的园区共计19家，较上年增加1家。其中，深圳、中关村、东莞这三家高新区的费用支出均超过200亿元，合计贡献了高新区近六成的费用，远高于其他园区。上海张江高新区费用支出为174.3亿元，其余15家园区费用支出均在100亿元以下，并且多数园区费用支出不超过30亿元。深圳高新区费用支出规模最大，达到479.4亿元，占高新区整体支出的比例高达25.2%（图4-26）。

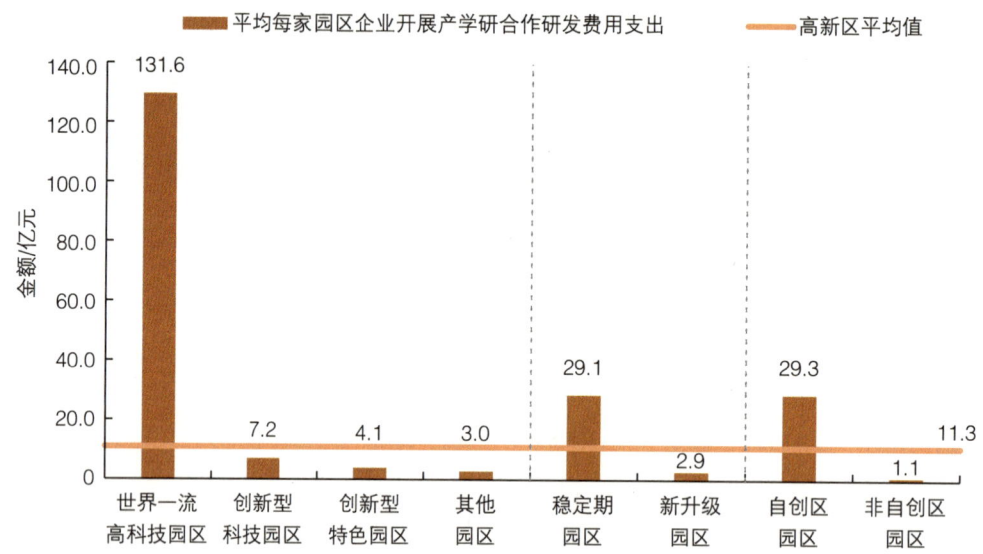

图4-25 2020年不同类别高新区企业开展产学研合作研发费用支出对比

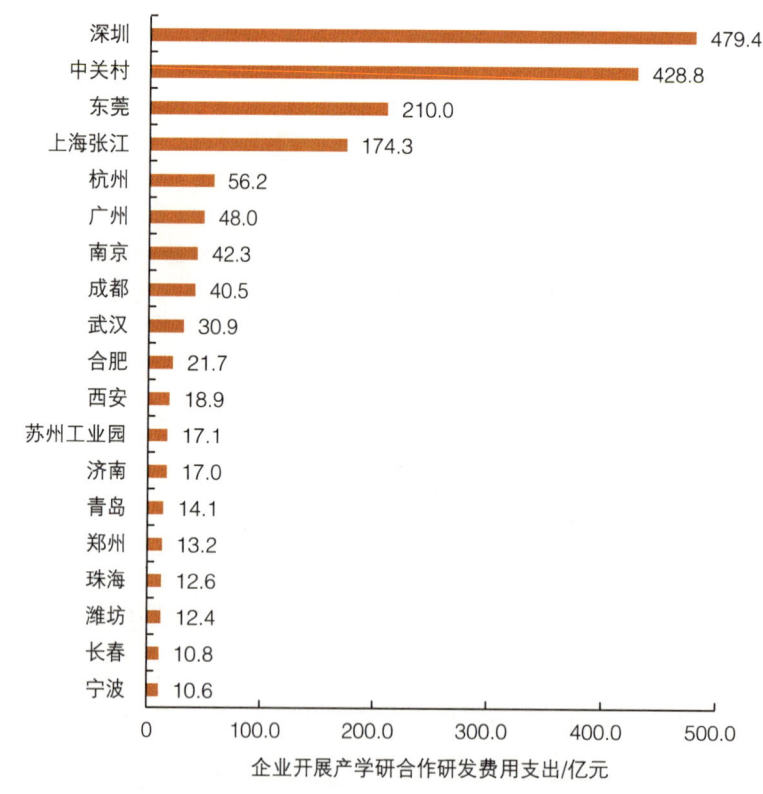

图4-26 2020年企业开展产学研合作研发费用支出超10亿元的高新区

三、金融环境表现

科技创新的加速、创新经济的发展，都离不开资本的投入，一方面，面向市场的科技创新在转化为商品、进入产业化过程中，需要资本作为发展要素投入；另一方面，资本获取高收益的逐利行为与科技进步相结合，在科技创新的支撑下实现高价值回报，在利益驱动下加快了科技发展速度。所以科技与金融的结合，即科技金融的发展，是高新区实施自主创新战略、提升创新能力和园区竞争力，进而促进高新区经济创新增长和引领产业结构调整的重要保障。2020年，国家高新区积极招引和培育各类金融机构，完善科技金融服务体系，为区内企业提供多元化的融资渠道，加速推进科技与资本融合。

（一）产业投资基金蓬勃发展，民间基金增长迅速

高新区已经成为科技金融发展的引领区。各高新区从科技企业的发展需求出发，积极围绕创新链部署资金链，不断创新科技金融政策和产品，科技金融政策和产品创新已经成为国家高新区服务企业创新的重要抓手。创新基金、创业投资引导基金、科技保险、科技银行等创新的科技金融业务都是在高新区率先试点。为更进一步推动和完善资本市场，国家高新区在多层次、多方面进行了有力的探索，综合运用无偿资助、股权投资、风险补偿、贷款贴息、后补助和建设多层次资本市场等多种方式，支持金融服务和产品创新，拓宽企业投融资渠道，满足企业，尤其是创业企业和科技型中小企业的融资需求。

2020年高新区参与或设立的产业投资基金杠杆作用更为显著，高新区产业投资基金规模达到23 411.4亿元，同比增长34.4%（图4-27）。其中，纯内资民营基金规模与政府参与的基金规模相当，分别为11 897.4亿元、11 216.3亿元，这两类基金规模占高新区整体产业投资基金规模的98.7%；而外资参与的基金规模仅为275.9亿元，同比下降4.9%。可以看到，2020年纯内资民营基金规模与政府参与的基金规模上升迅速，同比增速均超过40%，说明高新区通过公共财政资金撬动社会资本支撑产业发展的力度进一步增强。

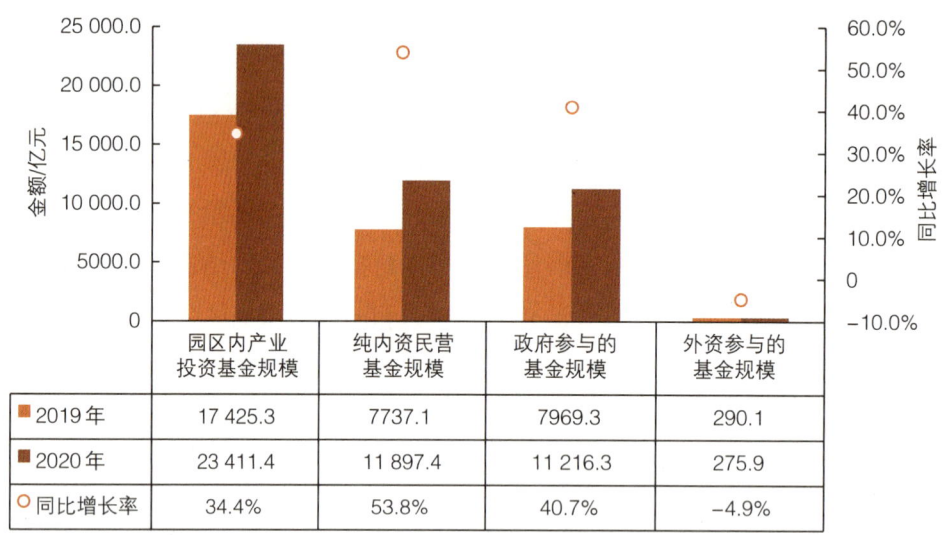

图4-27 2019年、2020年高新区产业投资基金分布情况

（二）金融机构数量全面增长，企业上市数量持续增长

金融服务机构发挥着促进资本配置和流通的重要功能，国家高新区通过多种举措积极引进和培育金融服务机构，逐步完善科技金融服务体系，各类金融服务机构发展卓有成效。截至2020年年底，国家高新区内共有创业风险投资机构6642家、银行5679家（其中780家科技支行）、保险代理机构3653家、证券机构1454家、担保公司1688家、小额贷款公司1429家、科技融资租赁公司1815家、科技金融服务机构6078家。与2019年相比，高新区各类金融服务机构均实现了增长，其中创业风险投资机构增长最快，同比增长29.9%；然后为科技融资租赁公司，同比增长21.7%（图4-28）。

2020年，随着我国"新三板""新四板""科创板"等资本市场的逐步建立和完善，国家高新区形成了主板和中小板（一板）、创业板（二板）、科创板、全国中小企业股份转让系统（新三板）和区域性股权交易市场（新四板）五个层次的资本市场体系。2020年国家高新区企业的实收资本（股本）共计122 709.2亿元。其中，企业上市融资股本11 659.9亿元，同比下降10.8%；企业海外上市融资股本1559.8亿元，同比下降14.3%。从企业上市和挂牌情况来看，2020年国家高新区内共有上市企业1684家，较上年增加208家，其中当年新上市193家。具体到单个园区，2020年上市企业达到30家的高新区共有11家，包括中关村、上海张江、深圳、广州、南京、宁波、苏州工业园、杭州、西安、武汉、长沙，其中排名前三的高新区上市企业分别达到365家、138家和129家，从第四名开始数量急剧减少，上市企业均不到60家，各高新区上市企业数差距较大（图4-29）。

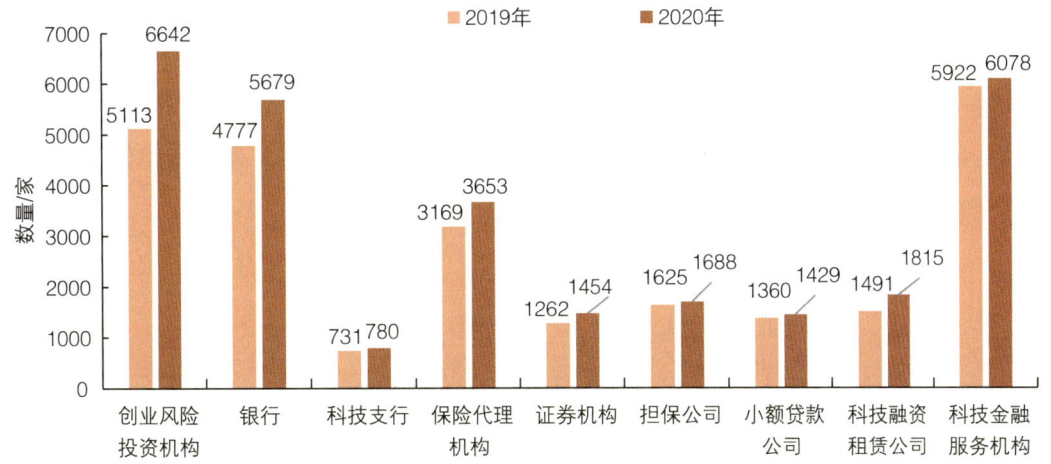

图4-28　2019年、2020年高新区各类金融服务机构情况

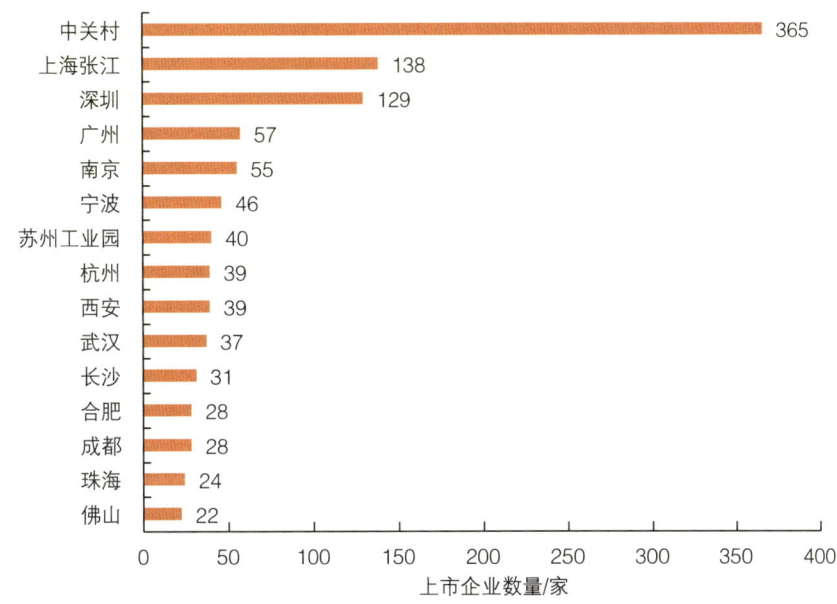

图4-29　2020年上市企业超过30家的高新区

（三）机构风险投资增速回升，与硅谷差距缩小

随着大众创业、万众创新的深入推进，风险投资行业在我国也得到了快速发展，对创新创业的支撑作用不断增强。国家高新区是创新创业的高地，也是风险投资的热地。从2013年开始，高新区创投机构当年对企业的风险投资总额进入增长的快车道，几乎以一年翻一番的速度增长，2018年出现爆发式增长，2019年突破千亿元规模，2020年增速加快，达到1877.1亿元，同比增长了85.3%（图4-30）。风险投资的多寡很大程度上体现了区域创新创业生态的优劣，以上数字说明国家高新区整体的创新创业生态在不断优化。

图4-30　2013—2020年高新区创投机构当年对企业的风险投资变化

以下按不同地区高新区、不同省份高新区、不同类别高新区对评价指标"创投机构当年对企业的风险投资总额"进行分析。

分地区来看，2020年东北地区、东部地区、西部地区、中部地区的国家高新区创投机构当年对企业的风险投资总额分别为41.6亿元、1598.3亿元、81.8亿元和155.3亿元，占高新区整体的比重分别为2.2%、85.2%、4.4%和8.3%。东部地区拥有高新区八成以上的风险投资额，占高新区整体的比重较上年增长了6.9个百分点，西部、中部地区均有所下降，东北地区同比增长了1.7个百分点，但占比仍为最低，仅为2.2%（图4-31）。

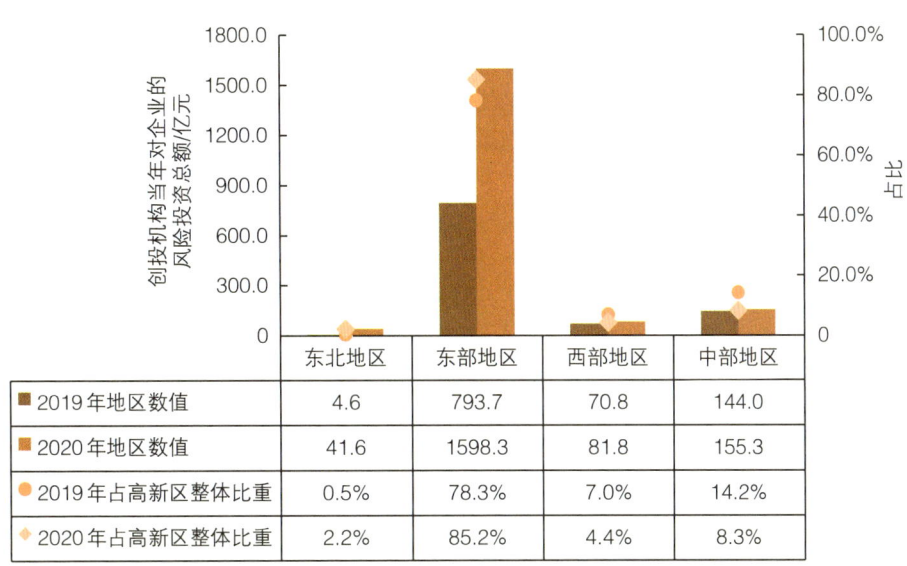

图4-31　2019年、2020年高新区创投机构当年对企业的风险投资的地区分布

分省份来看，2020年创投机构当年对企业的风险投资额达到100亿元以上的省份有5个，分别为上海、北京、江苏、广东和浙江，其中上海、北京、江苏、广东这4个省份的高新区占高新区整体的比例均在10%以上（表4-7）。其中，上海创投机构当年对企业的风险投资总额为480.18亿元，占高新区整体的比例达到25.6%。国家高新区的风险投资主要集中在东部省份及重要城市。中西部省份中，四川、湖南、江西、湖北、安徽等省份高新区的风险投资规模也在30亿元以上。另外，海南、青海、新疆、山西等省份高新区的风险投资为零，这些省份高新区的科技金融环境亟须优化。

表4-7　2020年高新区创投机构当年对企业的风险投资总额的省份分布

省份	高新区创投机构当年对企业的风险投资总额/亿元	占国家高新区整体的比例	省份	高新区创投机构当年对企业的风险投资总额/亿元	占国家高新区整体的比例
上海	480.18	25.58%	湖南	38.52	2.05%
北京	427.34	22.77%	江西	36.76	1.96%
江苏	296.58	15.80%	湖北	36.03	1.92%
广东	217.96	11.61%	安徽	32.16	1.71%
浙江	115.68	6.16%	山东	29.33	1.56%
四川	39.99	2.13%	吉林	26.41	1.41%

续表

省份	高新区创投机构当年对企业的风险投资总额/亿元	占国家高新区整体的比例	省份	高新区创投机构当年对企业的风险投资总额/亿元	占国家高新区整体的比例
福建	21.93	1.17%	河北	1.65	0.09%
陕西	19.75	1.05%	甘肃	1.63	0.09%
重庆	14.02	0.75%	贵州	0.53	0.03%
河南	11.81	0.63%	宁夏	0.05	0
辽宁	8.44	0.45%	云南	0.02	0
天津	7.68	0.41%	海南	0	0
黑龙江	6.79	0.36%	青海	0	0
广西	4.13	0.22%	新疆	0	0
内蒙古	1.70	0.09%	山西	0	0

分类别来看，2020年平均每家世界一流高科技园区创业风险投资机构当年的风险投资额达到137.2亿元，远高于创新型科技园区、创新型特色园区和其他园区，是国家高新区平均值的12.4倍（图4-32）。世界一流高科技园区作为我国国家高新区的领头羊，其风险投资规模远超其他各类园区，科技金融发展环境最为健全。同时可以看到，平均每家稳定期园区的风险投资规模为31.6亿元，是新升级园区的21.1倍；平均每家自创区园区为28.6亿元，是非自创区园区的23.8倍。

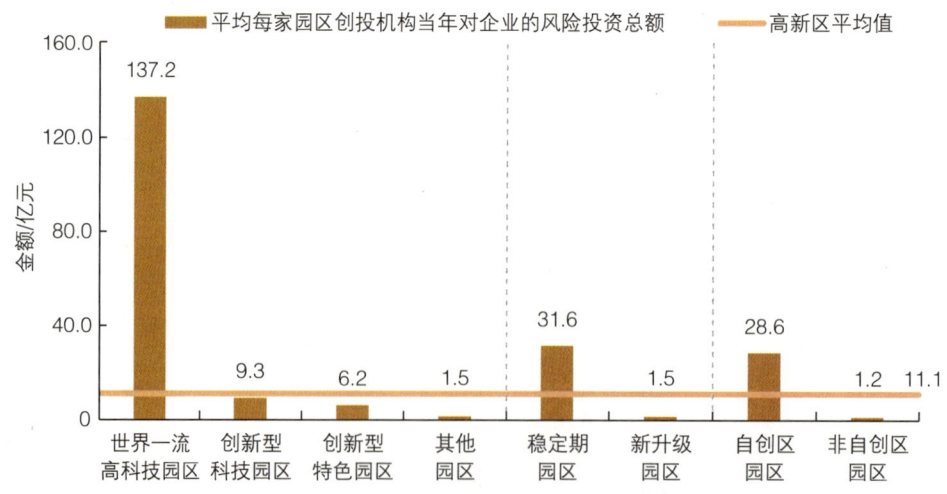

图4-32 2020年不同类别高新区创投机构当年对企业的风险投资总额

具体到单个园区，2020年吸引创投机构的风险投资金额超过10亿元的高新区有26家，较上年增加9家，世界一流高科技园区均位列其中。上海张江表现最为突出，风险投资总额达到466.1亿元，占高新区整体的24.8%；然后为中关村园区，风险投资总额为427.3亿元；此外，深圳、苏州工业园、南京和杭州高新区的风险投资总额也在50亿元以上（图4-33）。

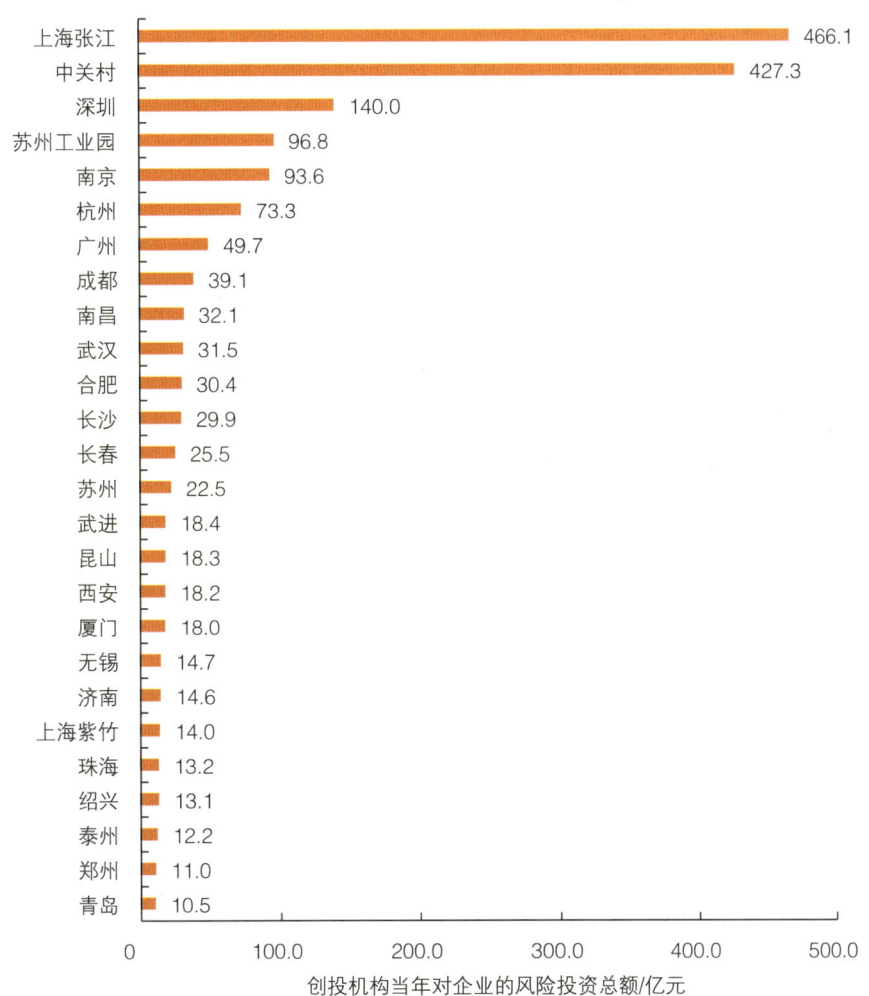

图4-33　2020年创投机构当年对企业的风险投资总额超过10亿元的高新区

我国的国家高新区吸纳风险投资额在持续增长，在规模上与世界先进园区差距不断缩小。例如，2020年硅谷地区风险投资总额为264亿美元（折合1821.0亿元人民币），旧金山地区风险投资总额为200亿美元（折合1379.5亿元人民币），而中国国家高新区2020年获得创投机构的风险投资总额为1877.1亿元，首次超过硅谷地区。但从单个高新区来看，风险投资总额最高的国家高新区上海张江仅是硅谷地区的25.6%，科技企业和科技金融发展的质量仍需着力提升。

国家高新区创新能力评价报告2021

第五章 创新活动绩效评价

创新活动绩效反映创新的经济价值实现，重点体现国家高新区各类创新成果转化为经济价值的成果、方式及效率。从测算结果来看，2020年国家高新区创新活动绩效指数为198.6点，同比上年增长19.6点，增速为11.0%。

创新活动绩效指标下设5个二级指标，分别为高技术产业营业收入占营业收入比例、企业100亿元增加值拥有知识产权数量和各类标准数量、企业当年完成的技术合同成交额、高技术服务业从业人员占从业人员比例、企业营业收入利润率。2020年，5个二级指标数值分别为34.9%、6423件、8017.4亿元、22.7%、7.1%，其同比增长率分别为5.6%、20.9%、18.2%、8.1%、5.1%，5个指标较2019年均有所提高，尤其是企业100亿元增加值拥有知识产权数量和各类标准数量，指标增速较2019年提升了3.7个百分点（图5-1）。

从增速贡献来看，以企业100亿元增加值拥有知识产权数量和各类标准数量指标对创新活动绩效指数增长的贡献最大，对创新活动绩效指标加权增长率的贡献达到36%；其次为企业当年完成的技术合同成交额，贡献为26%。

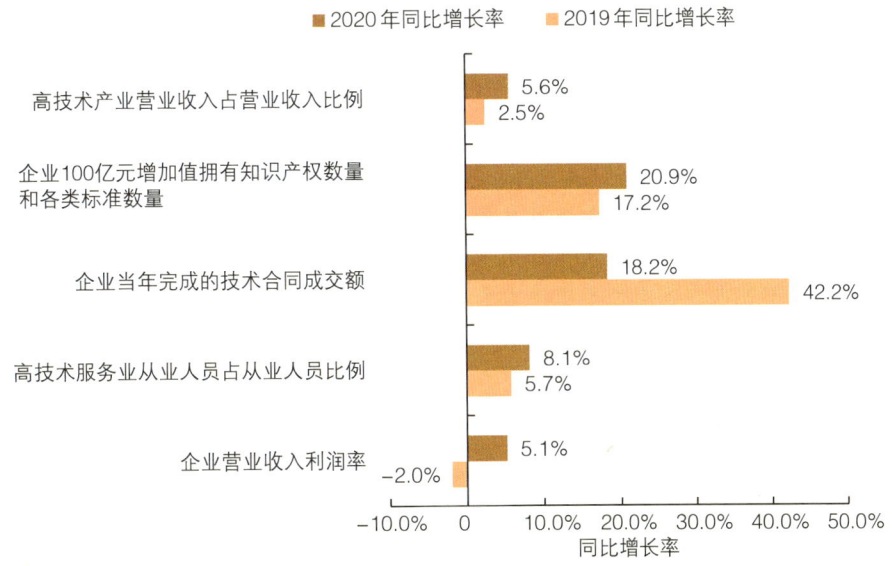

图5-1 2019年、2020年国家高新区创新活动绩效各二级指标的增长率对比

下面围绕5个二级指标，并结合相关指标和资料，分别从创新成果产出、知识经济发育、产业价值实现3个方面，对国家高新区创新活动绩效情况进行详细分析和阐述。

一、产业结构优化

科技创新的目的在于服务发展，国家高新区不忘"发展高科技，实现产业化"的初心，坚持不懈地培育壮大高技术产业，不断推动经济结构优化和产业价值链提升。国家高新区创新活动绩效评价中，体现高技术产业发展方面的指标为高技术产业营业收入占营业收入比例、高技术服务业从业人员占从业人员比例。

（一）高技术产业营收总体增加，净利润占高新区整体比例过半

由高技术制造业和高技术服务业共同构成的高技术产业成为国家高新区产业的关键组成部分。2020年，国家高新区中属于高技术产业（高技术制造业、高技术服务业）的企业达90 129家，同比增长22.3%，占高新区入统企业总数的54.5%；从业人员达1059.3万人，同比增长13.7%，占高新区从业人员总数的47.9%，较上年提高6.8个百分点。

2020年除了上缴税额外，高新区高技术产业主要经济指标均有不同幅度的增长，其创造的营业收入、工业总产值、产业增加值、净利润、上缴税额分别为149 547.8亿元、83 463.8亿元、38 193.9亿元、13 598.3亿元和5757.0亿元，同比增长率分别为17.2%、11.7%、14.8%、37.9%和6.2%。从对国家高新区整体经济的贡献来看，高技术产业主要经济指标占高新区整体的比例均超出30%，尤其净利润占比达52.1%、产业增加值占比高达47.5%，占高新区整体的比例较2019年均实现了提升（图5-2）。

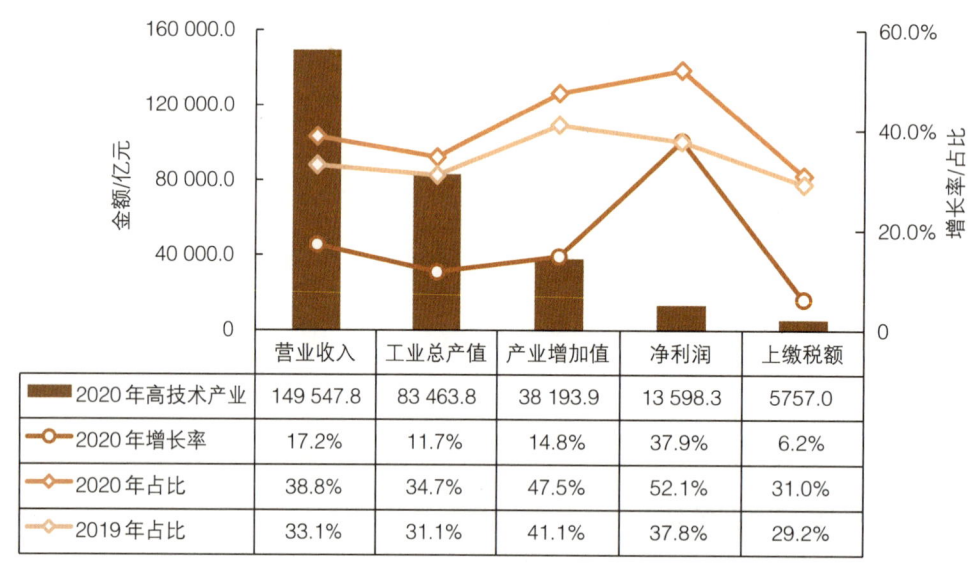

图5-2　2019年、2020年国家高新区高技术产业主要经济指标情况

高新区高技术产业在国际市场的表现更为突出。2020年高技术产业实现进出口总额50 931.5亿元，同比增长12.2%，占高新区整体的比例为71.3%，该比例较2019年提高7.8个百分点。出口总额为28 820.5亿元，同比增长13.9%，占高新区整体的比例为69.7%，较2019年提高8.5个百分点。其中，实现高新技术产品出口18 681.2亿元，同比增长22.2%，占高新区整体的比例为79.4%，较2019年提高14.4个百分点；实现技术服务出口2296.3亿元，同比增长15.5%，占高新区整体的比例达90.0%，较2019年提高12.1个百分点（图5-3）。总体来看，国家高新区高技术产业的主要进出口指标均实现了增长，占高新区整体的比例均在65%以上，是高新区开拓国际市场的主力军和先锋队。

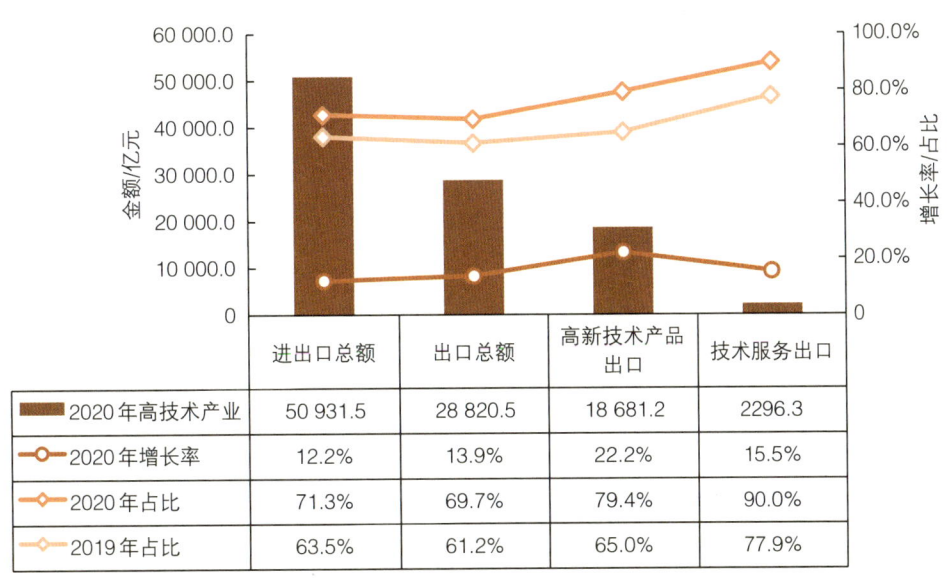

图5-3 2019年、2020年国家高新区高技术产业主要进出口指标情况

从主要创新投入指标来看，2020年高新区中属于高技术产业的企业R&D经费内部支出额为7186.4亿元，同比增长50.2%，占高新区整体的比例为78.2%，较上年提高20.3个百分点；企业R&D人员折合全时当量为162.2万人年，同比增长54.6%，占高新区整体的比例为80.2%，较上年提高22.6个百分点。

从创新成果产出情况来看，2020年高新区中属于高技术产业领域的企业共申请专利52.2万件，其中发明专利32.2万件，同比增长率分别为20.4%、18.6%，占高新区整体的比例分别为67.0%、78.2%，该比例较上年分别提升12.5个百分点、14.3个百分点；授权专利31.6万件，其中发明专利12.8万件，同比增长率分别为26.3%、11.1%，占高新区整体的比例分别为66.5%、77.1%，该比例较上年分别提升15.8个百分点、12.3个百分点；拥有有效专利151.4万件，其中发明专利68.6万件，同比增长率分别为26.2%、19.9%，占高新区整体的比例分别为64.1%、79.9%，该比例较上年分别提升13.4个百分点、13.7个百分点（图5-4）。此外，2020年高技术产业领域授权欧美日专利、拥有欧美日专利分别为2.16万件和10.88万件，占高新区整体的比例分别高达91.4%和91.5%。国家高新区高技术产业领域的各类专利成果均实现了快速增长，增长率均在20%左右，且占高新区整体的比例均在50%以上，是高新区创新活动的主体。

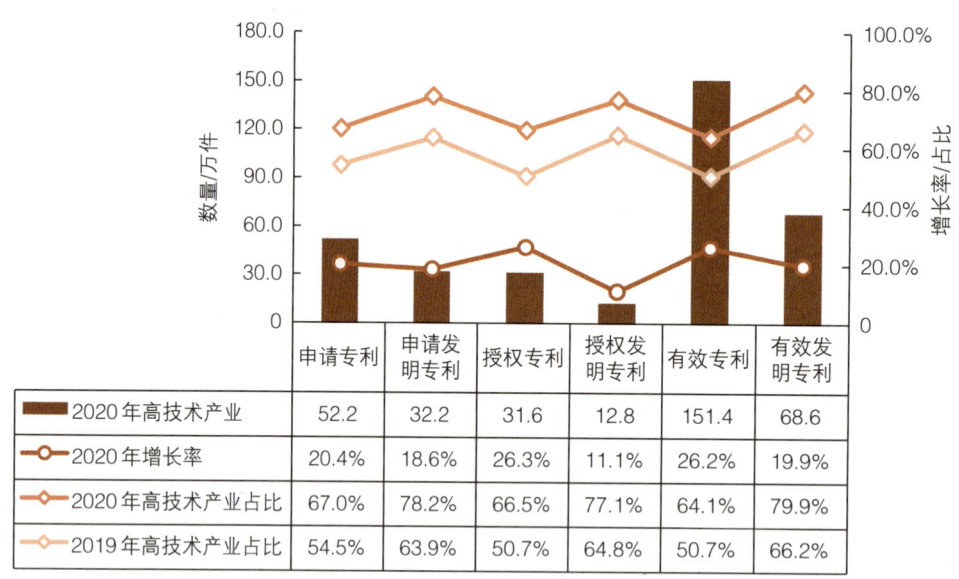

图5-4　2019年、2020年国家高新区高技术产业主要专利成果指标情况

（二）区域高技术产业发展差异较大，东部地区优势显著

2020年，国家高新区高技术产业营业收入占营业收入比例为38.8%，下面将评价指标高技术产业营业收入占营业收入比例按不同地区高新区、不同省份高新区、不同类别高新区进行分析，以观察不同高新区群体的产业结构情况。

分地区来看，2020年东部地区高新区的高技术产业营业收入占营业收入比例最高，达到40.5%，且直接推高了国家高新区该指标的均值，而其他3个地区均低于高新区平均值。其他3个地区中，西部地区高新区表现优于中部地区，东北地区高新区该指标最低，为15.3%。从指标的两年变化来看，除东北地区之外，其他地区较上年均有所提升（图5-5）。

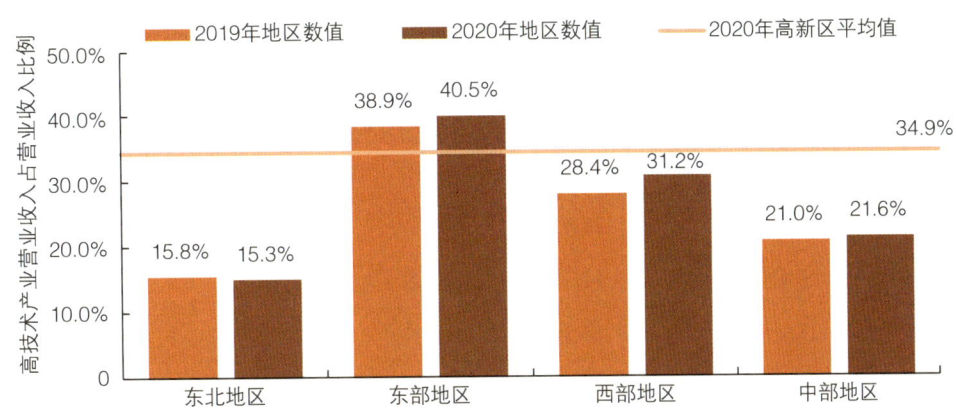

图5-5 2020年国家高新区高技术产业营业收入占比的地区分布情况

分省份来看，高新区高技术产业营业收入占营业收入比例最高的为广东，达到57.3%；其后是四川、海南、福建、江苏、青海、上海、北京等省份，均在30%以上且高于国家高新区均值（34.9%）；内蒙古、甘肃、吉林和新疆均低于10%。从指标的两年变化来看，30个省份中有24个省份的高新区该比例较上年有所提升（表5-1）。

表5-1 2019年、2020年国家高新区高技术产业营业收入占比的省份分布情况

省份	2020年高新区高技术产业营业收入占营业收入比例	2019年高新区高技术产业营业收入占营业收入比例	省份	2020年高新区高技术产业营业收入占营业收入比例	2019年高新区高技术产业营业收入占营业收入比例
广东	57.3%	56.5%	陕西	33.0%	31.4%
四川	52.5%	48.9%	贵州	32.7%	32.3%
海南	51.6%	51.5%	河北	32.3%	30.2%
福建	49.8%	49.7%	重庆	32.0%	32.8%
江苏	38.0%	36.0%	天津	31.5%	26.9%
青海	37.6%	33.9%	山东	29.6%	22.0%
上海	36.8%	38.9%	广西	28.4%	24.6%
北京	36.7%	35.1%	辽宁	26.4%	26.7%
安徽	33.5%	30.9%	江西	25.7%	25.3%
浙江	33.2%	32.0%	湖北	21.6%	20.4%

续表

省份	2020年高新区高技术产业营业收入占营业收入比例	2019年高新区高技术产业营业收入占营业收入比例	省份	2020年高新区高技术产业营业收入占营业收入比例	2019年高新区高技术产业营业收入占营业收入比例
云南	16.5%	13.5%	山西	10.5%	10.0%
湖南	15.2%	15.5%	内蒙古	9.8%	5.4%
河南	14.0%	17.2%	甘肃	9.8%	9.5%
黑龙江	11.5%	12.5%	吉林	7.2%	6.7%
宁夏	11.0%	8.6%	新疆	4.4%	3.4%

分类别来看，2020年世界一流高科技园区的高技术产业营业收入占营业收入比例为45.0%，分别高出创新型科技园区、创新型特色园区、其他园区14.5个百分点、18.9个百分点和20.3个百分点；稳定期园区为39.2%，是新升级园区的1.8倍；自创区园区为40.5%，是非自创区园区的2.4倍（图5-6）。发展较为成熟的世界一流高科技园区、稳定期园区和自创区园区群体的高技术产业营业收入占营业收入比例均高于高新区平均值，且远高于其他类别园区，是高新区产业转型升级和结构优化的表率。

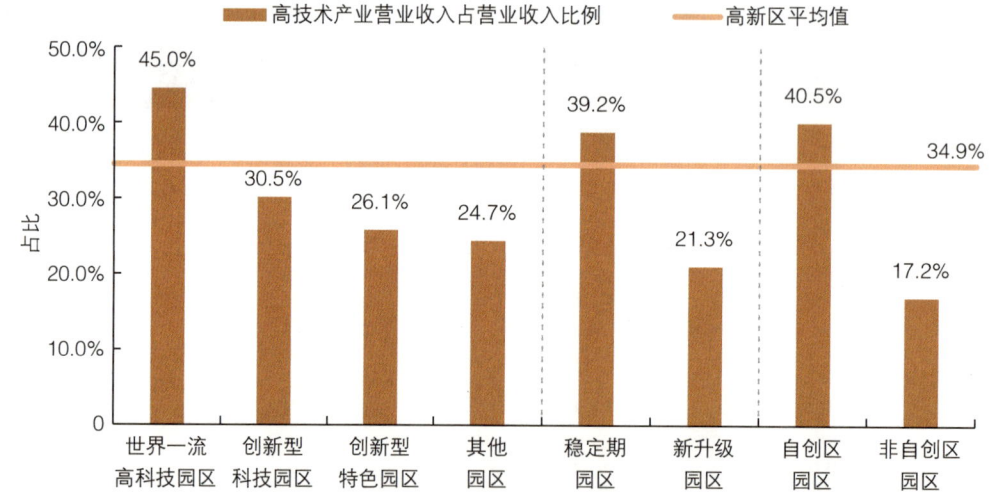

图5-6 2020年不同类别国家高新区的高技术产业营业收入占比情况

具体到10家世界一流高科技园区，2020年高技术产业营业收入占营业收入比例最高的是深圳高新区，高达81.6%；第二是成都高新区，数值为65.3%；第三是杭州高新区,数值为59.2%;苏州工业园、西安和合肥高新区也在40%以上;广州、上海张江、中关村和武汉高新区则相对较低,数值在30%~40%(图5-7)。

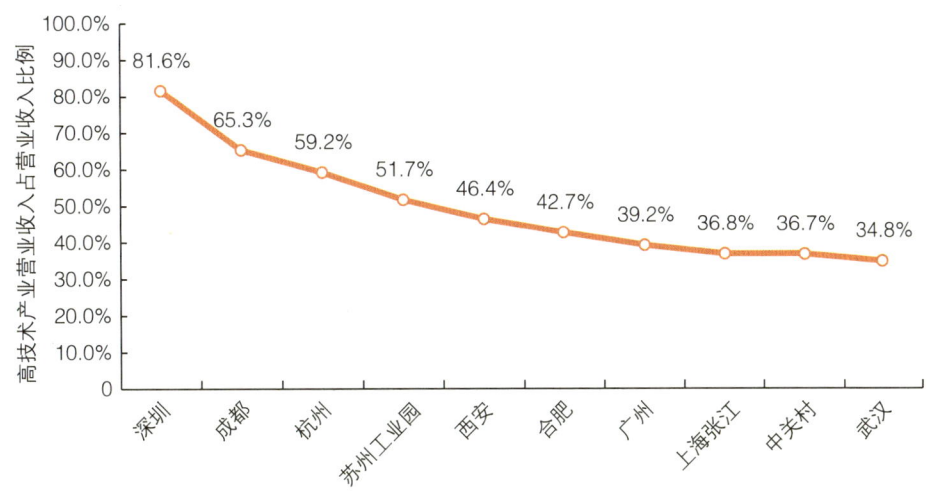

图5-7　2020年10家世界一流高科技园区的高技术产业营业收入占比情况

(三)高技术服务业发展迅速,净利润增幅高达六成

高技术服务业是现代服务业的重要内容和高端环节,技术含量和附加值高,创新性强,发展潜力大,辐射带动作用突出;加快发展高技术服务业对于扩大内需、吸纳就业、培育壮大战略性新兴产业、促进产业结构优化升级具有重要意义。

国家高新区高技术服务业正在快速发展。2020年国家高新区高技术产业中属于高技术制造业的企业为20 578家,同比增长13.3%,占高新区统计企业的12.4%;属于高技术服务业的企业共计69 551家,同比增长25.3%,占高新区统计企业的42.1%。高技术服务业企业数量是高技术制造业的3.4倍,增速是高技术制造业的1.9倍;同时,高技术服务业从业人员数为541.5万人,同比增长16.4%,是高技术制造业从业人员数增速的1.5倍(图5-8)。

从主要经济指标看,2020年高新区高技术服务业营业收入、产业增加值、净利润、上缴税额和出口总额分别为65 268.8亿元、20 483.4亿元、7346.6亿元、2641.2亿元和2279.7亿元,其增长率分别高达21.6%、18.6%、59.9%、8.7%和6.1%,除出口总额之外,其余4个指标的增长率均高于高技术制造业(图5-8)。

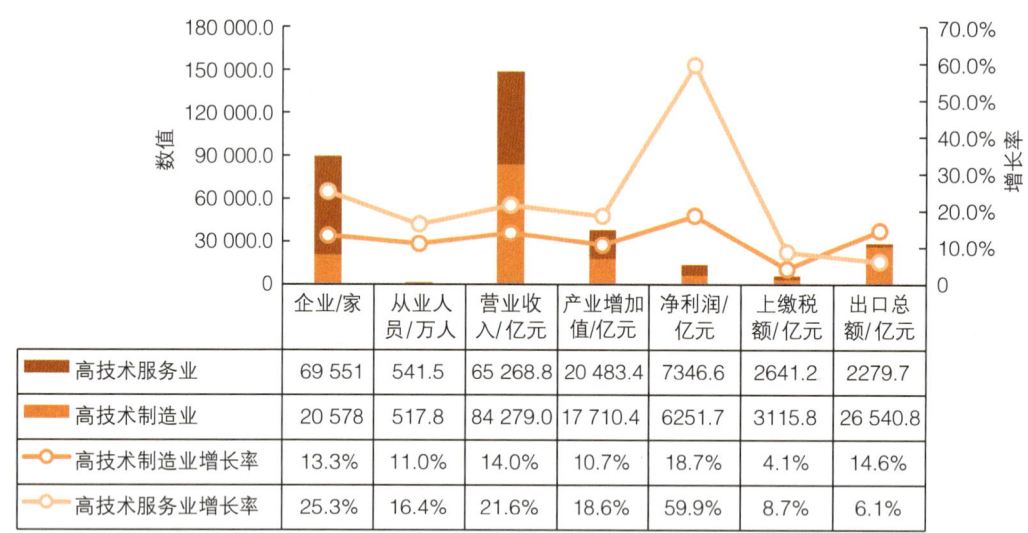

图5-8 2020年国家高新区高技术制造业、高技术服务业主要经济指标情况

从国家高新区高技术产业增长贡献度情况可以看出，2020年高技术服务业对高技术产业增长的贡献主要体现在促进企业数量增长、提升产业增加值、吸纳就业人员和提高企业营业收入方面，相应的贡献度分别达到85%、65%、60%和53%；而高技术制造业的贡献主要表现在增加出口、提高企业营业收入和吸纳就业人员方面（图5-9）。

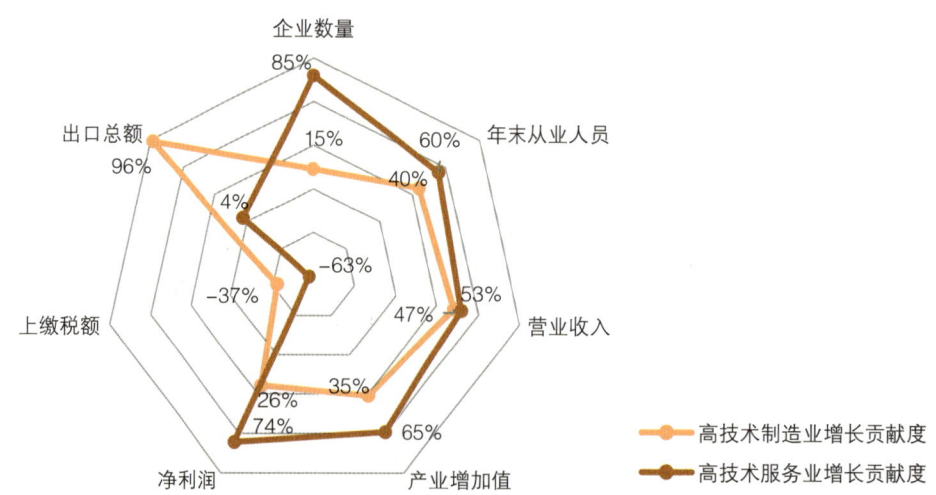

图5-9 2020年国家高新区高技术制造业和高技术服务业对高技术产业增长贡献度情况

尽管近年来国家高新区的高技术服务业在快速发展，但规模还有待提升。2020年，国家高新区高技术服务业营业收入占企业营业收入的比例仅为15.2%，比高技术

制造业的占比低了4.4个百分点；高新区高技术服务业增加值占高新区的GDP比例仅为15.1%，而在美国等发达国家，与高技术服务业相对应的知识密集型服务业增加值已经占GDP的50%以上。知识密集型服务业的差距也部分反映了当前我国国家高新区与发达国家在创新能力方面的差距，持续培育和壮大知识密集型的高技术服务业是国家高新区下一步需要努力的方向。

（四）高技术服务业人员占比扩大，北京、上海突出

高技术服务业从业人员占从业人员比例可以在一定程度上反映国家高新区高技术服务业的现状和发展高端产业的配套环境，映射出国家高新区转方式、调结构及产业优化升级的成效，2011—2020年高技术服务业从业人员占从业人员比例呈现持续增长态势，2020年达到22.7%，较上年提高1.7个百分点，与2011年相比累计提高7.2个百分点（图5-10）。

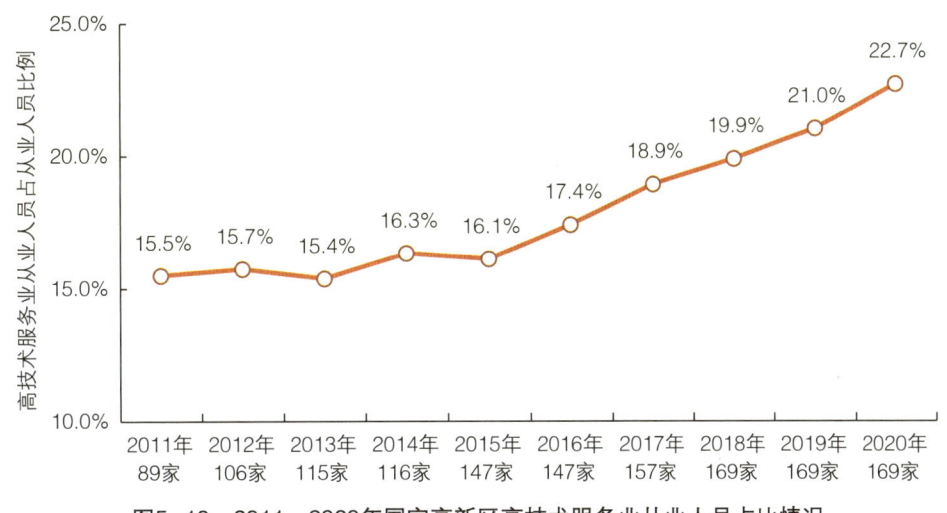

图5-10　2011—2020年国家高新区高技术服务业从业人员占比情况

分地区来看，2020年四大地区国家高新区的高技术服务业从业人员占从业人员比例较2019年均有所提升。其中，东部地区高新区的高技术服务业从业人员占从业人员比例最高，达到27.0%，高出高新区平均水平4.3个百分点；东北地区高新区的高技术服务业从业人员占比达到23.9%，高出高新区平均水平1.2个百分点；中部地区和西部地区高新区则低于高新区平均水平，中部地区高新区最低，仅为13.0%（图5-11）。

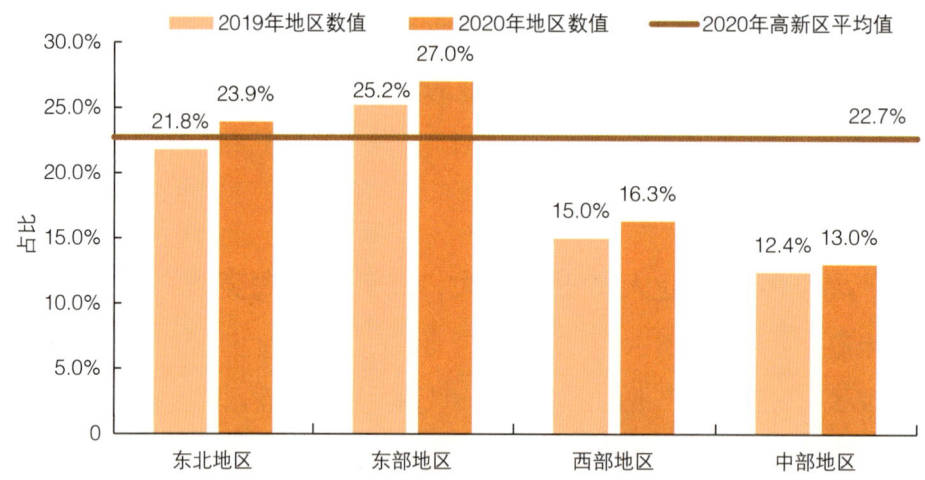

图5-11 2019年、2020年国家高新区高技术服务业从业人员占比的地区分布情况

分省份来看，高新区高技术服务业从业人员占从业人员比例最高的为北京和上海，分别高达51.2%和42.6%，北京和上海两个直辖市的高新区高技术服务业最为发达；同时，辽宁、陕西、天津、安徽、四川、山西、河北和贵州的高新区均在20%以上，表现相对较好；而海南高新区指标仅为4.5%，与其他省份的差距较大（表5-2）。

表5-2 2020年国家高新区高技术服务业从业人员占从业人员比例的省份分布情况

省份	高技术服务业从业人员占从业人员比例	省份	高技术服务业从业人员占从业人员比例
北京	51.2%	河北	21.8%
上海	42.6%	贵州	20.4%
辽宁	34.3%	广东	19.3%
陕西	25.5%	福建	18.4%
天津	24.3%	浙江	18.2%
安徽	23.6%	江苏	16.5%
四川	22.0%	黑龙江	14.4%
山西	22.0%	广西	13.4%

续表

省份	高技术服务业从业人员占从业人员比例	省份	高技术服务业从业人员占从业人员比例
山东	13.2%	宁夏	9.8%
吉林	12.9%	青海	7.1%
湖北	12.4%	新疆	6.3%
甘肃	11.1%	江西	6.0%
河南	10.7%	重庆	5.5%
湖南	10.3%	内蒙古	5.3%
云南	10.1%	海南	4.5%

分类别来看，2020年世界一流高科技园区高技术服务业从业人员占从业人员比例高达40.2%，是创新型科技园区的2.7倍，是创新型特色园区的2.6倍，是其他园区的5.2倍，说明世界一流高科技园区的产业结构状态较好，相比创新型科技园区、创新型特色园区和其他园区具有绝对优势。同时，稳定期园区高技术服务业从业人员占从业人员比例为29.3%，是新升级园区的5.9倍；自创区园区高技术服务业从业人员占从业人员比例是28.0%，是非自创区园区的3.7倍。而其他园区、新升级园区、非自创区园区的高技术服务业从业人员占从业人员比例均不到10%，说明这3类国家高新区群体需要加快培育高技术服务业，吸引高端就业人才，促进产业结构和就业结构不断优化（图5-12）。

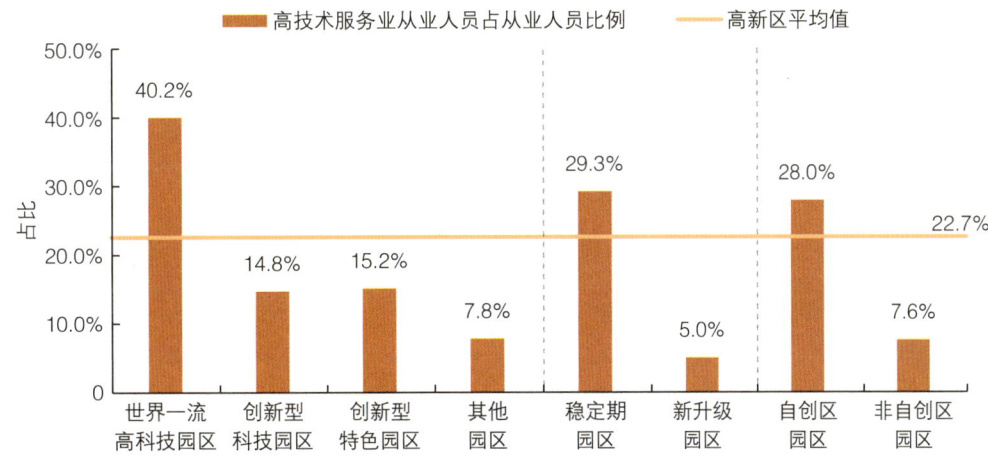

图5-12　2020年不同类别国家高新区高技术服务业从业人员占比情况

具体到高新区个体，2020年高技术服务业从业人员占从业人员比例最高的10个国家高新区分别为上海紫竹、大连、中关村、杭州、上海张江、南京、西安、成都、长春净月和沈阳高新区，均在35%以上。其中，上海紫竹表现最好，达到63.1%；大连、中关村、杭州和上海张江高新区均在40%以上（图5-13）。

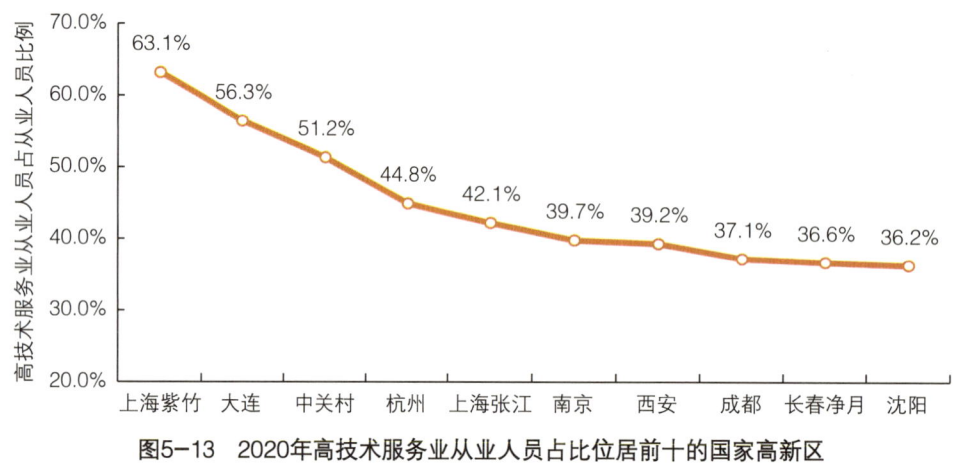

图5-13　2020年高技术服务业从业人员占比位居前十的国家高新区

二、创新成果产出

创新成果产出衡量的是创新活动的成果形式，增强知识产权服务对于鼓励自主创新、提升创新成果产出具有十分重要的意义。截至2020年年底，共计有84家高新区获批建设国家知识产权局认定的试点园区和示范园区，20家高新区获批建设国家知识产权服务业集聚发展实验区。国家高新区创新活动绩效评价着重考虑了创新的经济价值实现程度和效率，没有设置直接反映创新成果产出的指标，这里为更直观地考察高新区创新成果产出情况，选择若干关联的直接指标来进行分析。

（一）知识产权服务机构蓬勃发展，专利数量快速增长

为了支持和鼓励创业企业的创新发展，国家高新区一直十分重视知识产权服务工作，在集聚和培育知识产权服务机构方面成效显著。2020年高新区拥有各类知识产权服务机构10 916家，同比增长率达到12.6%。其中，专利服务机构4073家，同比增长15.2%；商标事务所6811家，同比增长13.0%，越来越多的企业开始重视品牌的建设（图5-14）。

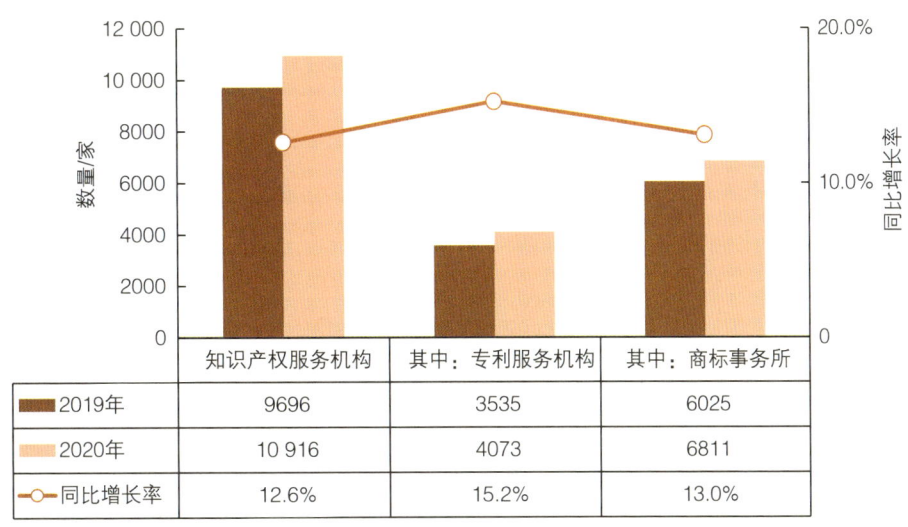

图5-14 2019年、2020年国家高新区知识产权服务机构情况

国家高新区大力推动企业自主创新，组织和引导企业积极申报专利申请，科技创新成果显著。2020年，国家高新区专利成果总量持续快速增长，企业当年申请专利数量为92.9万件，其中申请发明专利47.2万件，同比增长率分别达到19.2%、14.8%；授权专利61.8万件，其中授权发明专利18.2万件，同比增长率分别达到29.9%、9.9%；拥有专利296.4万件，其中拥有发明专利100.5万件，同比增长率分别达到25.4%、17.1%（图5-15）。

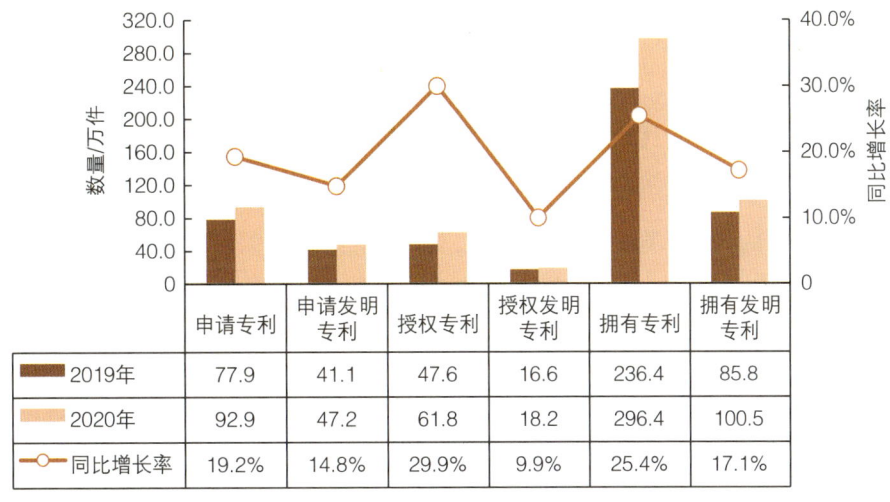

图5-15 2019年、2020年国家高新区企业专利数量情况

近年来，随着国家高新区企业专利数量持续快速增长，其占我国境内外专利的比例也有所提升，尤其是申请发明专利的占比提升最为明显，2020年高新区企业申请发明专利数、有效发明专利数占中国境内外发明专利的比例分别为31.5%和32.9%，较2019年分别提升2.1个百分点、0.8个百分点，高新区企业授权发明专利数占中国境内外授权发明专利的比例为34.3%，较2019年下降2.2个百分点（图5-16）。

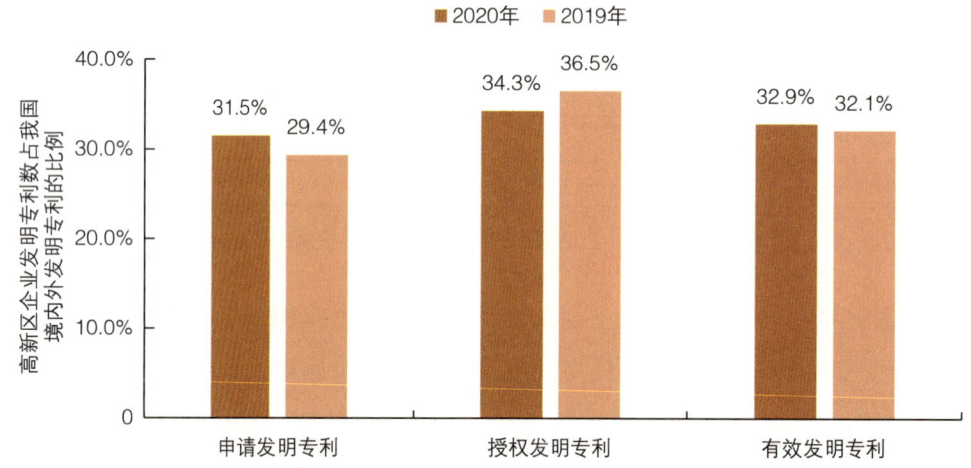

图5-16 2019年、2020年国家高新区企业发明专利数占我国境内外发明专利的比例情况

除专利成果外，国家高新区其他各类型知识产权也实现了较快增长。截至2020年年底，高新区企业拥有注册商标1 096 175件，其中当年注册商标150 866件，分别同比增长30.5%、13.8%；拥有软件著作权1 451 211件，其中当年获得软件著作权293 986件，分别同比增长39.4%、24.7%；拥有集成电路布图19 407件，其中当年获得集成电路布图5128件，分别同比增长39.6%、74.5%；拥有植物新品种2279件，同比下降12.2%，其中当年获得植物新品种383件，同比增长8.5%；拥有国家一类新药品种465件，其中当年获得国家一类新药证书33件，分别同比增长9.2%、26.9%；拥有国家一级中药保护品种47件，其中当年获得国家一级中药保护品种证书14件，分别同比增长9.3%、180.0%（表5-3）。

表5-3 2019年、2020年国家高新区各类型知识产权数量情况

类型	2020年	2019年	同比增长率
拥有注册商标/件	1 096 175	840 288	30.5%
当年注册商标/件	150 866	132 582	13.8%
拥有软件著作权/件	1 451 211	1 040 936	39.4%
当年获得软件著作权/件	293 986	235 708	24.7%
拥有集成电路布图/件	19 407	13 901	39.6%
当年获得集成电路布图/件	5128	2939	74.5%
拥有植物新品种/件	2279	2597	−12.2%
当年获得植物新品种/件	383	353	8.5%
拥有国家一类新药品种/件	465	426	9.2%
当年获得国家一类新药证书/件	33	26	26.9%
拥有国家一级中药保护品种/件	47	43	9.3%
当年获得国家一级中药保护品种证书/件	14	5	180.0%

（二）专利产出效率不断提高，人均专利产出量持续增加

国家高新区人均专利产出量持续增加。2020年，高新区每万名从业人员申请专利389.6件，其中申请发明专利198.1件；每万名从业人员授权专利259.5件，其中授权发明专利76.3件；每万名从业人员拥有有效专利1243.6件，其中拥有有效发明专利421.6件（图5-17）。从同比变化来看，每万名从业人员专利的申请、授权及拥有数量，同比均实现了加速增长，但发明专利的申请、授权及拥有数量，则表现为减速增长。此外，每万名从业人员当年专利授权数增长最快，增长率达到20.8%。高新区的专利产出总体保持持续增长态势。

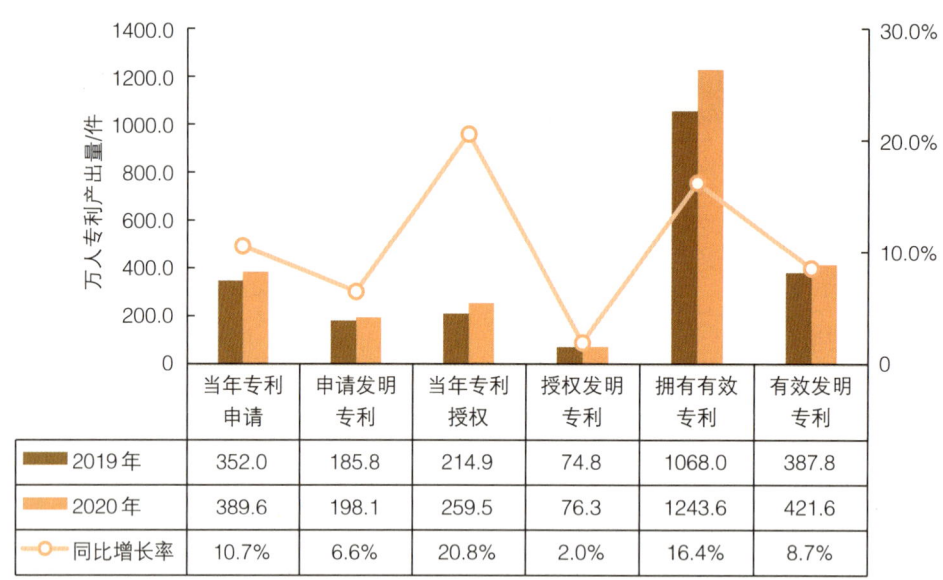

图5-17 2019年、2020年国家高新区每万名从业人员专利产出量

从投入产出角度看，国家高新区单位研发投入的专利产出量总体增长。2020年，高新区每亿元研发投入的申请专利、申请发明专利数量分别为101.0件、51.4件，分别同比增长7.1%、3.1%；高新区每亿元研发投入的授权专利数量为67.3件，同比增长16.8%，授权发明专利数量为19.8件，同比下降1.3%；高新区每亿元研发投入的拥有专利、拥有发明专利数量分别为322.5件、109.3件，分别同比增长12.7%、5.2%（表5-4）。

表5-4 2019年、2020年国家高新区单位研发投入的专利产出情况

每亿元研发投入专利产出量	2020年	2019年	增长率
申请专利/件	101.0	94.3	7.1%
申请发明专利/件	51.4	49.8	3.1%
授权专利/件	67.3	57.6	16.8%
授权发明专利/件	19.8	20.0	−1.3%
拥有专利/件	322.5	286.2	12.7%
拥有发明专利/件	109.3	103.9	5.2%

2020年，高新区企业申请发明专利占申请专利的比例、授权发明专利占授权专利的比例、拥有发明专利占拥有专利的比例分别为50.8%、29.4%、33.9%，是全国相应比例的1.8倍、2.0倍和1.4倍。技术含量较高的发明专利在国家高新区专利产出中占据了相对更大的比例，说明高新区专利成果的质量要高于全国平均水平（图5-18）。

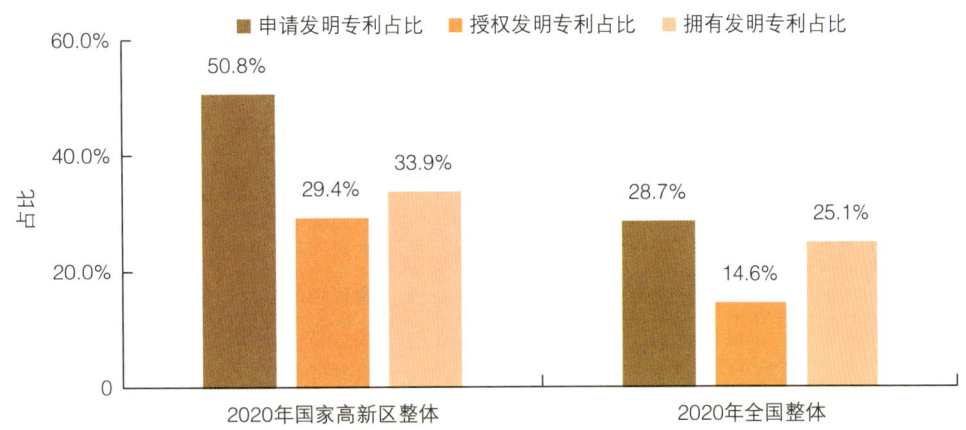

图5-18 2020年国家高新区企业发明专利占专利的比重与全国对比情况

高新区积极推进专利转让工作，在专利转让的价值实现上取得较大进展。2020年，高新区企业专利所有权转让及许可数为32 714件，同比降低15.8%；但同时，专利所有权转让及许可收入为174.1亿元，同比增长24.4%。

（三）科技创新提升发展"含金量"，东部地区领先

国家高新区单位经济价值中的知识和技术含量，可以在一定程度上反映高新区知识经济的发育程度，体现经济发展的"含金量"。2011—2020年，高新区企业100亿元增加值拥有知识产权数量和各类标准数量呈现逐年增长态势，2020年达到6423件，同比增长20.9%，是2011年的3.3倍，高新区知识经济持续发育、态势良好（图5-19）。

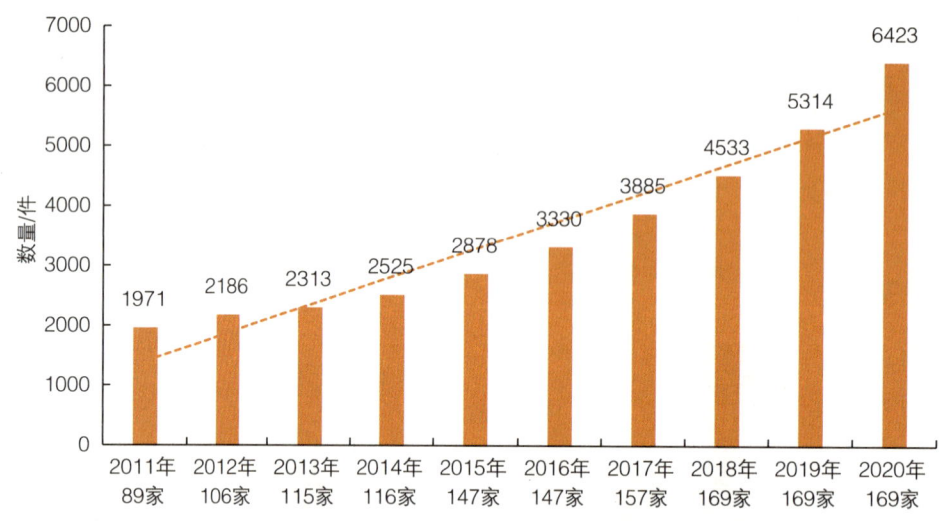

图5-19　2011—2020年国家高新区企业100亿元增加值拥有知识产权数量和各类标准数量

分地区来看，2020年高新区企业100亿元增加值拥有知识产权数量和各类标准数量由高到低分别是东部地区、中部地区、西部地区、东北地区，其中东部地区高达7547件，分别是东北地区、西部地区、中部地区的2.1倍、1.9倍和1.4倍；从指标的两年变化来看，四大地区高新区较上年均有不同幅度的提升，其中东部地区较上年增长了1196件，位居四大地区之首（图5-20）。可见，东部地区高新区不仅单位经济价值中的科技含量绝对值最高，而且增长量最大，已成为区域经济高质量发展的"领头羊"。

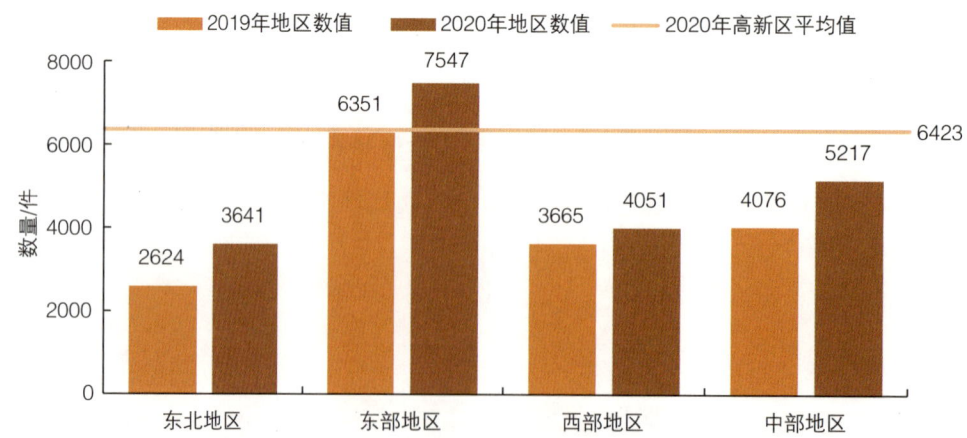

图5-20　2020年国家高新区企业100亿元增加值拥有知识产权数量和各类标准数量的地区分布情况

从不同类别国家高新区情况看，2020年世界一流高科技园区企业100亿元增加值拥有知识产权数量和各类标准数量达到7655件，分别是创新型科技园区、创新型特色园区和其他园区的1.3倍、1.3倍和1.7倍；稳定期园区为7165件，是新升级园区的1.7倍；自创区园区为7347件，是非自创区园区的2.1倍（图5-21）。发展较为成熟的世界一流高科技园区、稳定期园区和自创区园区群体，其知识经济发育程度明显更高。

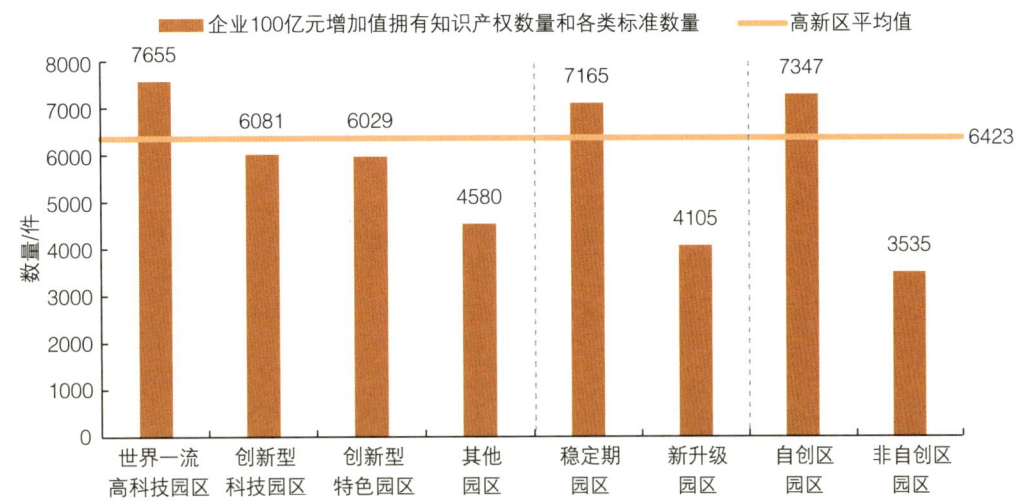

图5-21 2020年不同类别国家高新区企业100亿元增加值拥有知识产权数量和各类标准数量情况

具体看10家世界一流高科技园区的情况，2020年深圳高新区以10 755件位居第一，其次是广州高新区，达到8957件。近年来深圳和广州高新区牢固树立以知识产权强国建设高地为目标，在知识产权创造、保护、运用、管理和服务等各个方面均取得重大突破，已经形成全国知识产权蓬勃发展的领先优势。同时，武汉、上海张江、中关村、苏州工业园、杭州、成都和合肥7家高新区均在5000件以上；而西安高新区则相对较少，不到5000件（图5-22）。

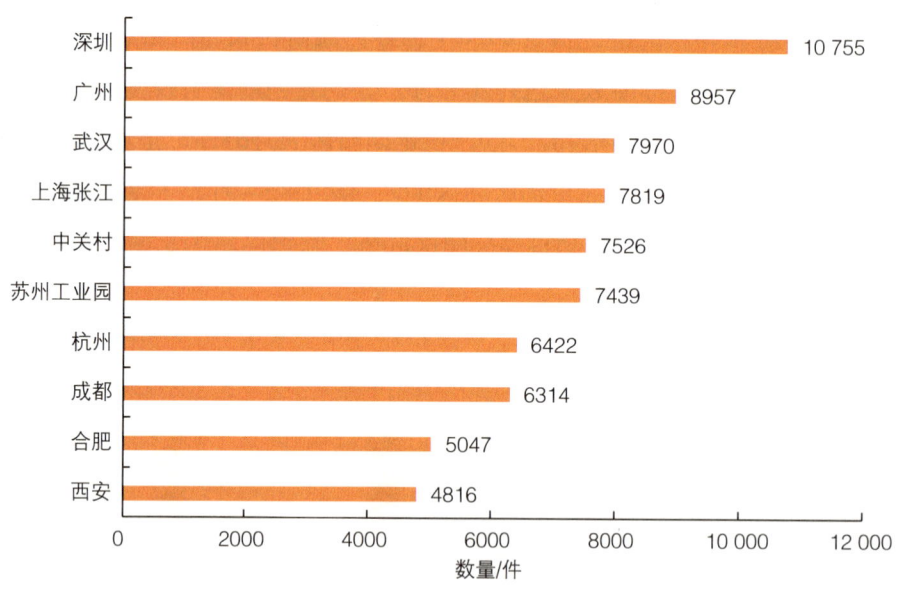

图5-22 2020年10家世界一流高科技园区企业100亿元增加值拥有知识产权数量和各类标准数量情况

三、技术要素发展

国家高新区致力于培育知识产权密集型产业，打造以科技创新驱动经济社会发展的知识型园区，其显著特征是技术要素含量较高、知识成果供给和转化较为高效。国家高新区创新活动绩效评价中，体现技术要素方面的指标为企业当年完成技术合同成交额和技术性收入相关指标。

（一）技术交易规模持续扩大，中关村独占鳌头

国家高新区高度重视科技成果和先进技术的转移转化，多措并举推进技术交易，提高技术市场活跃度。一方面，加强技术合同登记工作的组织投入，设立技术合同登记站点，加强技术合同登记政策的宣传和相关培训；另一方面，加强供需对接，积极组织科技成果交流大会，引导园区企业与高校院所、技术型龙头企业加强技术合作。此外，国家高新区创新技术交易模式，以线上与线下融合、资本与技术融合的方式，促进技术交易规模与质量同步提升。

国家高新区企业技术交易非常活跃,2011—2020年高新区企业当年完成技术合同成交额整体呈增长态势,2020年达到8017.4亿元,同比增长18.2%,是2011年的近5倍(图5-23)。高新区企业2020年完成技术合同成交额占全国技术合同成交额(28 252亿元)的比重为28.4%;企业从业人员人均技术合同成交额为30 648元,是全国就业人员人均技术合同成交额(3763元[①])的8.1倍。

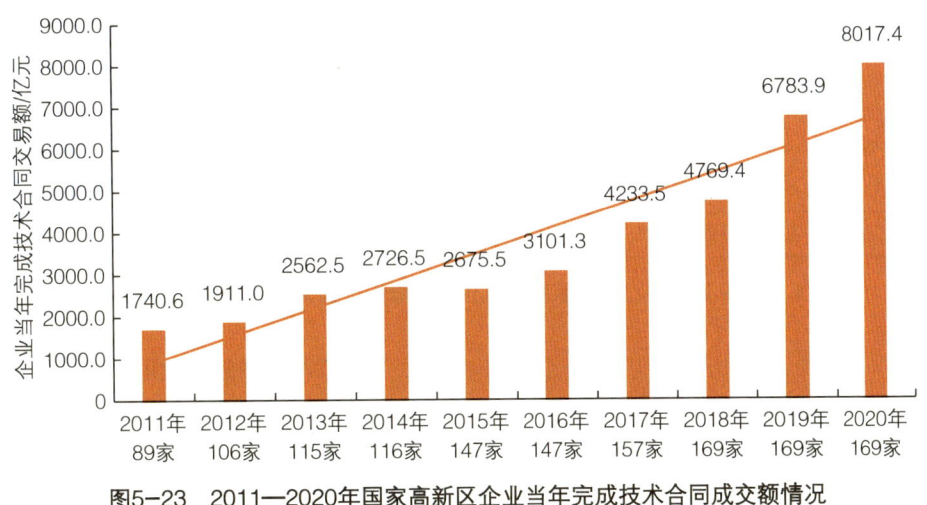

图5-23　2011—2020年国家高新区企业当年完成技术合同成交额情况

分地区来看,2020年高新区企业当年完成技术合同成交额最高的是东部地区,达到6062.6亿元,占高新区整体的比重为75.6%,较上年下降0.4个百分点;其次为西部地区,达到1003.5亿元,占高新区整体的比重为12.5%,较上年下降0.4个百分点;中部地区为764.7亿元,占高新区整体的比重为9.5%,较上年下降0.2个百分点;东北地区最低,为186.6亿元,占高新区整体的比重仅为2.3%,较上年增加0.9个百分点(图5-24)。东部地区高新区仍旧是技术交易的高地,东北地区的技术市场正在逐步完善。

---

① 数据来源:国家统计局。

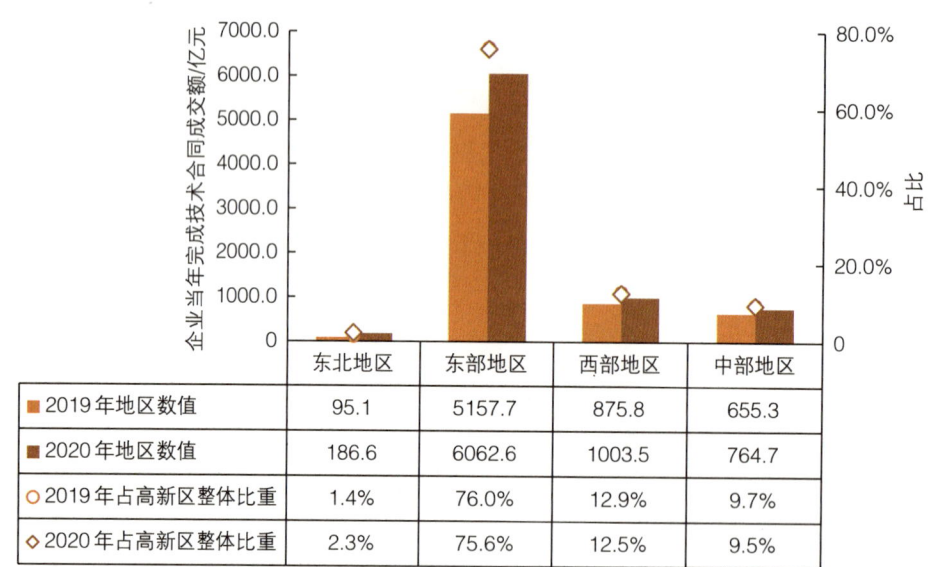

图5-24　2019年、2020年国家高新区企业当年完成技术合同成交额的地区分布

分省份来看，2020年高新区企业当年完成技术合同成交额在100亿元以上的有北京、广东、上海、陕西、江苏、湖北、四川、浙江、山东、湖南、辽宁、天津、河南和安徽等14个省份，其中北京高达2706.2亿元，占国家高新区整体的33.8%；山西、吉林、甘肃、云南、内蒙古、海南、青海、新疆和宁夏等9个省份技术交易规模较低，均在10亿元以下，尤其新疆和宁夏2个省份均不足1亿元（表5-5）。

表5-5　2020年不同省份国家高新区企业当年完成技术合同成交额

省份	高新区企业当年完成技术合同成交额/亿元	占高新区整体比例	省份	高新区企业当年完成技术合同成交额/亿元	占高新区整体比例
北京	2706.2	33.8%	湖南	178.4	2.2%
广东	1386.1	17.3%	辽宁	114.8	1.4%
上海	659.4	8.2%	天津	112.7	1.4%
陕西	626.2	7.8%	河南	109.5	1.4%
江苏	624.4	7.8%	安徽	105.5	1.3%
湖北	314.9	3.9%	福建	71.5	0.9%
四川	283.0	3.5%	黑龙江	62.9	0.8%
浙江	234.5	2.9%	江西	47.5	0.6%
山东	230.4	2.9%	河北	36.0	0.4%

续表

省份	高新区企业当年完成技术合同成交额/亿元	占高新区整体比例	省份	高新区企业当年完成技术合同成交额/亿元	占高新区整体比例
重庆	32.6	0.4%	云南	5.3	0.1%
贵州	22.4	0.3%	内蒙古	4.6	0.1%
广西	20.7	0.3%	海南	1.4	0
山西	8.9	0.1%	青海	1.4	0
吉林	8.8	0.1%	新疆	0.8	0
甘肃	6.4	0.1%	宁夏	0.2	0

从不同类别高新区来看，2020年平均每家世界一流高科技园区的企业技术合同成交额达到598.7亿元，是国家高新区技术交易最为活跃的园区群体，创新型科技园区、创新型特色园区和其他园区平均每家园区的企业技术合同成交额分别仅为40.0亿元、24.7亿元、5.5亿元，均低于高新区平均值；此外，稳定期园区、自创区园区平均每家企业技术合同成交额分别达到138.2亿元和124.1亿元，分别为国家高新区平均值的2.9倍和2.6倍，而新升级园区、非自创区园区分别仅为4.8亿元、4.2亿元（图5-25）。可见，不同园区的技术市场发育程度和技术交易规模存在较大差距。

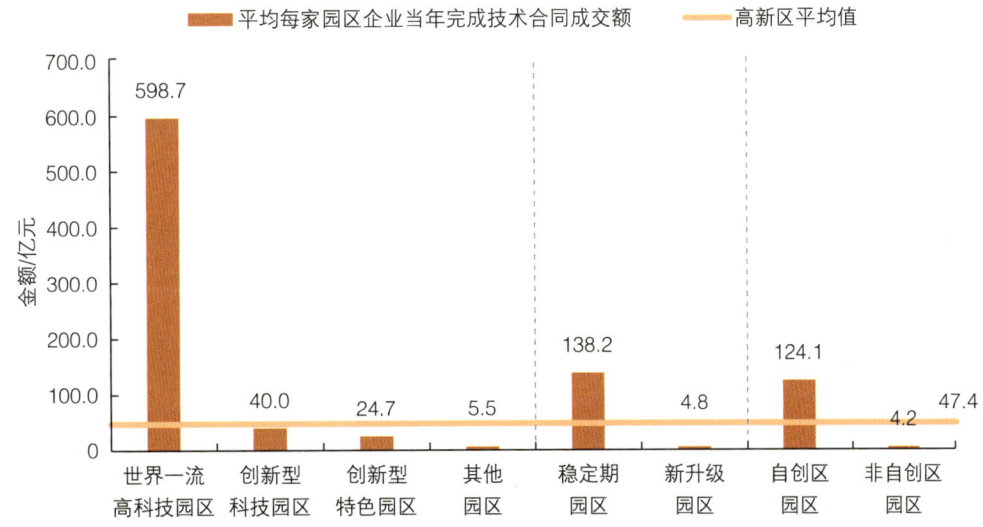

图5-25　2020年不同类别国家高新区平均企业当年完成技术合同成交额

具体到园区层面，2020年企业当年完成技术合同成交额超过50亿元的国家高新区有20家，分别为中关村、上海张江、广州、西安、深圳、成都、南京、武汉、苏州工业园、杭州、天津、济南、株洲、苏州、郑州、合肥、沈阳、东莞、哈尔滨和无锡，共计6934.6亿元，占国家高新区整体的86.3%；其中，中关村的企业技术合同成交额高达2706.2亿元，稳居全国首位，占国家高新区整体的33.7%（图5-26）。

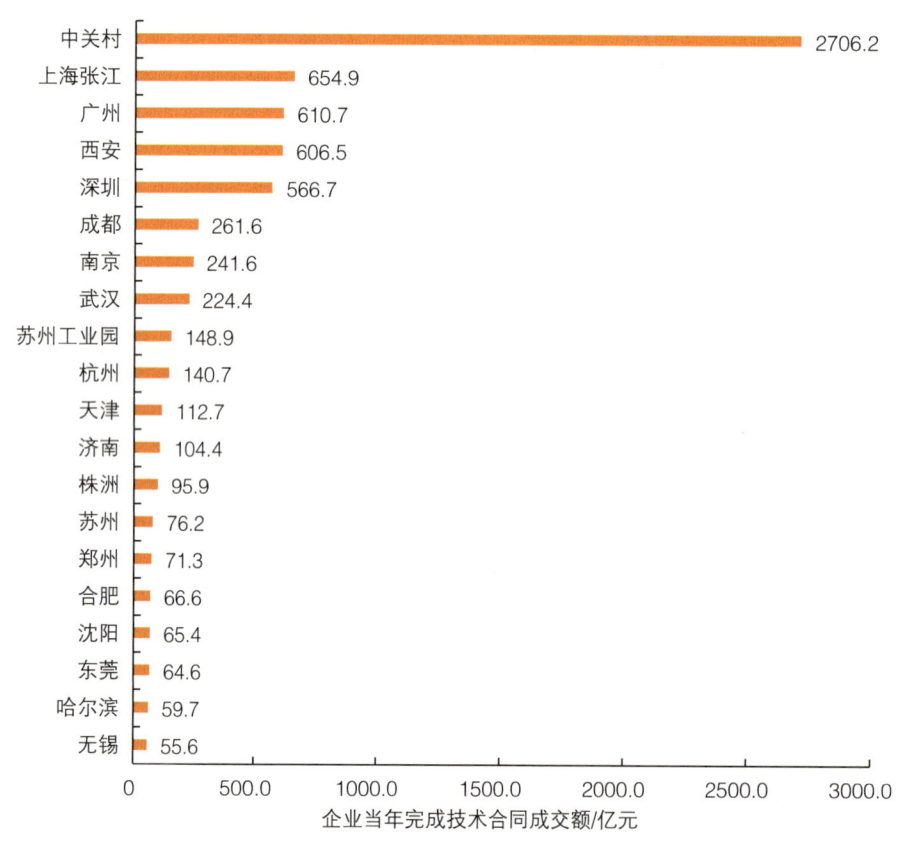

图5-26 2020年企业当年完成技术合同成交额超50亿元的国家高新区

（二）技术性收入占比增长，高新技术产品规模扩大

2020年，高新区创新驱动的特征进一步凸显。2020年，高新区企业技术收入为58 822.7亿元，同比增长24.2%，该增速高出营业收入增速13.2个百分点，高出产品销售收入15.7个百分点，高出商品销售收入15.1个百分点（图5-27），高新区企业收入结构进一步向技术咨询服务、委托研发活动、技术转让交易、提供产品试验等技术性收入倾斜。

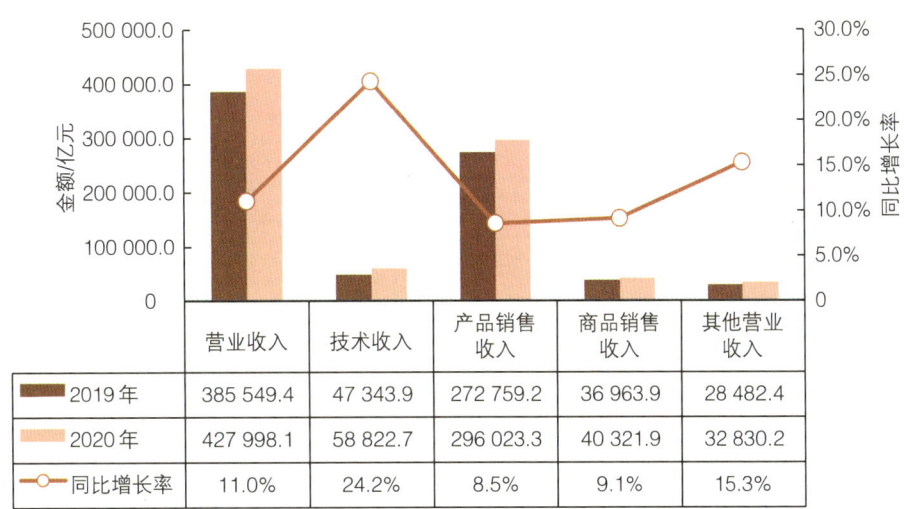

图5-27 2019年、2020年国家高新区营业收入及细分指标增长情况

具体来看，2020年高新区企业技术收入占营业收入的比例为13.7%，较2019年提高1.4个百分点；产品销售收入占营业收入的比例为69.2%，占比最高，但该比例较2019年下降1.5个百分点；商品销售收入占营业收入的比例为9.4%，较2019年下降0.2个百分点（图5-28）。

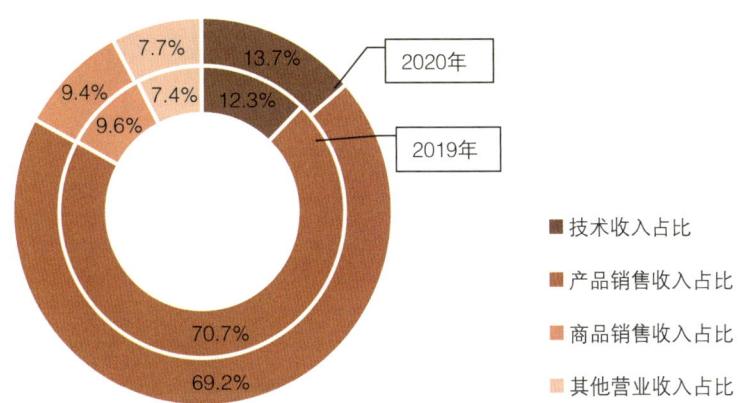

图5-28 2019年、2020年国家高新区营业收入构成情况

从高新区企业技术收入内部结构来看，2020年技术转让收入为1877.8亿元，占技术收入的比重为3.2%；技术承包收入为8318.8亿元，占技术收入的比重为14.1%；技术咨询与服务收入为37 975.6亿元，占技术收入的比重为64.6%；接受委托研究开发收入为3462.9亿元，占技术收入的比重为5.9%；服务性技术收入占技术收入的一半以

第五章 创新活动绩效评价 147

上（图5-29）。

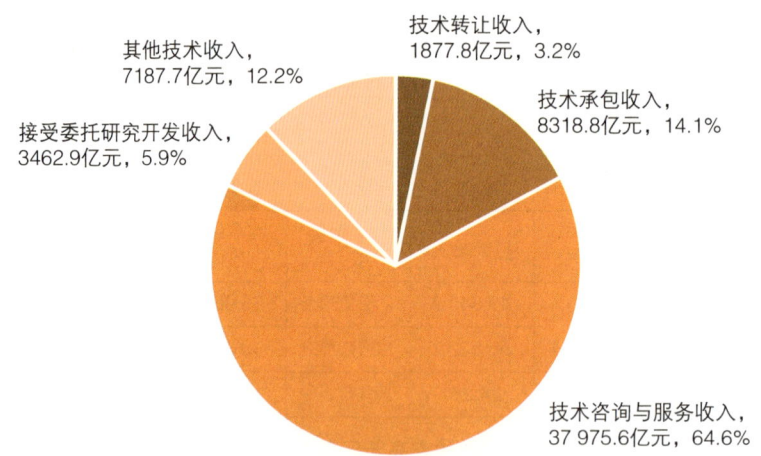

图5-29　2020年国家高新区企业技术收入构成情况

高新区新产品和高新技术产品规模持续扩大，2020年高新区企业新产品产值达到86 350.5亿元，新产品销售收入为88 222.2亿元，新产品出口额为16 262.8亿元，同比增长率分别为4.9%、1.9%和11.2%；高新技术产品销售收入为163 713.2亿元，高新技术产品出口额为27 001.9亿元，同比增长率分别为13.0%和14.8%（图5-30）。2020年，高新区高新技术产品销售收入占产品销售收入的55.3%，占比超过了一半。

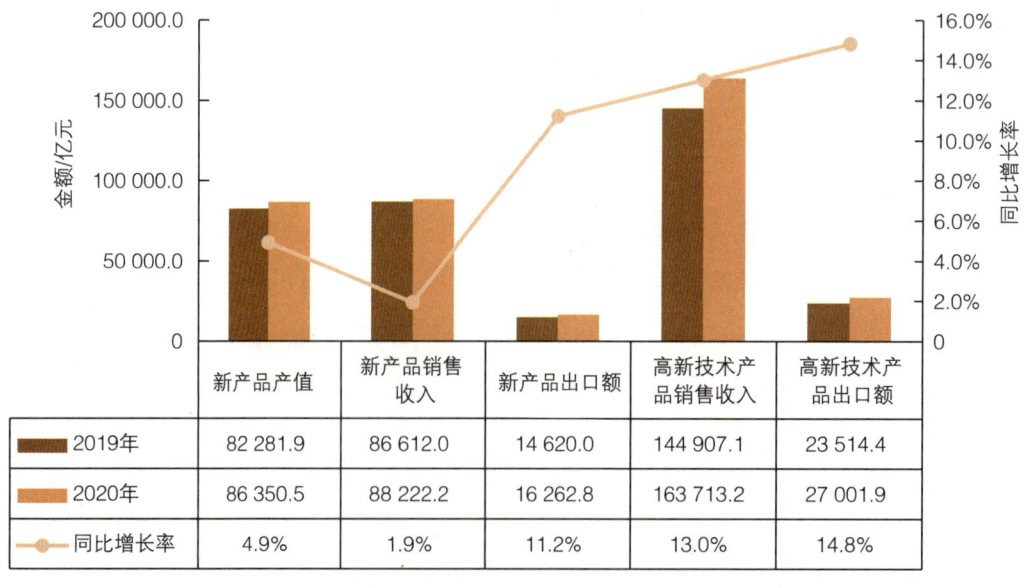

图5-30　2019年、2020年国家高新区企业新产品、高新技术产品的规模情况

四、企业及行业利润

企业是创新主体，承载着高新区实现"科技自立自强"发展目标的重任。考察企业的盈利能力有助于反映目前园区企业的发展现状，也有助于分析产业的发展趋势。国家高新区创新活动绩效评价中，体现企业盈利能力方面的指标为企业营业收入利润率及各个细分行业的利润率。

（一）企业利润总额持续增长，各高新区企业利润率相差不大

国家高新区形成了大、中、小、微型企业比例相对适宜的企业规模布局。2020年，高新区有大型企业5556家，较2019年增长16.6%；有中型企业20 560家、小型企业93 361家、微型企业45 880家，分别同比增长12.6%、15.7%、22.5%。2020年高新区大、中、小、微型企业占比分别为3.4%、12.4%、56.5%、27.7%，小型企业占据了半壁江山（图5-31），规模庞大的小微企业是高新区企业群体不断成长壮大的不竭源泉。

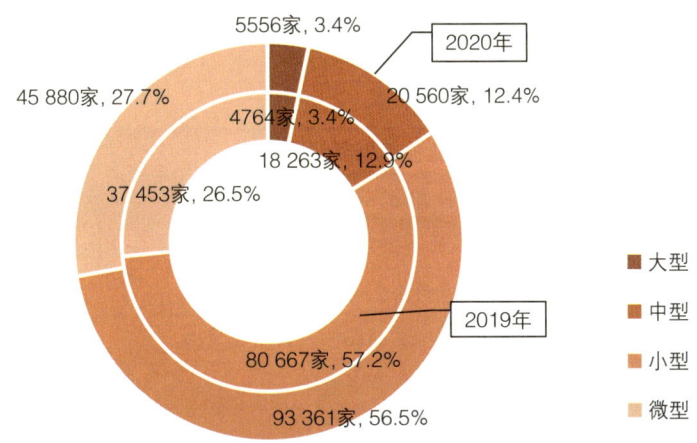

图5-31　2019年、2020年国家高新区大、中、小、微型企业数量和占比分布情况

企业效益的不断提升，是园区经济健康持续发展的根本。国家高新区通过多种措施，促进企业的竞争力和效益提升，企业净利润总额不断增长。2020年，高新区企业实现净利润30 442.3亿元（图5-32），同比增长16.6%，占我国全年规模以上工业企业利润总额（64 516.0亿元）的47.2%。

图5-32 2011—2020年国家高新区企业净利润情况

具体到园区层面，2020年企业净利润排名前十的国家高新区分别为中关村、深圳、上海张江、广州、成都、西安、杭州、合肥、南京和宁波高新区，共15 599.8亿元，占高新区企业净利润总额的50.9%；其中，中关村、深圳、上海张江和广州的企业净利润均在千亿元以上（图5-33）。

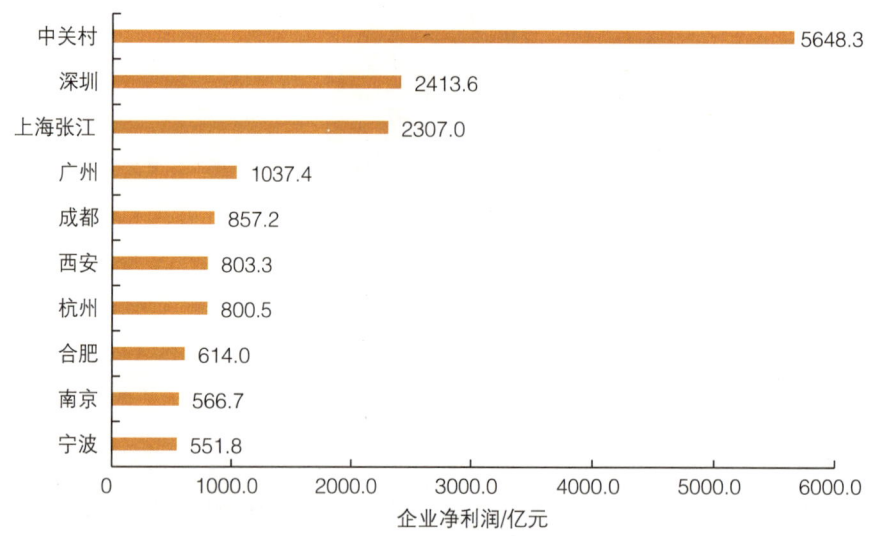

图5-33 2020年企业净利润排名前十的国家高新区

从高新区企业利润率的情况来看，2011—2020年国家高新区企业营业收入利润率整体在6%~7%浮动，2020年为7.1%，较2019年上升0.3个百分点（图5-34）。

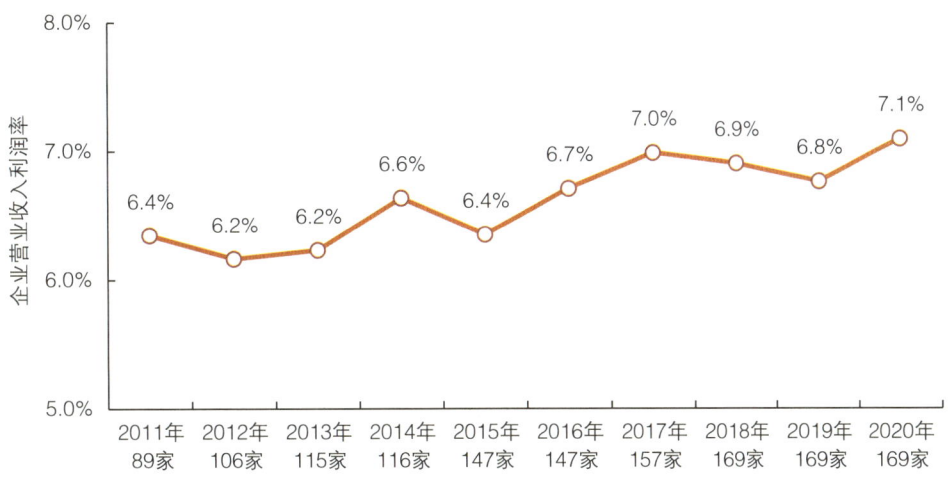

图5-34　2011—2020年国家高新区企业营业收入利润率情况

观察不同类别的国家高新区，2020年世界一流高科技园区的企业营业收入利润率为8.0%，高于高新区平均值；创新型科技园区、创新型特色园区和其他园区分别为6.7%、6.1%和6.4%，均低于高新区平均值。稳定期园区的企业营业收入利润率为7.2%，高于高新区平均值，比新升级园区高出0.4个百分点；自创区园区的企业营业收入利润率为7.3%，高于高新区平均值，比非自创区园区高出0.9个百分点（图5-35）。

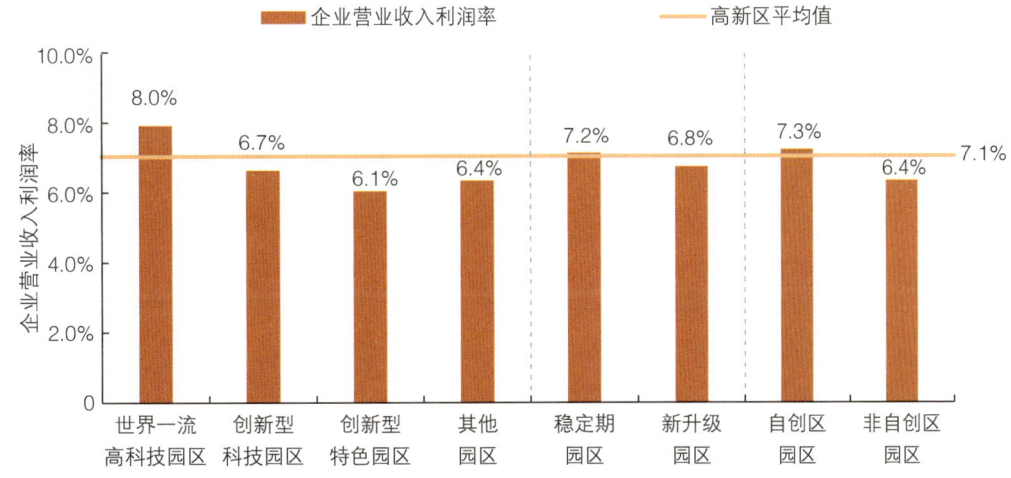

图5-35　2020年不同类别国家高新区企业营业收入利润率

第五章　创新活动绩效评价

（二）细分行业利润率表现各异，检验检测服务业营业收入利润率最高

观察高技术产业及其细分领域企业的营业收入利润率情况，2020年国家高新区高技术产业的营业收入利润率为9.1%，高于国家高新区平均水平2.0个百分点。其中，属于高技术制造业的企业平均营业收入利润率为7.4%，高出国家高新区平均水平0.3个百分点；属于高技术服务业的企业平均营业收入利润率为11.3%，高出国家高新区平均水平4.2个百分点。

具体来看，6类高技术制造业中，医药制造业、医疗仪器设备及仪器仪表制造业企业的营业收入利润率较高，分别达到15.4%、12.8%，高出高新区平均水平8.3个百分点和5.7个百分点；8类高技术服务业中，营业收入利润率高于高新区平均水平的有5个类别，分别为信息服务业（12.8%）、电子商务服务业（7.6%）、检验检测服务业（16.5%）、专业技术服务业的高技术服务业（7.9%）、环境监测及治理服务业（7.8%），其中，检验检测服务业领域企业的营业收入利润率最高（图5-36）。

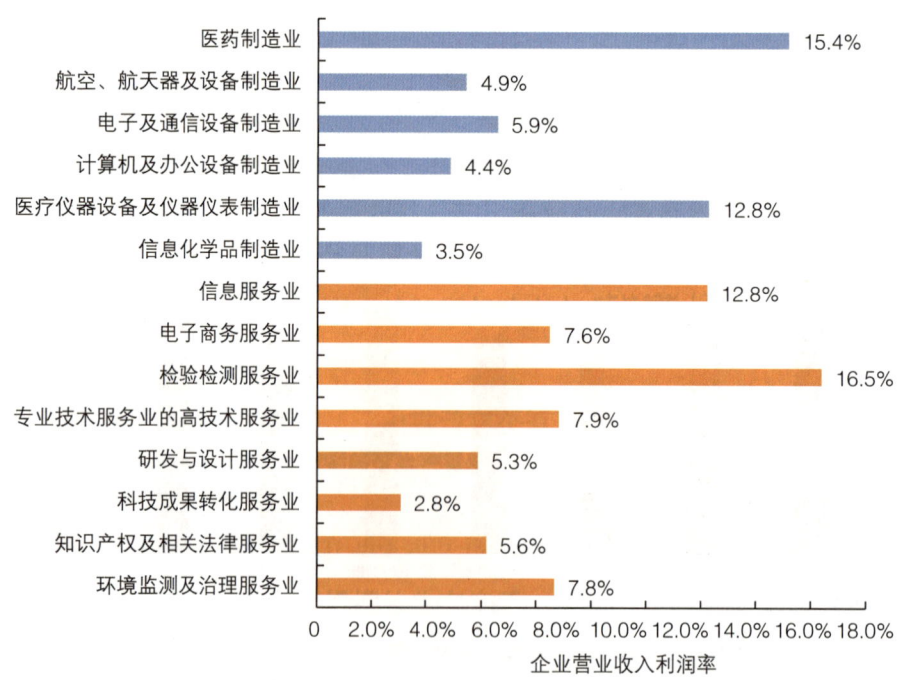

图5-36 2020年国家高新区高技术制造业、高技术服务业细分领域的营业收入利润率

（三）电子及通信设备制造业、信息服务业成营业收入大户

观察高技术产业细分领域的营业收入规模和结构，2020年属于高技术制造业的企业共实现营业收入84 278.9亿元，其中医药制造业10 840.5亿元，航空、航天器及设备制造业2308.6亿元，电子及通信设备制造业52 739.9亿元，计算机及办公设备制造业11 808.9亿元，医疗仪器设备及仪器仪表制造业6459.4亿元，信息化学品制造业121.6亿元。电子及通信设备制造业营业收入规模最大，占高技术制造业的比重达到62.6%；其次为计算机及办公设备制造业，占比为14.0%；医药制造业紧随其后，占比达到12.9%；其余细分领域占比均不到8%（图5-37）。

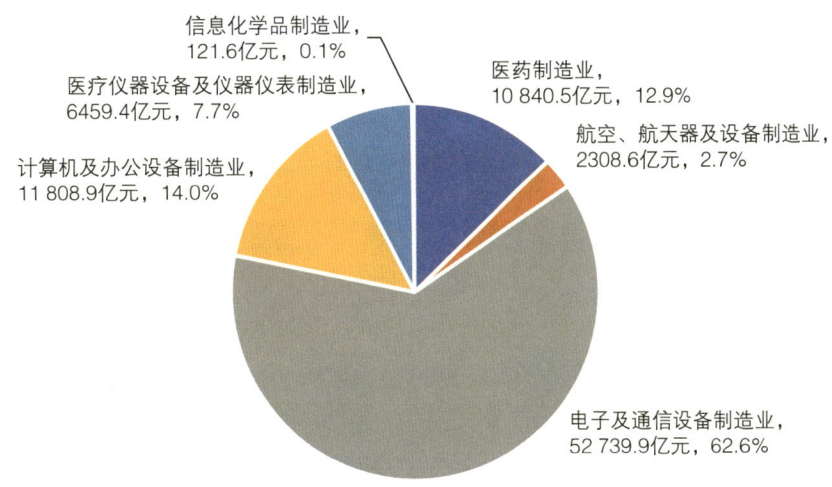

图5-37 2020年国家高新区高技术制造业细分领域企业的营业收入分布情况

2020年属于高技术服务业的企业共实现营业收入65 268.9亿元，其中信息服务业48 259.8亿元、电子商务服务业497.7亿元、检验检测服务业751.6亿元、专业技术服务业的高技术服务业8450.0亿元、研发与设计服务业3675.1亿元、科技成果转化服务业2566.7亿元、知识产权及相关法律服务业106.0亿元、环境监测及治理服务业962.0亿元。信息服务业的营业收入规模最大，占高技术服务业的比重高达73.9%；其次为专业技术服务业的高技术服务业，占比为12.9%；其余细分领域的占比均在6%以下（图5-38）。

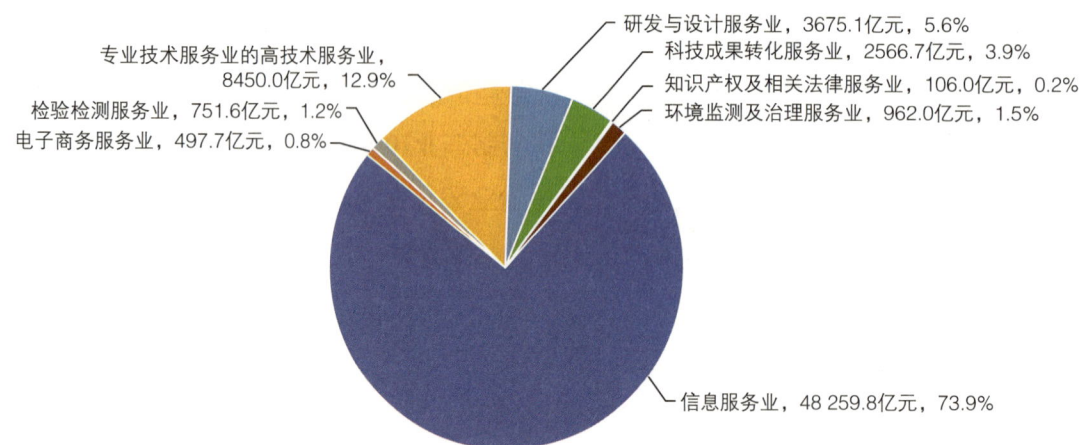

图5-38　2020年国家高新区高技术服务业细分领域企业的营业收入分布情况

国家高新区创新能力评价报告2021

第六章

创新的国际化评价

创新的国际化主要考察国家高新区在全球范围内开展创新合作和进行创新资源整合的水平。习近平总书记指出:"当今世界,发展科学技术必须具有全球视野,把握时代脉搏,紧扣人类生产生活提出的新要求。"国家高新区一直是我国最开放的区域之一,随着"一带一路"倡议的持续推进,国家高新区在参与全球创新竞争方面扮演越来越重要的角色,特别是在创新国际化、产业国际化、企业国际化等方面,深化改革探索,为我国构建互利共赢的开放经济体系贡献了积极力量。从测算结果来看,2020年国家高新区创新的国际化指数为568.5点,同比上年增长37.8点,增速为7.1%。

创新的国际化下设5个二级指标,分别为内资控股企业设立的境外研发机构数量、内资控股企业万人拥有欧美日专利授权数量及境外注册商标数量、技术服务出口占出口总额比例、企业委托境外开展研发活动费用支出、企业从业人员中海外留学归国人员和外籍常驻员工所占比重。2020年5个二级指标数值分别为1394家、110.8件、6.5%、227.5亿元、1.2%,分别同比增长12.6%、增长12.6%、增长5.7%、下降0.7%、增长5.3%,除企业委托境外开展研发活动费用支出之外,其他指标较2019年均有所提高,其中内资控股企业万人拥有欧美日专利授权数量及境外注册商标数量、内资控股企业设立的境外研发机构数量指标增长最快(图6-1)。

从增速贡献来看,内资控股企业设立的境外研发机构数量、内资控股企业万人拥有欧美日专利授权数量及境外注册商标数量指标对创新的国际化指数增长的贡献均为35%;其次为技术服务出口占出口总额比例、企业从业人员中海外留学归国人员和外籍常驻员工所占比重,贡献均为16%;而企业委托境外开展研发活动费用支出对创新的国际化指数增长的贡献为-2%。

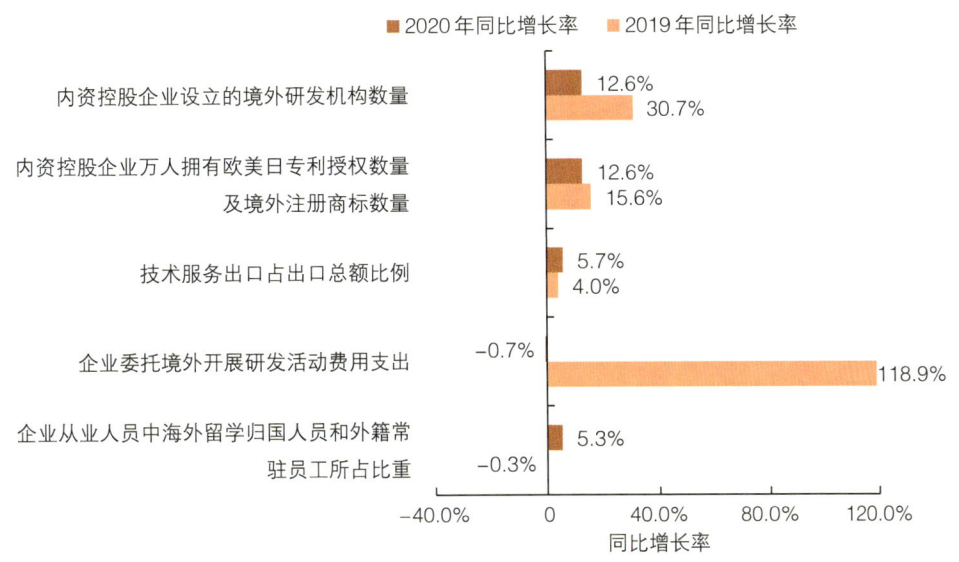

图6-1 2019年、2020年高新区创新的国际化各个二级指标的同比增长率对比

下面围绕5个二级指标，并结合相关指标和资料，分别从国际创新合作、国际人才集聚、国际创新成果、国际贸易交流等4个方面，对国家高新区创新的国际化情况进行详细分析和阐述。

一、国际创新合作

国家高新区一直以来都鼓励园区企业、机构开展多种形式的国际创新合作，通过开放创新来提升园区的国际竞争力。为了更好地推动园区创新的国际化，截至2020年有78%的国家高新区出台了相关的国际化发展政策，如太原高新区的《山西转型综合改革示范区标准化奖励办法（试行）》、长沙高新区的《长沙高新区加强自主创新促进产业高质量发展若干政策》、济南高新区的《加快创新创业发展 助力新旧动能转换的若干政策（试行）》、襄阳高新区的《高新区（自贸片区）加快科技创新体系建设推动经济高质量发展的意见》、武汉东湖高新区印发的《关于促进对外贸易创新发展若干措施的实施细则的通知》等[①]。

---

① 数据来源：调查问卷。

国家高新区创新的国际化评价中,以内资控股企业设立的境外研发机构数量、企业委托境外开展研发活动费用支出两个指标来表征国际创新合作方面情况。

(一)国际平台建设加速推进,四省境外研发机构超百家

外资研发机构是国家高新区链接国际创新资源的重要平台,在链接、集聚全球创新资源、实现创新技术溢出、推动科技开放合作方面发挥着重要作用。近年来,高新区外资研发机构数总体呈现持续增长态势。近两年受新冠肺炎疫情影响,高新区外资企业面临的国际环境发生了较大变化,截至2020年国家高新区内共有外资研发机构3830家,较2019年减少412家,同比下降9.7%(图6-2)。

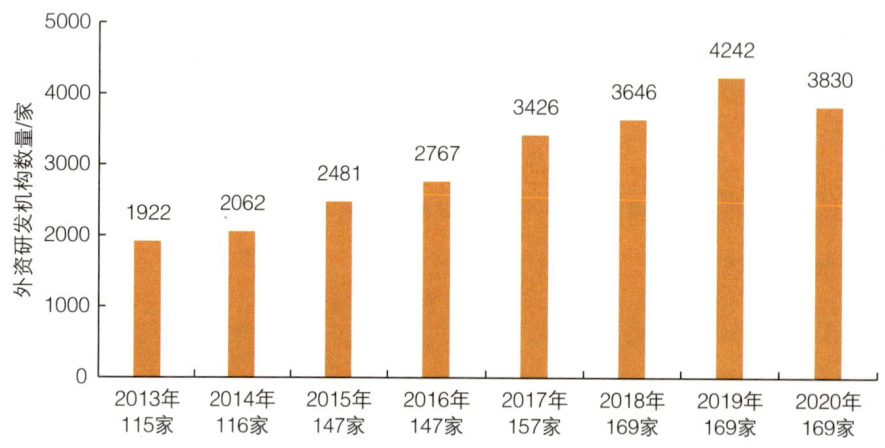

图6-2 2013—2020年高新区拥有的外资研发机构数量情况

国家高新区企业"走出去"步伐加快,对国际资源的整合能力也在加强。2020年国家高新区企业共设立境外营销服务机构7656家、境外技术研发机构2061家、境外生产制造基地1033家,分别同比增长21.1%、11.9%、20.1%(图6-3)。

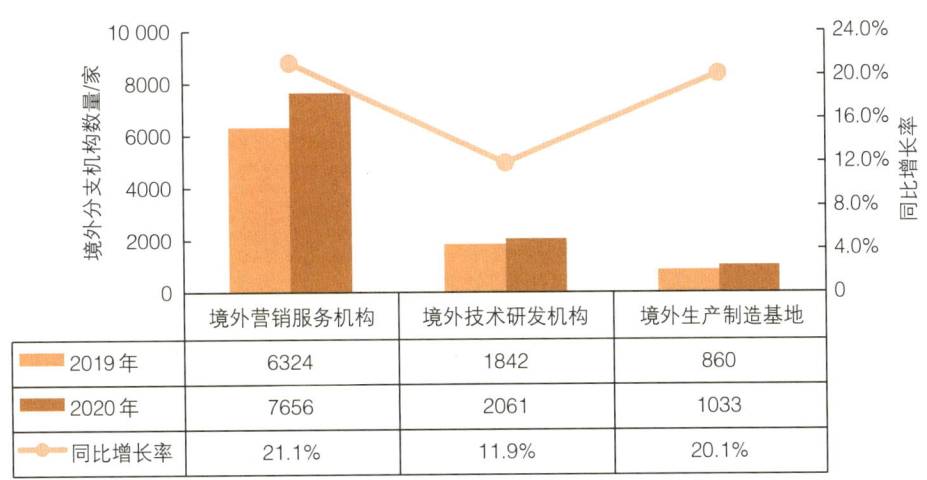

图6-3 2019年、2020年高新区企业设立的境外分支机构数量情况

国家高新区内的本土企业积极在境外设立研发机构,将价值链中的研发环节延伸到境外,整合全球创新资源,一些先进园区,如中关村在硅谷、以色列,上海张江在波士顿等地均建立了创新中心,深圳高新区也在积极规划建设海外科技创新中心。2012—2020年国家高新区内资控股企业设立的境外研发机构数量整体增长迅速,2020年达到1394家,同比增长12.6%,是2012年的4.2倍(图6-4)。

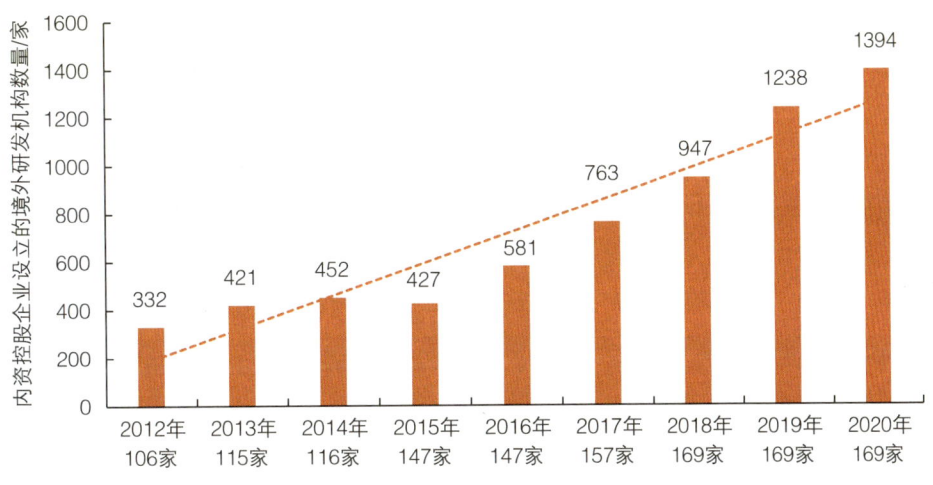

图6-4 2012—2020年高新区内资控股企业设立的境外研发机构数量情况

下面将评价指标内资控股企业设立的境外研发机构数量按不同地区高新区、不同省份高新区、不同类别高新区进行分析。

从不同地区来看，2020年东部地区国家高新区内资控股企业设立的境外研发机构数量保持领先，达到1007家，其次为中部和西部地区国家高新区；从指标的两年变化来看，东北、西部和中部地区国家高新区内资控股企业设立的境外研发机构数量占高新区整体比重较2019年均略有下降，而东部地区的占比有较大程度的上升，达10.3个百分点（图6-5）。

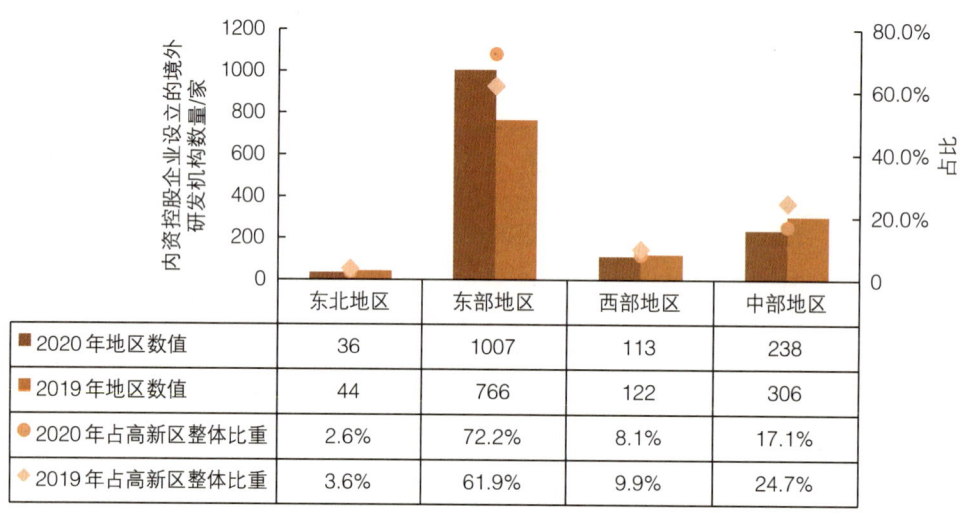

图6-5　2019年、2020年高新区内资控股企业设立的境外研发机构的地区分布情况

从不同省份来看，2020年国家高新区内资控股企业设立的境外研发机构数量超过100家的省份共有4个，分别为广东、江苏、上海和山东，占国家高新区整体的比例均在8%以上，这4个省份占比之和超过60%；而贵州、山西、黑龙江、海南、甘肃、云南等省份则相对较低，最高仅为3家，其中内蒙古、宁夏和青海为0家（表6-1）。

表6-1　2020年高新区内资控股企业设立的境外研发机构的省份分布情况

省份	内资控股企业设立的境外研发机构数量/家	占国家高新区整体的比例	省份	内资控股企业设立的境外研发机构数量/家	占国家高新区整体的比例
广东	303	21.74%	湖北	65	4.66%
江苏	261	18.72%	安徽	55	3.95%
上海	167	11.98%	陕西	51	3.66%
山东	113	8.11%	湖南	46	3.30%
浙江	67	4.81%	江西	38	2.73%

续表

省份	内资控股企业设立的境外研发机构数量/家	占国家高新区整体的比例	省份	内资控股企业设立的境外研发机构数量/家	占国家高新区整体的比例
河南	32	2.30%	新疆	4	0.29%
福建	31	2.22%	贵州	3	0.22%
北京	30	2.15%	山西	2	0.14%
辽宁	28	2.01%	黑龙江	1	0.07%
河北	24	1.72%	海南	1	0.07%
广西	20	1.43%	甘肃	1	0.07%
四川	19	1.36%	云南	1	0.07%
重庆	14	1.00%	内蒙古	0	0
天津	10	0.72%	宁夏	0	0
吉林	7	0.50%	青海	0	0

从不同类别高新区来看，2020年平均每家世界一流高科技园区、创新型科技园区和创新型特色园区中的内资控股企业设立的境外研发机构数均高于国家高新区平均值，其中世界一流高科技园区是高新区平均值的7.5倍；同时，稳定期园区明显高于新升级园区，自创区园区明显高于非自创区园区（图6-6）。发展较为成熟的园区在整合海外研发资源方面更有经验和优势。

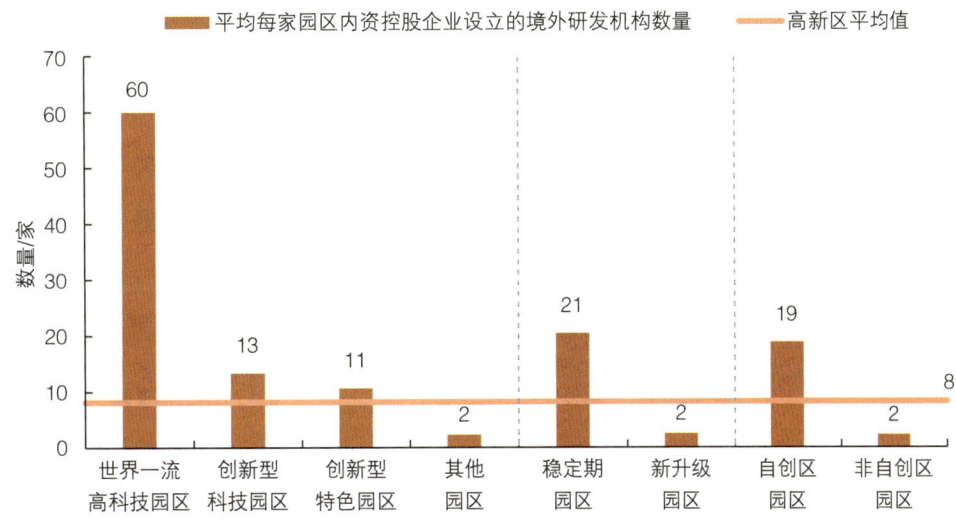

图6-6 2020年不同类别高新区内资控股企业设立的境外研发机构数量情况

具体到单个园区，2020年内资控股企业设立的境外研发机构数量超过40家的高新区共有8家，分别为上海张江、深圳、苏州工业园、佛山、合肥、南京、广州和西安，占高新区整体的46.5%；其中上海张江高新区最多，达到166家，占高新区整体的11.9%（图6-7）。

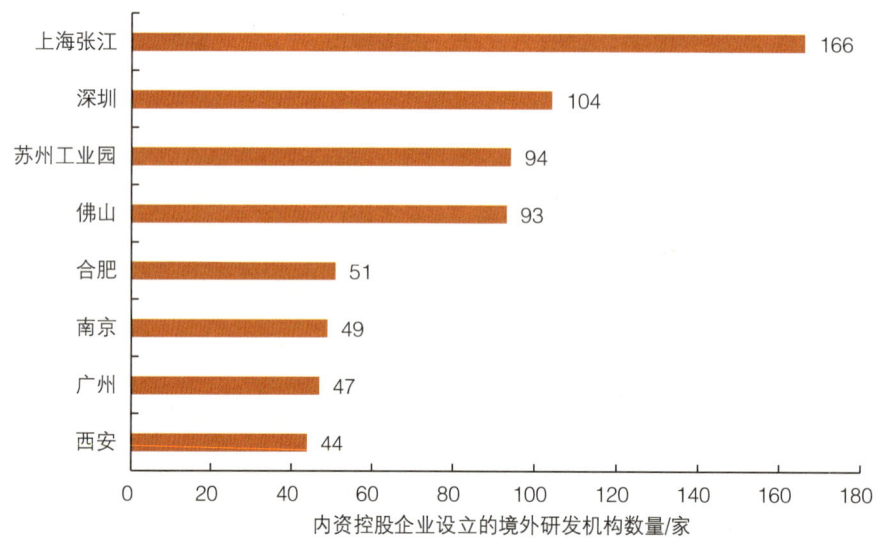

图6-7　2020年内资控股企业设立的境外研发机构数量超40家的高新区

（二）委托境外研发费用略有波动，东部园区占八成以上

国家高新区鼓励企业在全球范围内开展创新交流与合作。2011年以来，高新区企业委托境外开展研发活动费用支出整体保持上升趋势，2020年为227.5亿元，增长势头减缓，同比略有下降（图6-8）。

分地区来看，东部地区国家高新区企业委托境外开展研发活动费用支出最高，为209.1亿元，占国家高新区整体的91.9%，分别是东北地区、西部地区、中部地区的139.4倍、83.6倍、14.5倍（图6-9）。从近两年指标的对比来看，东部地区高新区企业委托境外开展研发活动费用支出及其占高新区整体比重有所提高，东北、中部和西部地区均有不同程度下降。

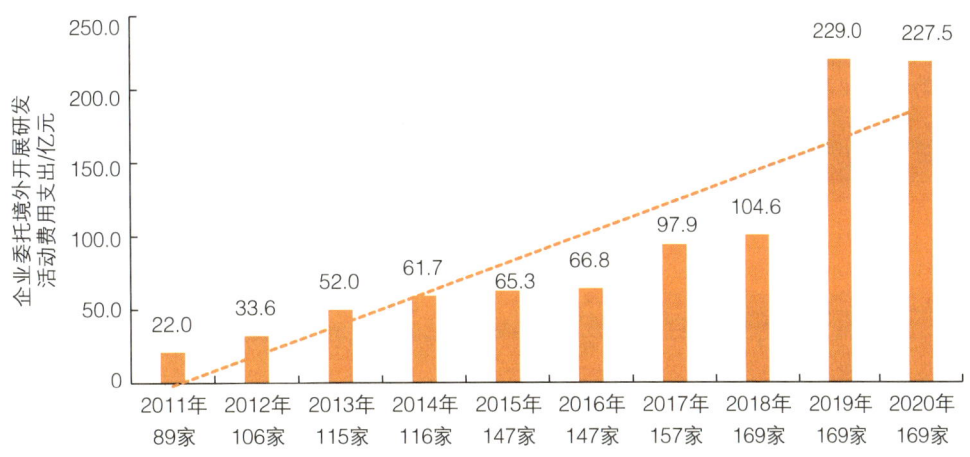

图6-8 2011—2020年高新区企业委托境外开展研发活动费用支出情况

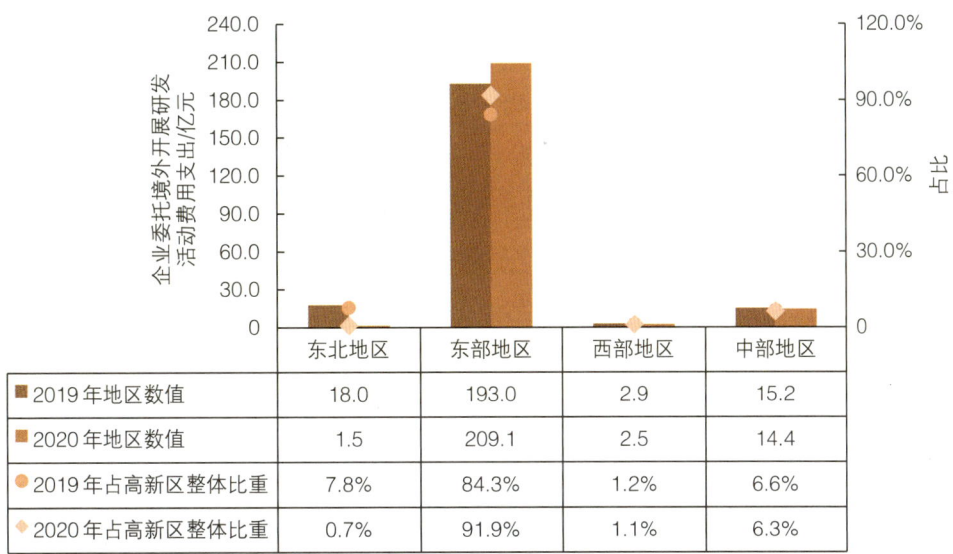

图6-9 2019年、2020年各地区高新区企业委托境外开展研发活动费用支出情况

分省份来看，2020年企业委托境外开展研发活动费用支出前三分别为广东、上海、江苏，金额均在18亿元以上，这三个省份高新区占高新区整体的比例达到73.0%；而辽宁、四川、吉林、陕西等18个省份均不足1亿元，尤其是贵州、宁夏、青海和新疆均未突破零（表6-2）。

第六章 创新的国际化评价 163

表6-2 2020年高新区企业委托境外开展研发活动费用支出的省份分布情况

省份	高新区企业委托境外开展研发活动费用支出/亿元	占国家高新区整体的比例	省份	高新区企业委托境外开展研发活动费用支出/亿元	占国家高新区整体的比例
广东	124.54	54.75%	陕西	0.46	0.20%
上海	23.07	10.14%	重庆	0.42	0.19%
江苏	18.38	8.08%	天津	0.37	0.16%
山东	14.47	6.36%	江西	0.35	0.15%
浙江	13.96	6.14%	甘肃	0.22	0.09%
北京	11.20	4.92%	云南	0.20	0.09%
湖北	6.14	2.70%	广西	0.19	0.08%
湖南	3.12	1.37%	内蒙古	0.10	0.04%
河南	3.09	1.36%	海南	0.04	0.02%
福建	1.98	0.87%	黑龙江	0.02	0.01%
安徽	1.69	0.74%	山西	0.01	0
河北	1.10	0.48%	贵州	0	0
辽宁	0.96	0.42%	宁夏	0	0
四川	0.86	0.38%	青海	0	0
吉林	0.53	0.23%	新疆	0	0

从园区类别来看，2020年平均每家世界一流高科技园区、创新型科技园区的企业委托境外开展研发活动费用支出均高于高新区平均值，尤其世界一流高科技园区分别是创新型特色园区、其他园区的20.8倍和35.1倍；同时，稳定期园区是新升级园区的7.4倍，自创区园区是非自创区园区的60.3倍（图6-10）。

具体到单个园区，2020年企业委托境外开展研发活动费用支出过亿元的高新区有24家，分别为深圳、东莞、上海张江、中关村、杭州、潍坊、武汉、苏州工业园、南京、青岛、宁波、郑州、惠州、广州、济南、株洲、常州、厦门、无锡、威海、佛山、武进、江阴和石家庄高新区，共计212.9亿元，占家高新区整体的93.6%；其中深圳高新区委托境外开展研发活动费用支出79.69亿元，占国家高新区整体的35.0%（图6-11）。

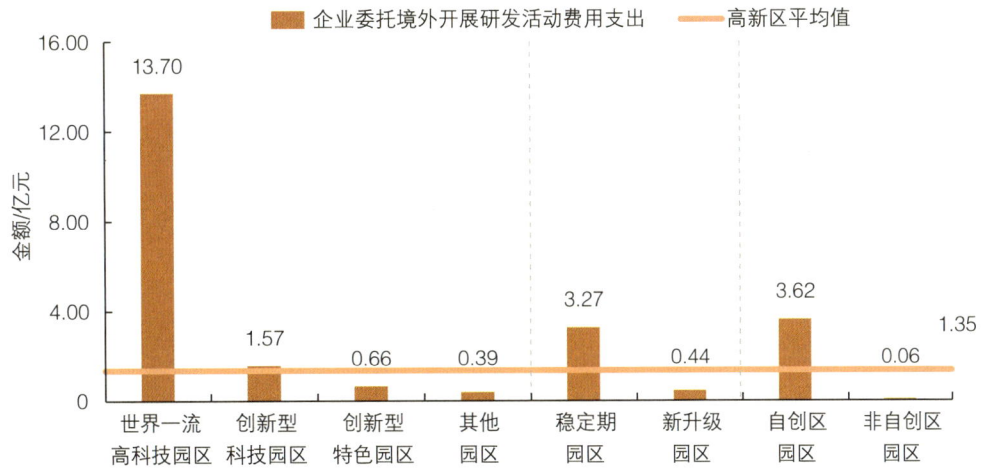

图6-10　2020年不同类别高新区企业委托境外开展研发活动费用支出情况

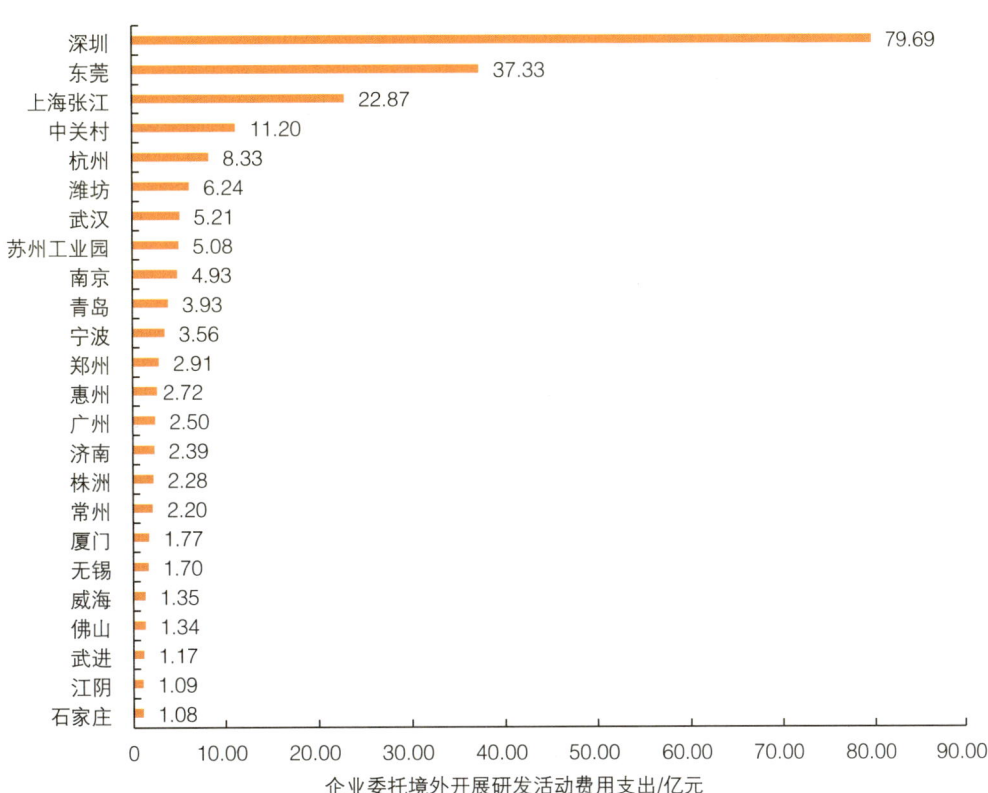

图6-11　2020年企业委托境外开展研发活动费用支出过亿元的高新区

二、国际人才集聚

国际化的核心是人员的国际化，国际化人才是新竹、班加罗尔、以色列等后发区域形成国际竞争力的重要支撑，以硅谷为代表的发达国家科技园区十分关注吸引全球人才迁徙落户的情况。高新区创新的国际化评价中，体现国际人才集聚方面的指标为企业从业人员中海外留学归国人员和外籍常驻员工所占比重。

（一）国际人才不断汇聚，5家园区海外留学归国人员超万人

国家高新区通过加大政策支持力度、创新支持方式、优化人才发展环境等多种方式，吸引了大量国际高端人才来高新区就业和创业。截至2020年年底，高新区企业从业人员中有外籍常驻员工7.16万人，引进外籍专家1.55万人，有海外留学归国人员21.03万人，同比增长23.2%。

从地区分布来看，2020年东部地区高新区企业中海外留学归国人员和外籍常驻员工分别为15.9万人、5.2万人，占高新区整体的比例分别为75.7%、72.2%；中部地区分别为2.9万人、1.0万人，占高新区整体的比例分别为13.8%、13.9%；西部地区分别为1.5万人、0.8万人，占高新区整体的比例分别为7.1%、11.1%；东北地区分别为0.7万人、0.2万人，占高新区整体的比例分别为3.3%、2.8%（图6-12）。可以看出，东部地区高新区拥有国家高新区七成以上的海外留学归国人员和外籍常驻员工，对海外人才具有绝对的吸引力。

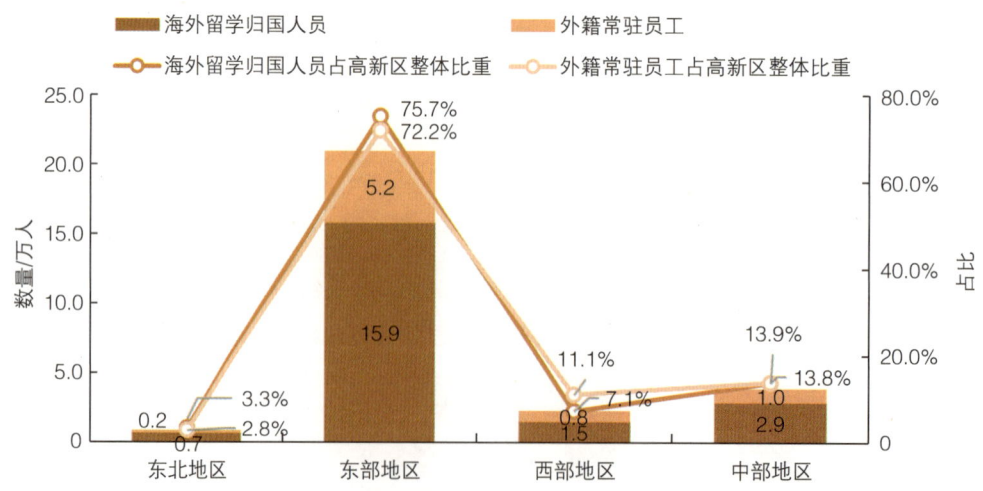

图6-12 2020年高新区企业海外留学归国人员和外籍常驻员工的地区分布情况

具体到单个园区，2020年企业海外留学归国人员数量超过1000人的高新区共有25家，这25家高新区拥有国家高新区87.8%的海外留学归国人员；其中中关村拥有56 197人，位居第一，占高新区整体的比例为26.7%；上海张江、苏州工业园、深圳、合肥高新区企业中海外留学归国人员数在10 000人以上；西安和南京高新区企业中海外留学归国人员数也在5000人以上（图6-13）。

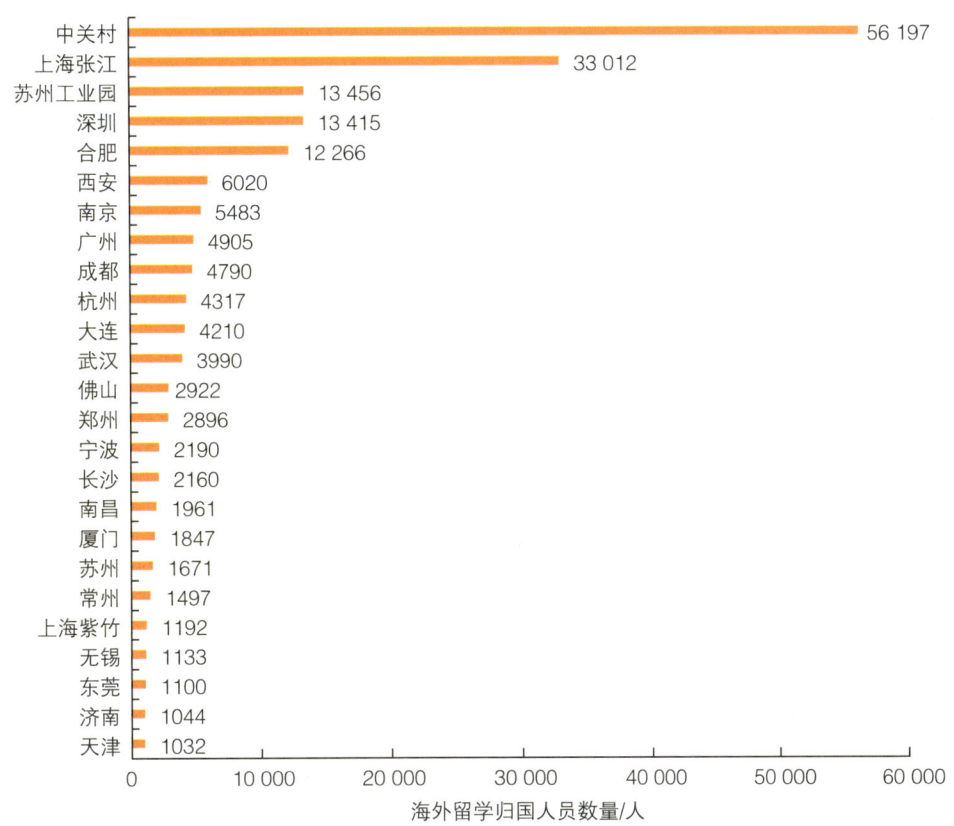

图6-13　2020年企业海外留学归国人员超过1000人的高新区

2020年企业外籍常驻员工超过1000人的有17家高新区，这17家高新区拥有国家高新区71.6%的外籍常驻员工；其中拥有外籍常驻员工最多的园区是上海张江，将近1万人，占高新区整体的比例为13.8%；其次为苏州工业园，拥有8238人，占高新区整体的比例为11.5%；此外，中关村、西安两个园区也在4000人以上，占高新区整体的比例均超过了6%（图6-14）。

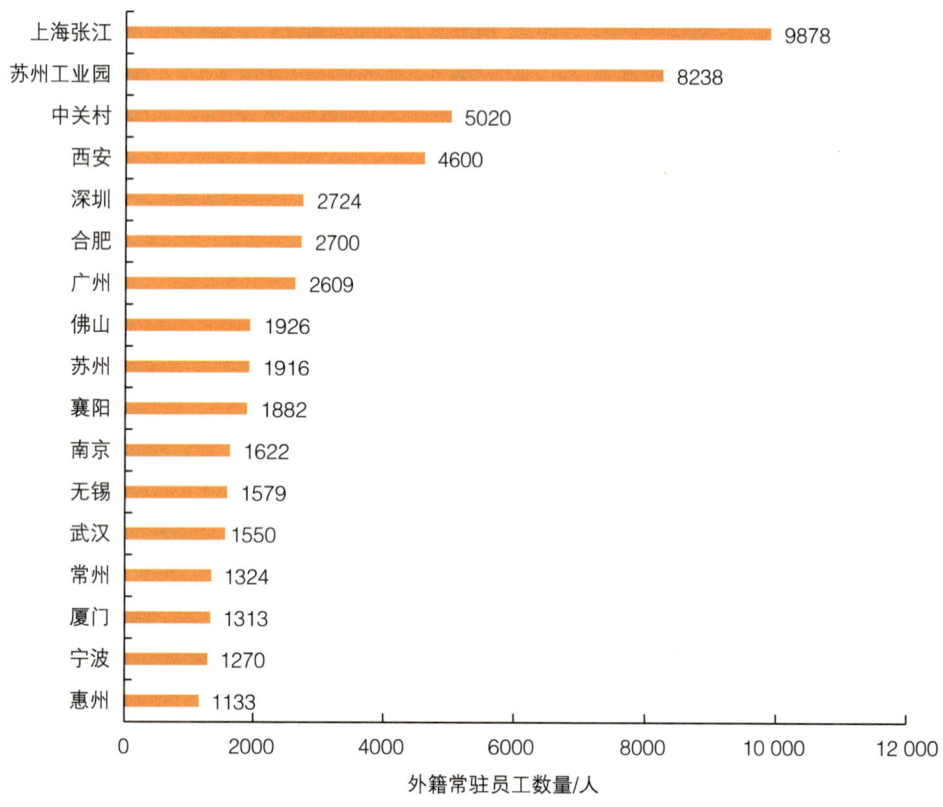

图6-14 2020年企业外籍常驻员工超过1000人的高新区

（二）人才国际化水平略有提升，明显落后于硅谷地区

国际人才所占比例一定程度上反映了一个区域人才国际化的水平。2012—2020年国家高新区企业从业人员中海外留学归国人员和外籍常驻员工所占比重一直在1.0%~1.2%浮动，2020年为1.18%，比2019年略有上升（图6-15）。

分地区来看，2020年东北、西部和中部高新区企业从业人员中海外留学归国人员和外籍常驻员工所占比重较上年均略有下降，东部高新区比重略有上升，整体变化不大（图6-16）。

图6-15 2011—2020年高新区企业从业人员中海外留学归国人员和外籍常驻员工所占比重情况

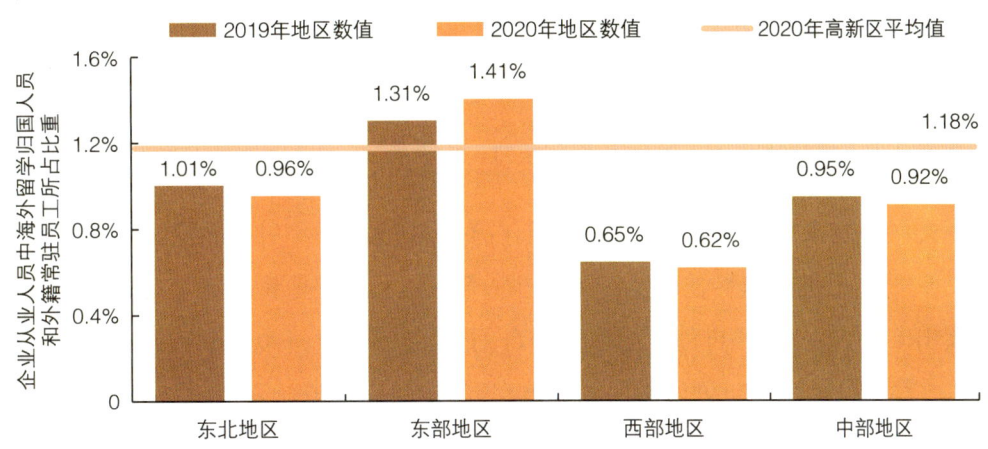

图6-16 2020年高新区企业从业人员中海外留学归国人员和外籍常驻员工所占比重的地区分布

分省份来看，2020年企业从业人员中海外留学归国人员和外籍常驻员工所占比重在1%以上的省份共有7家，分别为安徽、上海、北京、江苏、辽宁、陕西和广东，其中安徽最高，为2.64%。两年对比来看，30个省份中，有17个省份的比重较上年有所增长，说明大部分省份的人才国际化水平有所提高（表6-3）。

表6-3 2019年、2020年高新区企业从业人员中海外留学归国人员和外籍常驻员工所占比重的省份分布

省份	2020年	2019年	省份	2020年	2019年
安徽	2.64%	2.40%	北京	2.11%	1.88%
上海	2.63%	2.21%	江苏	1.60%	1.70%

第六章 创新的国际化评价 169

续表

省份	2020年	2019年	省份	2020年	2019年
辽宁	1.38%	1.26%	青海	0.46%	0.52%
陕西	1.32%	1.50%	重庆	0.44%	0.33%
广东	1.02%	0.96%	山东	0.40%	0.41%
江西	0.88%	0.87%	宁夏	0.34%	0.28%
浙江	0.86%	0.86%	内蒙古	0.31%	0.24%
四川	0.78%	0.77%	黑龙江	0.31%	0.27%
吉林	0.72%	1.10%	海南	0.24%	0.21%
福建	0.70%	0.63%	广西	0.22%	0.23%
河南	0.70%	0.30%	山西	0.20%	0.20%
湖南	0.61%	0.58%	贵州	0.18%	0.16%
湖北	0.61%	1.02%	甘肃	0.17%	0.21%
河北	0.55%	0.67%	云南	0.17%	0.15%
天津	0.54%	0.56%	新疆	0.16%	0.20%

分园区类别来看，世界一流高科技园区海外留学人员和外籍常驻人员比重平均为2.1%，明显高于创新型科技园区、创新型特色园区和其他园区；稳定期园区比新升级园区高出0.9个百分点；自创区园区比非自创区园区高出1.1个百分点；世界一流高科技园区、稳定期园区、自创区园区的比重均高于均值（图6-17）。

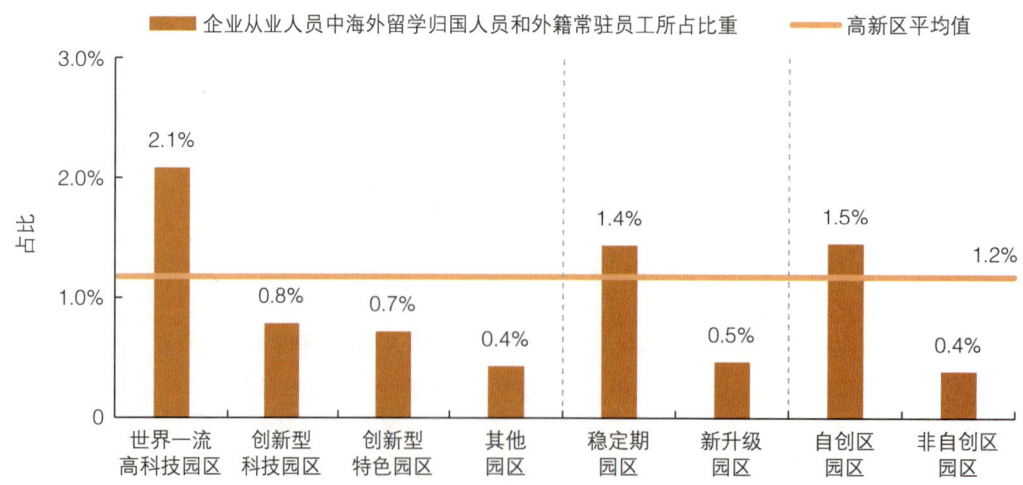

图6-17 2020年不同类别高新区的企业从业人员中海外留学归国人员和外籍常驻员工占比情况

具体到单个园区，2020年企业从业人员中海外留学归国人员和外籍常驻员工所占比重最高的为苏州工业园，达到7.1%；其后为合肥、上海张江高新区，分别达到4.4%和2.6%；中关村高新区为2.1%，西安高新区为2.0%，其余园区均在2%以下（图6-18）。2020年美国硅谷的国外出生人口占比为39%[①]，国家高新区在国际人才集聚上与发达国家园区相比还有不小差距。

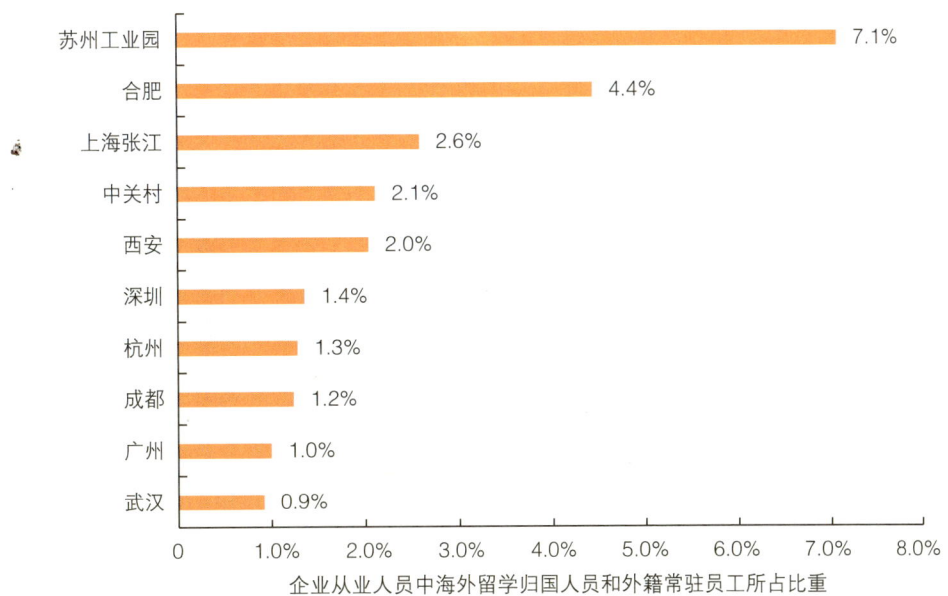

图6-18　2020年我国代表性高新区企业从业人员中海外留学归国人员和外籍常驻员工所占比重

三、国际创新成果

国家高新区支持企业通过申报境外知识产权、参与国际标准制定、进行境外收购等方式，取得具有国际影响力的创新成果，提升企业国际影响力和国际化水平。国家高新区创新的国际化评价中，体现国际创新成果方面的指标为内资控股企业万人拥有欧美日专利授权数量及境外注册商标数量。

---

① 　数据来源：《2022硅谷指数》。

（一）国际创新成果丰硕，深圳 PCT 专利申请占四成以上

国家高新区企业在拓展国际市场，提升国际竞争力的过程中，知识产权意识逐步增强，更为重视国际知识产权的申请、运用、保护和管理。2020年高新区企业申请欧美日专利、授权欧美日专利和拥有欧美日专利分别为28 608件、23 676件、118 795件，分别同比增长8.4%、9.1%、20.2%；申请PCT国际专利35 743件，同比增长31.4%；境外授权发明专利为140 673件，同比增长19.0%，拥有境外授权专利为181 782件，同比增长18.9%（图6-19）。

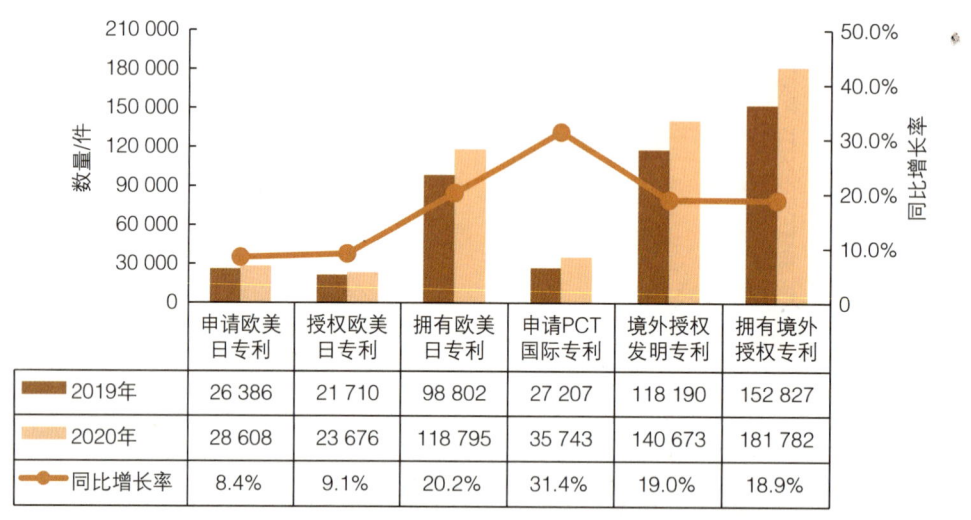

图6-19　2019年、2020年高新区企业境外知识产权数量情况

具体到单个园区，以具有代表性的PCT国际专利为例，2020年企业当年申请PCT国际专利数超过100件的园区有23家，其中数量最多的是深圳高新区，达到14 660件，超过高新区整体的四成（41.0%），其次为中关村，申请数为7689件，占高新区整体的21.5%；深圳和中关村两家高新区企业当年申请PCT国际专利数占高新区整体的六成多；上海张江、苏州工业园、南京和武汉东湖，申请数分别为1436件、1284件、1146件和1100件，占高新区整体的比例超过13.9%；其余高新区均在1000件以下（图6-20）。

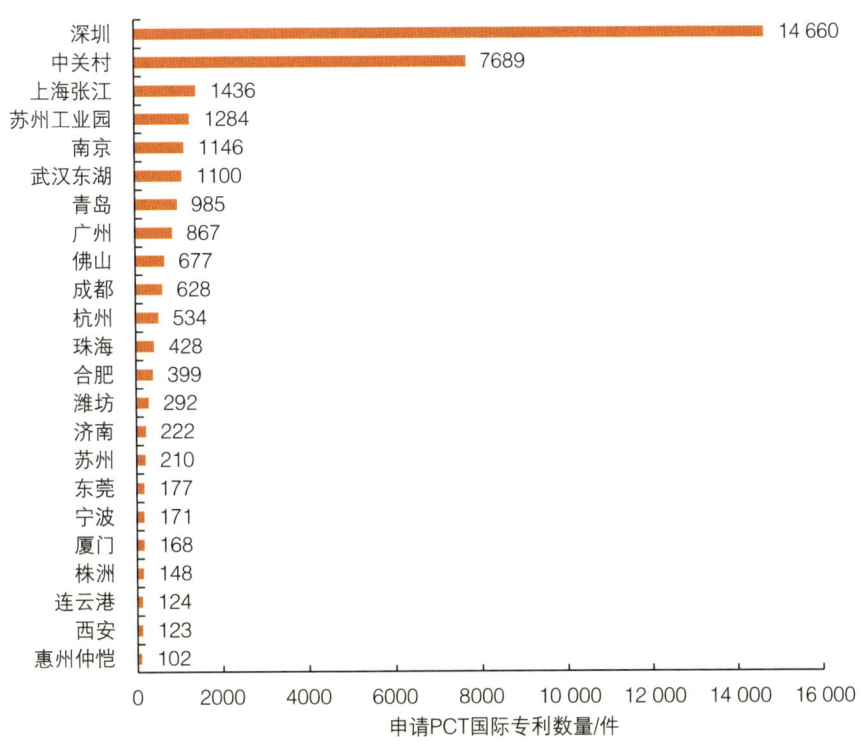

图6-20　2020年企业当年申请PCT国际专利超100件的高新区

（二）本土企业是国际创新主力，成果产出效率再创新高

观察国家高新区本土企业国际创新成果的产出情况，从总量来看，2020年高新区内资控股企业申请欧美日专利、授权欧美日专利、拥有欧美日专利、申请PCT国际专利、境外授权发明专利、拥有境外授权专利分别为21 457件、19 395件、97 934件、26 994件、114 291件、148 012件，占高新区全部企业的比例分别达到75.0%、81.9%、82.4%、75.5%、81.2%、81.4%，占比均超过75%，国家高新区本土企业是参与国际创新竞争的主力军（图6-21）。

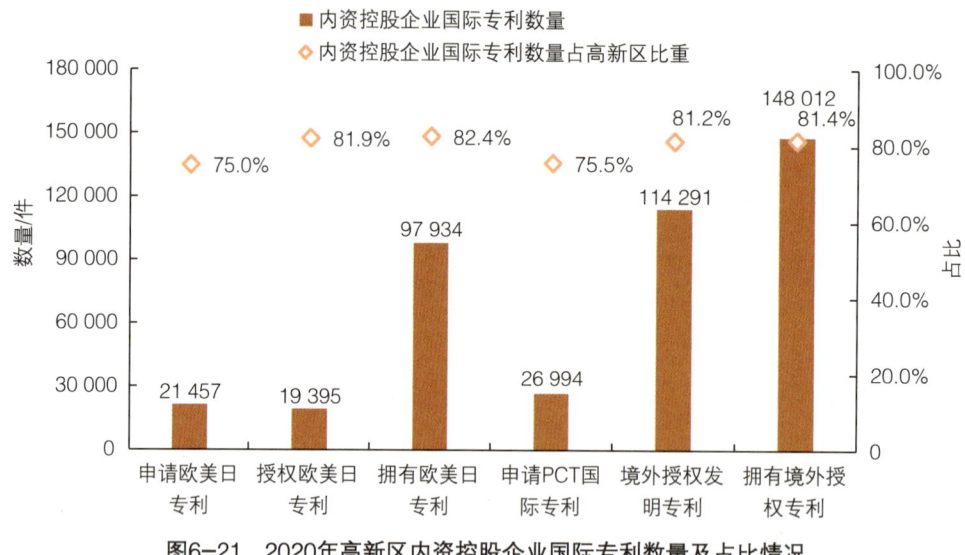

图6-21 2020年高新区内资控股企业国际专利数量及占比情况

从产出效率来看，2011—2020年国家高新区内资控股企业万人拥有欧美日专利授权数量及境外注册商标数量呈阶梯式上升，2020年达到110.8件，达到10年来最高水平（图6-22）。

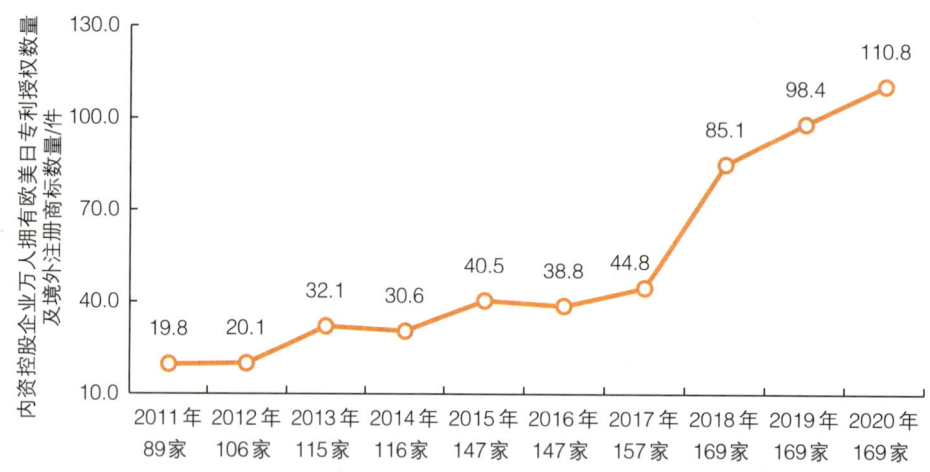

图6-22 2011—2020年高新区内资控股企业万人拥有欧美日专利授权数量及境外注册商标数量情况

从地区分布来看，2020年东部地区高新区内资控股企业万人拥有欧美日专利授权数量及境外注册商标数量为169件，比国家高新区平均水平高58件，优势十分突出；而其余3个地区高新区均低于国家高新区平均水平，中部地区高新区仅占国家高新区整体的11.6%。从两年对比来看，西部和中部地区高新区较2019年均有所提升，东北地区高新区略有降低,从34件下降为21件,占国家高新区整体的比例从14.0%下降到8.4%(图6-23)。

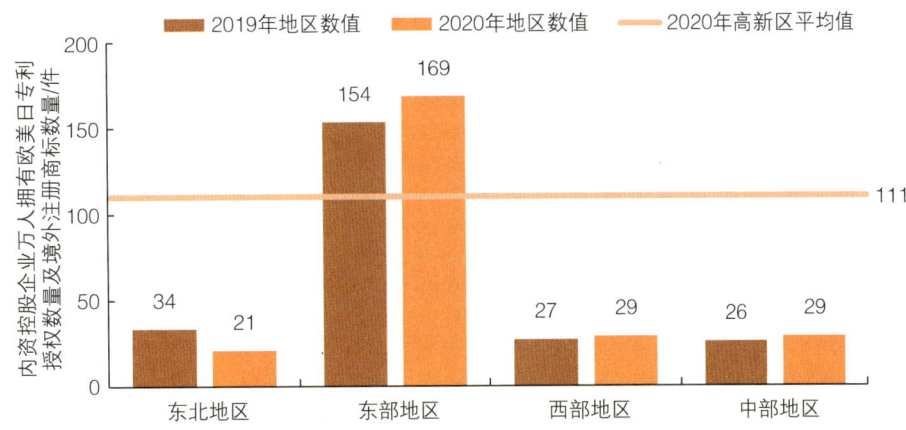

图6-23　2019年、2020年高新区内资控股企业万人拥有欧美日专利授权数量及境外注册商标数量的地区分布

从不同类别高新区的对比来看,世界一流高科技园区内资控股企业万人拥有欧美日专利授权数量及境外注册商标数量为212件,明显高于创新型科技园区、创新型特色园区和其他园区;稳定期高新区为140件,是新升级园区的4.2倍;自创区园区为144件,是非自创区园区的5.5倍;非自创区园区内资控股企业万人拥有国际创新成果数量不到国家高新区平均值的1/3,仍有较大的提升空间(图6-24)。

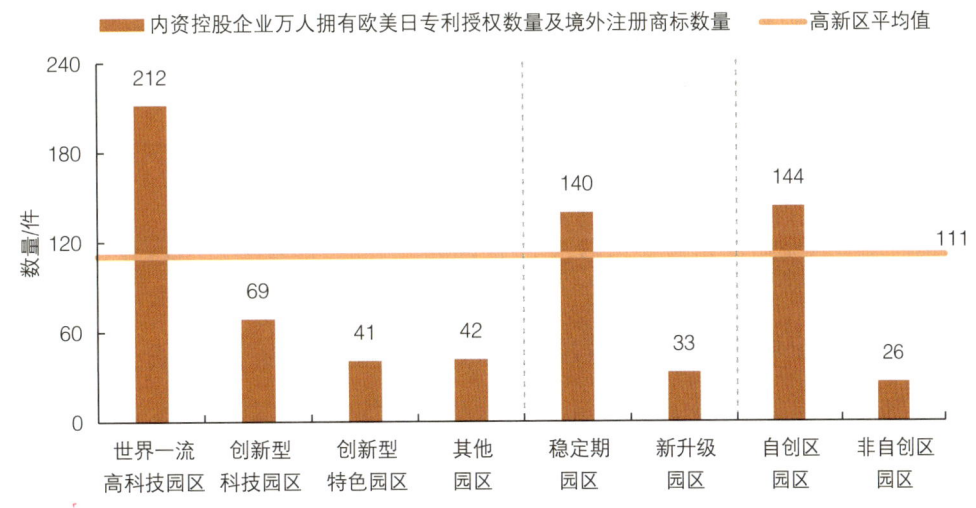

图6-24　2020年不同类别高新区内资控股企业万人拥有欧美日专利授权数量及境外注册商标数量对比

具体到单个园区，2020年10家世界一流高科技园区的内资控股企业万人拥有欧美日专利授权数量及境外注册商标数量差异显著，深圳高新区最高达到967.9件，远高于其余9家园区；苏州工业园、中关村、杭州高新区均达到了100件，而成都和西安高新区则不到50件（图6-25）。

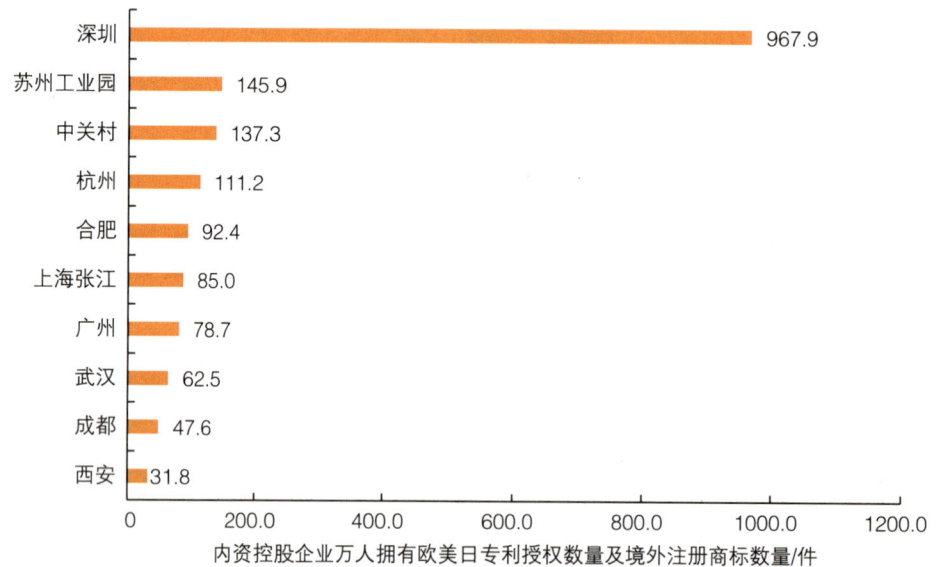

图6-25　2020年10家世界一流高科技园区内资控股企业万人拥有欧美日专利授权数量及境外注册商标数量情况

四、国际贸易交流

全球化是各国经济深化分工协作、发展壮大的必然结果。国家高新区积极响应"一带一路"倡议，鼓励和引导企业积极开拓国际市场，2020年，在新冠肺炎疫情加剧国际贸易摩擦的大背景下，国际贸易仍旧取得了新的进展。国家高新区创新的国际化评价中，使用技术服务出口占出口总额比例来体现国际贸易交流的情况。

（一）国际贸易规模稳健增长，利用外资金额占全国四成

国家高新区企业拓展国际贸易市场的步伐不断加快。2020年国家高新区出口总额为44 726.6亿元，同比增长8.1%，占我国出口总额（179 326亿元）的24.9%，较上年提高3.3个百分点；高新区企业共实现对境外直接投资额1439.7亿元，同比下降

7.1%,占全年对外非金融类直接投资额（7598亿元）的18.9%，较2019年提升了4.4个百分点。

此外，高新区企业通过在境外资本市场上市、融资等方式吸引了大量国际资本。2014—2020年高新区当年实际利用外资金额占全国实际使用外商直接投资金额的比重整体呈上升趋势，2020年实际利用外资金额达到4252.5亿元，同比增长11.1%，占全国实际使用外商直接投资金额的45.2%（图6-26），其中，企业海外上市融资股本达到1560.0亿元，同比下降14.3%。

图6-26　2014—2020年高新区当年实际利用外资金额及占全国比重

（二）高附加值贸易持续扩大，企业出口结构更加优化

国家高新区鼓励企业开展高附加值的国际技术和服务贸易，提升企业参与国际贸易的水平和层级，增强出口竞争力。2020年高新区企业高新技术产品出口总额为27 001.9亿元，同比增长14.8%，占全国高新技术产品出口（53 692亿元）的比重达50.3%；实现技术服务出口总额2916.0亿元，同比增长14.3%，占全国服务出口（19 357亿元）的比重为15.1%，较2019年提升了2.06个百分点（图6-27）。

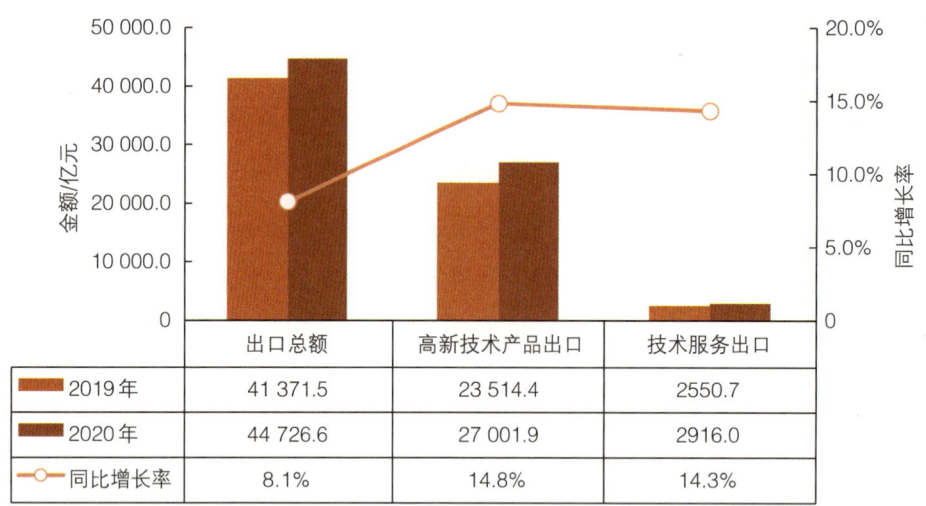

图6-27　2019年、2020年高新区高新技术产品出口和技术服务出口情况

从出口结构来看，2020年高新区企业技术服务出口占出口总额的比例从2015年开始持续上升，2020年达到6.5%，较2019年提升了0.3个百分点（图6-28）；高新技术产品出口占出口总额比重达60.37%，该占比超过全国水平（29.9%）的两倍，高新区出口结构不断优化。

图6-28　2011—2020年高新区企业技术服务出口占出口总额比例情况

按照省份分析，2020年技术服务出口占出口总额比例在10%以上的省份共有5家，分别为安徽、四川、辽宁、陕西和北京；另外有10个省份该比例均在1%以下，分别是重庆、黑龙江、内蒙古、广西、甘肃、海南、新疆、贵州、云南和青海（表

6-4)。从指标的两年对比来看,14个省份该指标出现下降,15个省份有所增长,1个省份与上年持平。

表6-4 2020年高新区技术服务出口占出口总额比例的省份分布

省份	2020年技术服务出口占出口总额比例	2019年技术服务出口占出口总额比例	省份	2020年技术服务出口占出口总额比例	2019年技术服务出口占出口总额比例
安徽	23.54%	17.63%	河南	2.44%	2.36%
四川	17.16%	16.15%	河北	1.70%	1.44%
辽宁	16.60%	13.89%	江西	1.60%	1.65%
陕西	15.24%	16.74%	福建	1.45%	0.85%
北京	14.62%	15.21%	山西	1.33%	0.10%
上海	10.92%	9.19%	重庆	0.68%	0.50%
湖南	8.23%	8.33%	黑龙江	0.62%	2.62%
宁夏	5.71%	0	内蒙古	0.53%	0.01%
吉林	4.87%	8.57%	广西	0.49%	1.67%
浙江	4.29%	4.16%	甘肃	0.19%	0
山东	4.09%	4.23%	海南	0.07%	0.15%
天津	3.44%	4.05%	新疆	0.04%	0.32%
广东	3.23%	2.57%	贵州	0.04%	0.04%
江苏	3.21%	2.52%	云南	0.03%	0.47%
湖北	2.57%	13.11%	青海	0.01%	0

从各类别国家高新区来看,企业技术服务出口占比最高的是世界一流高科技园区群体,达到10.8%,接近高新区平均值的两倍,远高于创新型科技园区、创新型特色园区和其他园区;稳定期园区为7.7%,是新升级园区的4.1倍;自创区园区为7.2%,是非自创区园区的3.4倍(图6-29)。

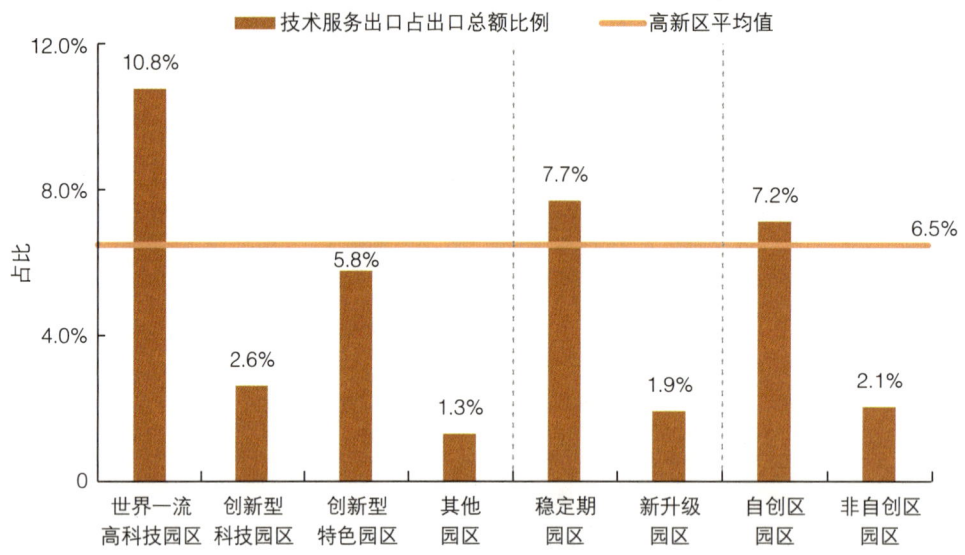

图6-29 2020年不同类别高新区技术服务出口占出口总额比例情况

具体到单个园区，2020年企业技术服务出口占出口总额比例超10%的高新区有16家，分别为上海紫竹、银川、合肥、大连、湘潭、成都、西安、燕郊、焦作、中关村、长沙、璧山、惠州、杭州、青岛、上海张江高新区。其中，上海紫竹高新区在推动对外经贸合作、促进技术服务出口方面成效显著，技术服务出口占出口总额比例达到62.7%，银川高新区紧随其后，达到28.8%（图6-30）。

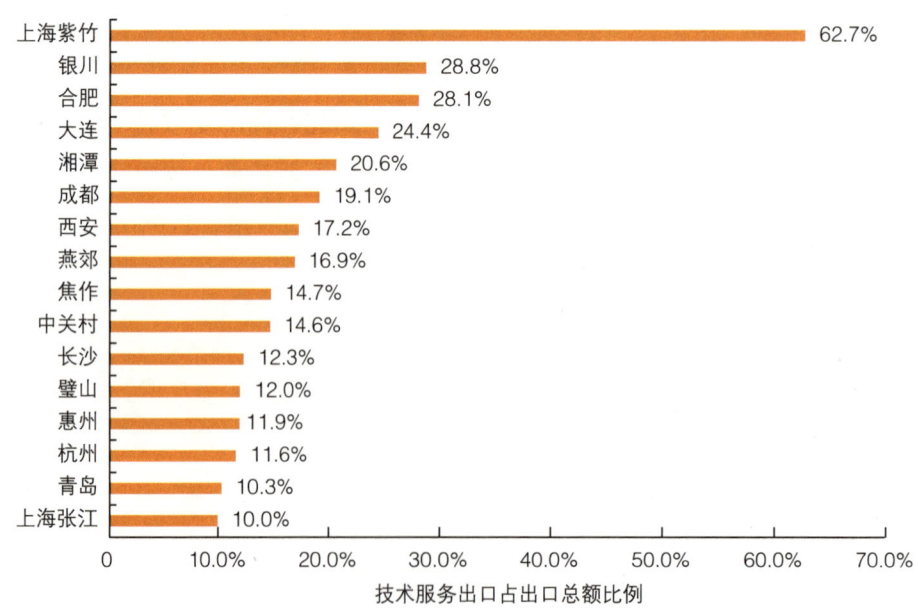

图6-30 2020年技术服务出口占出口总额比例大于10%的高新区

国家高新区创新能力评价报告2021

第七章 创新驱动发展评价

国家高新区是落实创新驱动发展战略的重要载体,高新区创新能力评价指标体系中设置创新驱动发展指标板块,主要考察高新区在支撑带动区域经济发展、提升劳动生产率、增强企业竞争力和绿色可持续发展等方面的绩效。从测算结果来看,2020年国家高新区创新驱动发展指数为147.9点,较上年增长5.0点,增速为3.5%。

创新驱动发展指标下设5个二级指标,分别为园区生产总值占其所在城市GDP比例[1]、企业单位增加值中劳动者报酬所占比重、工业企业万元增加值综合能耗、企业人均营业收入、企业净资产利润率。2020年,5个二级指标分别为16.6%、43.0%、0.451吨标准煤、179.6万元和10.1%,除企业净资产利润率同比出现下滑之外,其他4个指标数值均较2019年有所改善[2](图7-1)。

从增速贡献来看,以园区生产总值占其所在城市GDP比例指标对创新驱动发展指数增长的贡献最大,对创新驱动发展指标加权增长率的贡献达到58%;其次为企业人均营业收入,贡献为21%。

---

[1] 算法有所改变。从2016年开始由园区直接填报所在城市GDP,因此从2017年开始,园区生产总值占其所在城市GDP比例,在计算时采用了加权平均值方法(将全部高新区看成一个整体,全部高新区GDP之和/全部高新区所在城市GDP之和)。
[2] 单位增加值综合能耗为负向指标,即数值越低越好。

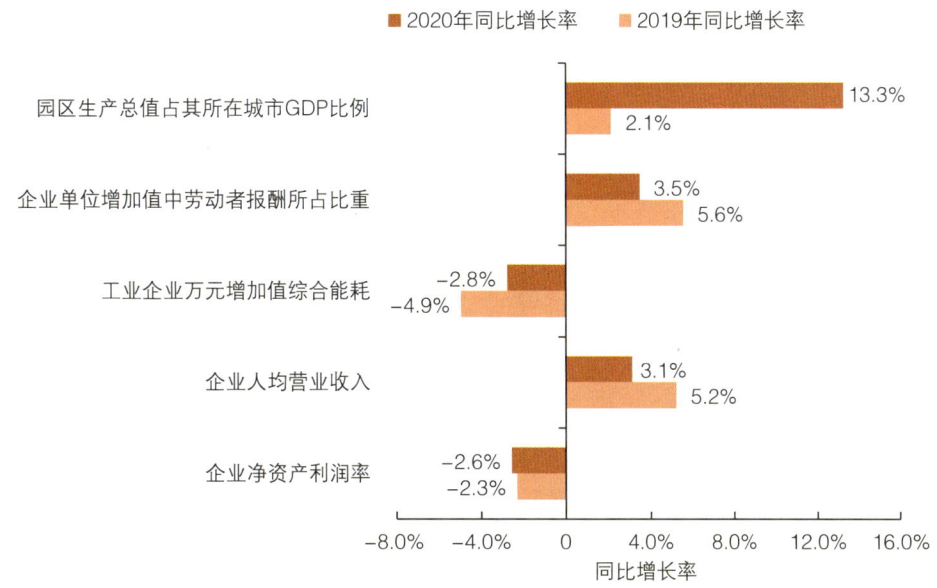

图7-1 2019年、2020年国家高新区创新驱动发展各二级指标的增长率对比

下面围绕5个二级指标，并结合相关指标和资料，分别从辐射带动、效率提升、共享发展、绿色发展4个方面，对国家高新区创新驱动发展的情况进行分析和阐述。

一、辐射带动

国家高新区是所在城市和区域的重要发展板块，国家高新区设立之初就肩负着辐射带动所在区域经济发展的使命。经过30多年的建设发展，绝大多数国家高新区已经成为所在区域的经济增长极，有力支撑和带动了地方经济的发展。在国家高新区创新驱动发展指标板块中，体现辐射带动地方经济增长的指标为园区生产总值占其所在城市GDP比例。

（一）经济规模不断扩大，区域经济贡献突出

高新区对国民经济的支撑力进一步增强。2020年，国家高新区园区生产总值（GDP）加总达到13.56万亿元，同比增长11.7%，相当于全国GDP的13.3%，较2019年占比增长1.0个百分点（图7-2）。高新区内入统企业工业增加值为54 907.1亿元，占全国全部工业增加值（313 071亿元）的比重为17.5%，较上年提高0.9个百分点。

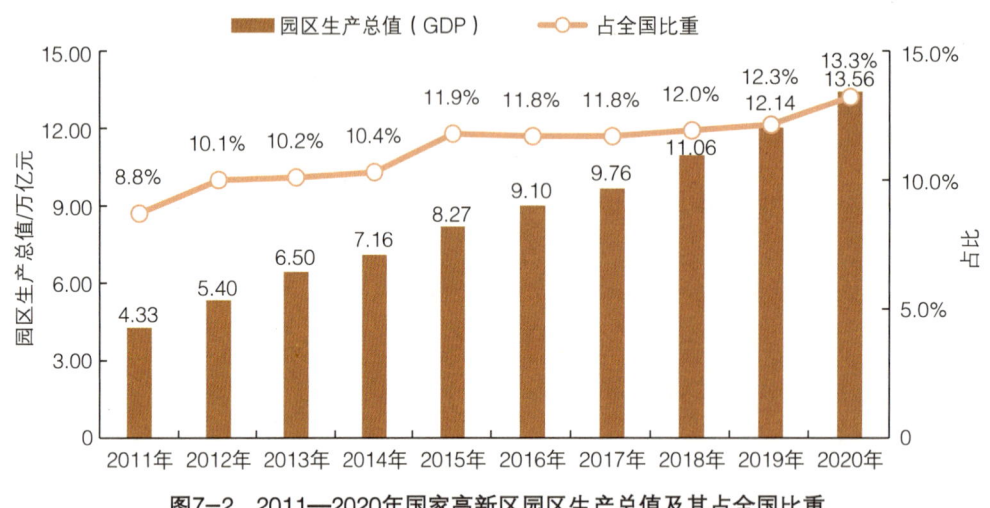

图7-2 2011—2020年国家高新区园区生产总值及其占全国比重

高新区经济占所在城市经济的比重不断增加，成为区域经济增长的重要引擎。2020年，169家高新区园区生产总值占其所在城市GDP比例均值为16.6%，较2019年提高1.9个百分点，其中，园区生产总值占其所在城市GDP比例在20%以上的有58家，较2019年增加6家；在30%以上的有31家，较2019年增加4家（图7-3）。

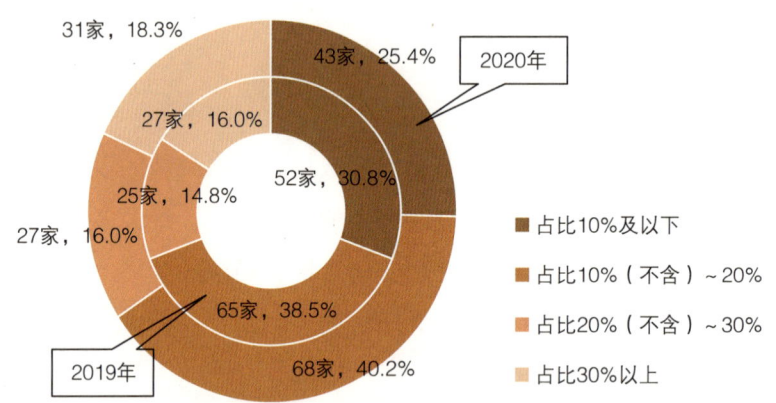

图7-3 2019年、2020年国家高新区生产总值占其所在城市GDP比例的园区数量分布

（二）区域带动差异较大，头部园区作用显著

从不同地区国家高新区经济规模的分布来看，2020年东北地区高新区生产总值合计为5886.6亿元，东部地区为85 467.3亿元，西部地区为21 145.7亿元，中部地区为23 066.7亿元，占高新区整体比例分别为4.3%、63.0%、15.6%和17.0%（图7-4）。

东部地区以占全国四成的高新区数量贡献了六成的高新区经济规模。

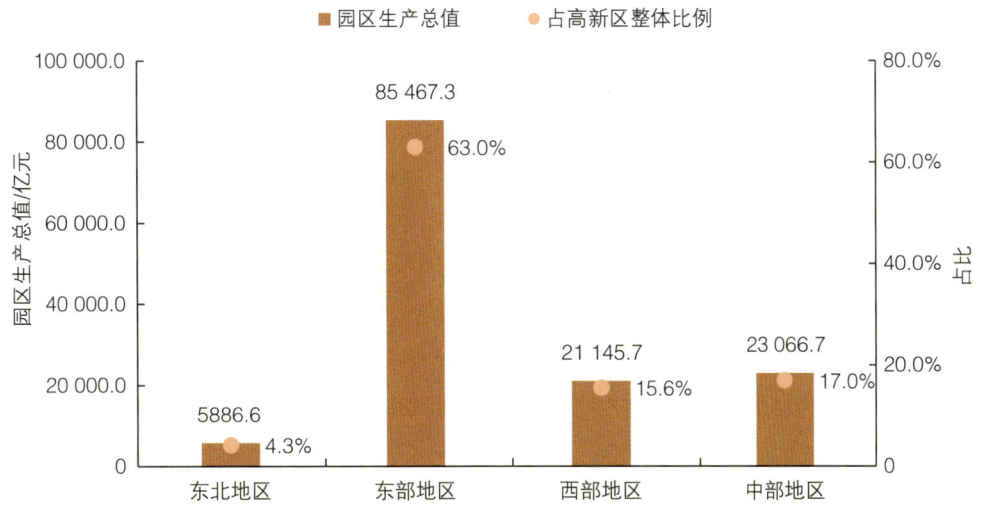

图7-4 2020年国家高新区园区生产总值及其占高新区整体比例的地区分布情况

从三类园区和其他园区经济规模的分布来看，2020年10家世界一流高科技园区生产总值合计为49 818.5亿元，占高新区整体比例为36.7%；18家创新型科技园区生产总值合计为22 177.0亿元，占高新区整体的比例为16.4%；28家创新型特色园区[①]生产总值合计23 830.1亿元，占高新区整体的比例为17.6%；113家其他园区生产总值合计为39 740.6亿元，占高新区整体的比例为29.3%（图7-5）。可见，10家世界一流高科技园区对高新区整体经济的贡献，超出了113家其他园区对高新区整体经济的贡献，也超出了创新型科技园区和创新型特色园区这两类园区对高新区整体经济的贡献，具有显著的头部效应。

---

① 报告中涉及创新型特色园区（本为29家园区）总量型指标，均使用了28家创新型特色园区的数据进行估算，不包括无锡宜兴环保园，但南京江宁开发区使用南京高新区数据代替，因为有两家创新型特色园区（南京江宁开发区、无锡宜兴环保园）分别为南京高新区、无锡高新区中的小园区，而无锡高新区本身又是创新型科技园区，如果单独考虑小园区会导致数据重复计算，故此处南京江宁开发区使用其所在南京高新区的数据，而无锡宜兴环保园的数据则不再单独考虑。

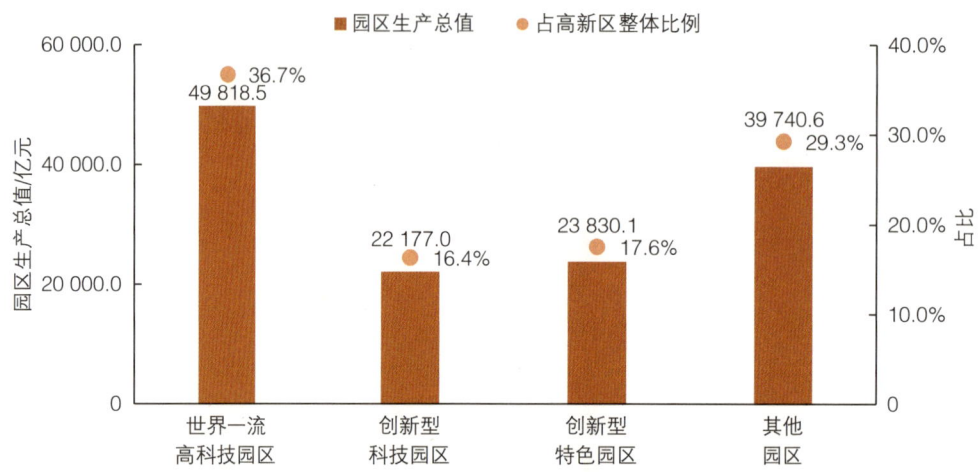

图7-5　2020年不同类别国家高新区园区生产总值及其占高新区整体比例分布情况

具体到单个园区，2020年169家高新区中园区营业收入超5000亿元的高新区共有17家，较2019年增加2家。其中，营业收入超万亿元的高新区有6家，分别为中关村、上海张江、深圳、广州、武汉和南京高新区，其中包含5家世界一流高科技园区和1家创新型特色园区，其中中关村营业收入高达72 276.4亿元，是第2名上海张江的2.1倍（图7-6）。

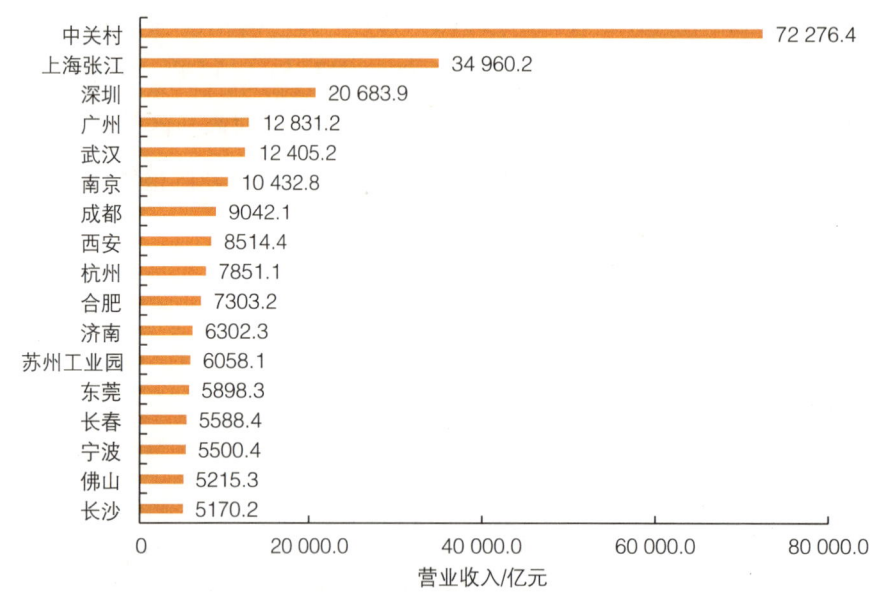

图7-6　2020年营业收入超5000亿元的国家高新区

就生产总值来看，2020年中关村园区生产总值达到13 719.0亿元，远超其他国家高新区；园区生产总值超过千亿元的30家国家高新区中，包括全部的10家世界一流高科技园区、10家创新型科技园区、6家创新型特色园区和4家其他园区（图7-7）。

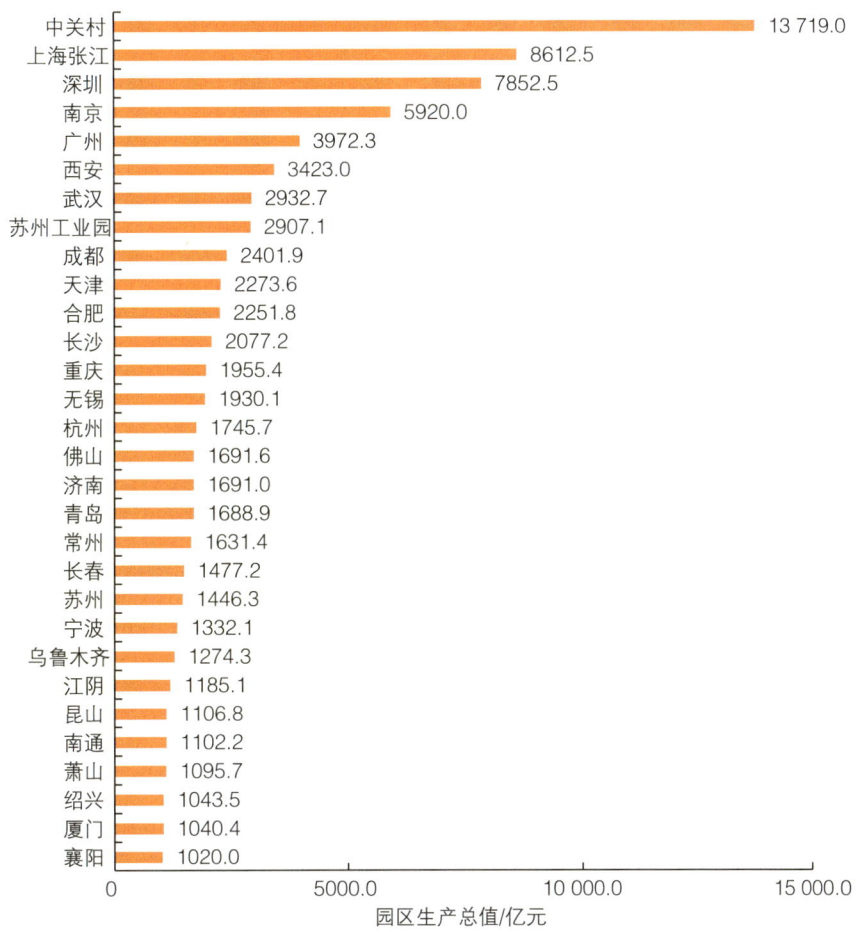

图7-7　2020年园区生产总值总量超过1000亿元的国家高新区

从不同类别高新区对所在城市的经济贡献来看，世界一流高科技园区生产总值占所在城市GDP比例最高，达22.9%，远高于创新型科技园区、创新型特色园区和其他园区；同时，稳定期园区高于新升级园区，自创区园区也高于非自创区园区（图7-8）。这反映出世界一流高科技园区在所在城市经济发展中辐射带动作用更为显著，发展相对较好的稳定期园区和自创区园区对所在城市经济的发展也起着更为重要的带动作用。

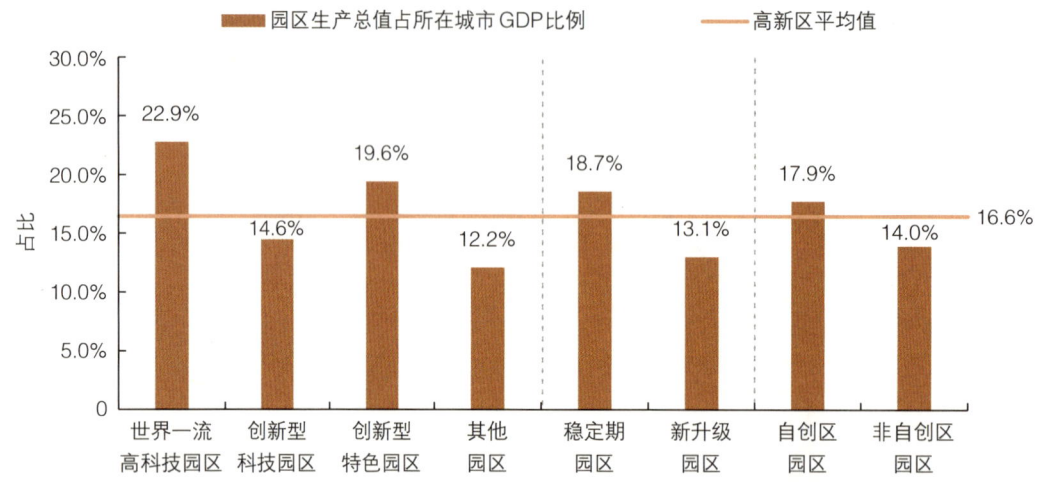

图7-8 2020年不同类别国家高新区的园区生产总值占所在城市GDP比例情况

二、效率提升

我国经济已转向高质量发展阶段，只有通过企业创新不断提升生产效率，才能推动经济的可持续发展和高质量发展。国家高新区创新驱动发展评价中，体现经济效率情况的指标为企业人均营业收入、企业净资产利润率。

（一）生产效率持续增长，人均上缴税额下降

国家高新区企业生产效率持续提升。2011—2020年国家高新区企业人均营业收入整体呈现增长趋势，10年来累计提高55.3万元，2020年达到179.6万元/人，同比增长3.1%（图7-9）。

从其他相关的人均经济指标来看，2020年高新区人均净利润、人均出口总额分别为12.8万元、18.8万元，同比增长率分别为8.3%、0.4%；人均工业总产值、人均上缴税额分别为107.6万元、7.8万元，同比降低0.9%、7.0%（表7-1）。需要注意的是，人均上缴税额自2019年以来持续下降，与我国近两年对企业实施大规模的减税降费政策息息相关，为企业加大创新投入、实现转型升级提供了良好的政策支撑。

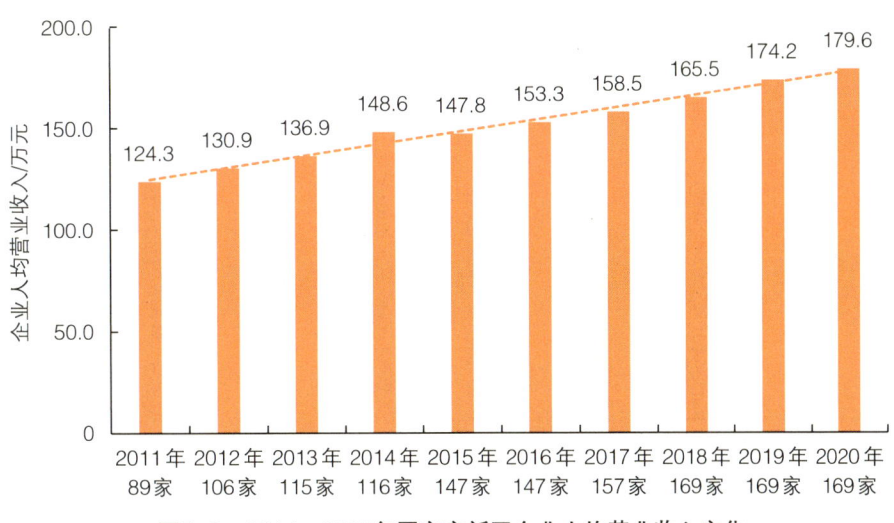

图7-9 2011—2020年国家高新区企业人均营业收入变化

表7-1 2019年、2020年国家高新区主要人均经济指标比较

人均指标	2020年	2019年	同比增长率
工业总产值/万元	107.6	108.5	−0.9%
净利润/万元	12.8	11.8	8.3%
上缴税额/万元	7.8	8.4	−7.0%
出口总额/万元	18.8	18.7	0.4%

从不同类别高新区企业人均营业收入情况来看，世界一流高科技园区企业人均营业收入最高，达到209.9万元，分别高出创新型科技园区、创新型特色园区和其他园区37.1万元、58.4万元和50.3万元；同时，稳定期园区高出新升级园区28.6万元，自创区园区高出非自创区园区21.3万元（图7-10）。这说明世界一流高科技园区、稳定期园区和自创区园区经济发展效率更高。

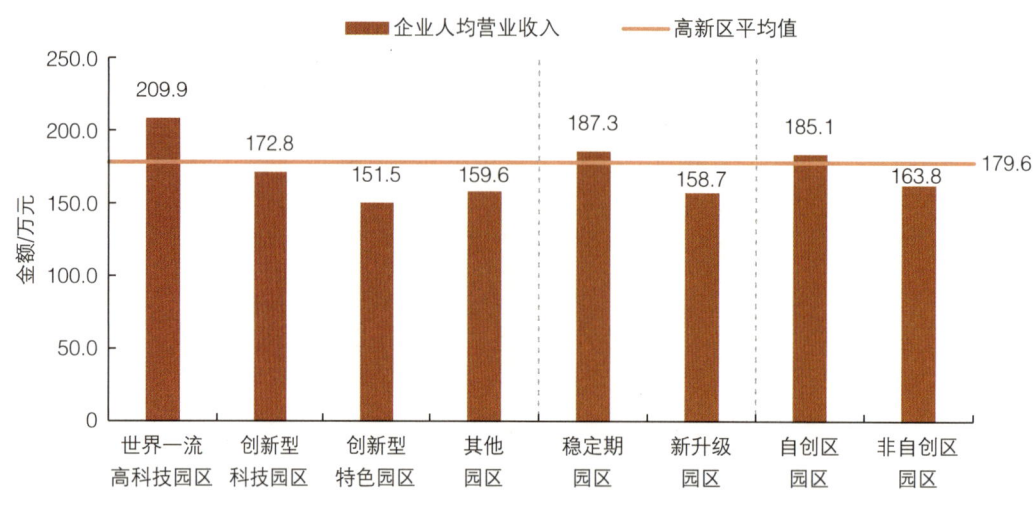

图7-10　2020年不同类别国家高新区的企业人均营业收入情况

（二）劳动生产率略降，合肥、西安和杭州领先

劳动生产率可以直接反映国家高新区在知识经济下创造价值的效率，自2012年起，高新区的劳动生产率基本呈上升趋势，2020年为36.2万元／人[①]，较2019年略有下降，是全国全员劳动生产率（11.8万元／人）的3.1倍（图7-11）。高新区的高价值创造能力为我国地方经济发展提供了典型示范。

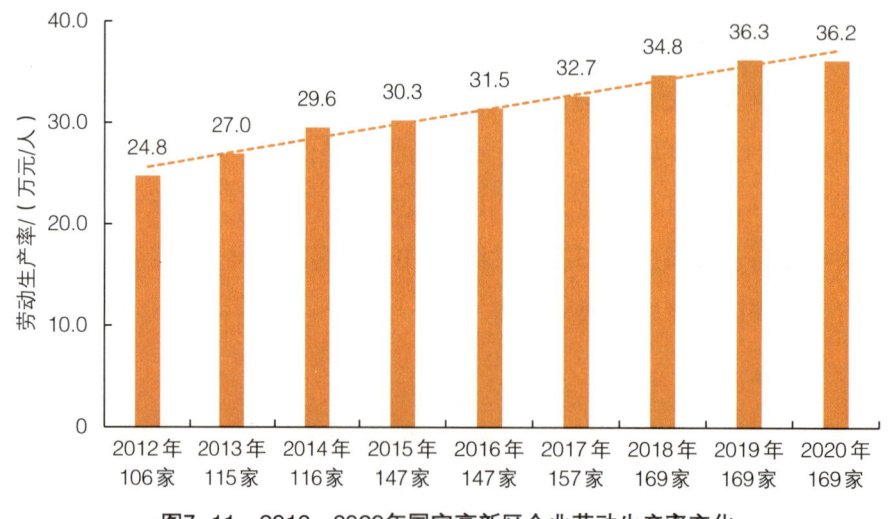

图7-11　2012—2020年国家高新区企业劳动生产率变化

---

① 国家高新区的劳动生产率=国家高新区增加值／年末从业人员，全国全员劳动生产率 = 全国生产总值／全部就业人员。

从具体园区来看，2020年劳动生产率在30万元/人以上的国家高新区共计79家，较2019年增加2家，10家世界一流高科技园区的劳动生产率均在30万元/人以上，其中合肥、西安和杭州高新区均超过了50万元/人（图7-12）。

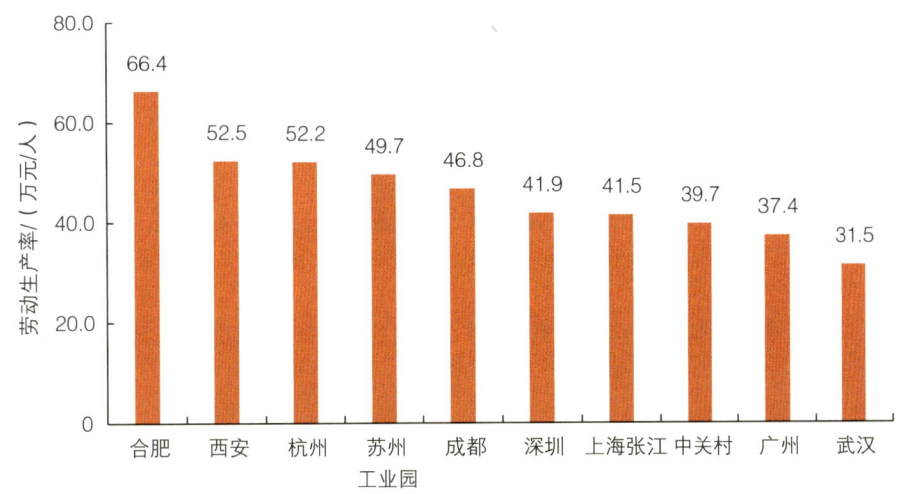

图7-12　2020年10家世界一流高科技园区劳动生产率情况

净资产利润率可以在一定程度上反映企业运用自有资产创造效益的能力。2020年，国家高新区企业净资产利润率为10.1%，较2019年下降0.2个百分点。从不同类别高新区的情况来看，发展水平较高的世界一流高科技园区、稳定期园区和自创区园区群体的企业净资产利润率并不具优势，均低于国家高新区平均值，而发展水平相对较低的新升级园区、非自创区园区群体的企业净资产利润率则相对较高（图7-13）。需要注意的是，净资产利润率可以反映企业净资产（股权资金）的收益水平，但并不能全面反映一个企业的资金运用能力，有一定的局限性，所以需要辩证看待。

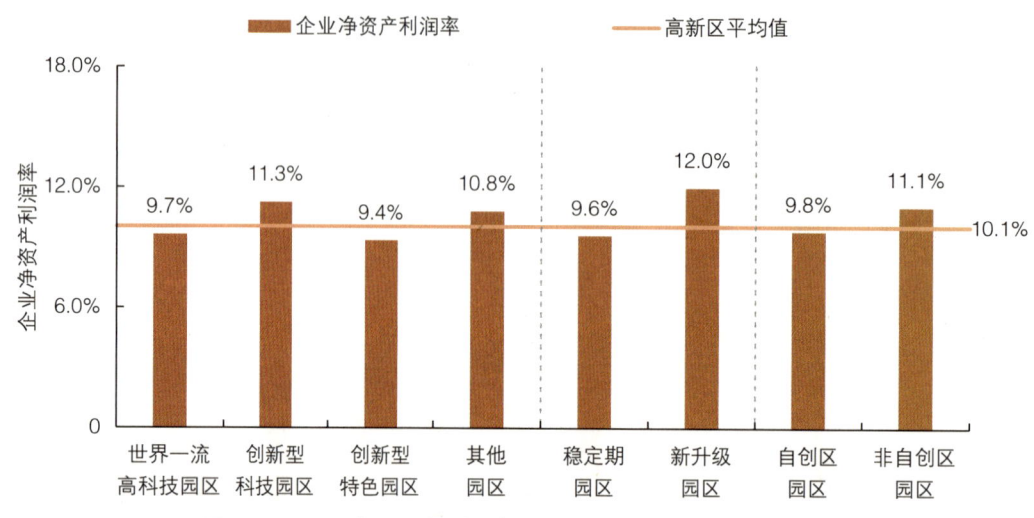

图7-13 2020年不同类别国家高新区的企业净资产利润率情况

三、共享发展

共享是中国特色社会主义的本质要求,其内涵之一就是发展成果要由人民共享。党的十九大报告指出,坚持在经济增长的同时实现居民收入同步增长、在劳动生产率提高的同时实现劳动报酬同步提高。收入水平的提高是人才价值实现的重要体现,是对共享发展理念的重要实践。在国家高新区创新驱动发展评价中,使用企业单位增加值中劳动者报酬所占比重指标来体现人才价值实现方面的情况。

（一）薪酬水平稳步提升,两倍于全国平均水平

优厚的待遇是国家高新区企业留住人才的手段之一,也是体现人才价值的核心指标之一。2011—2020年国家高新区企业从业人员平均薪酬持续上升,由2011年的6.4万元/年,上升到2020年的15.6万元/年,10年来翻了两倍多,2020年同比增长3.2%（图7-14）。2020年,国家高新区企业从业人员平均薪酬是全国城镇单位就业人员年平均工资[①]（77 553元）的2.0倍。

---

① 全国城镇单位就业人员年平均工资,数据来自国家统计局发布的《中国统计年鉴2021》,其中表明2020年我国城镇非私营单位就业人员年平均工资为97 379元,城镇私营单位就业人员年平均工资为57 727元,该数据是将97 379和57 727算术平均得来的。

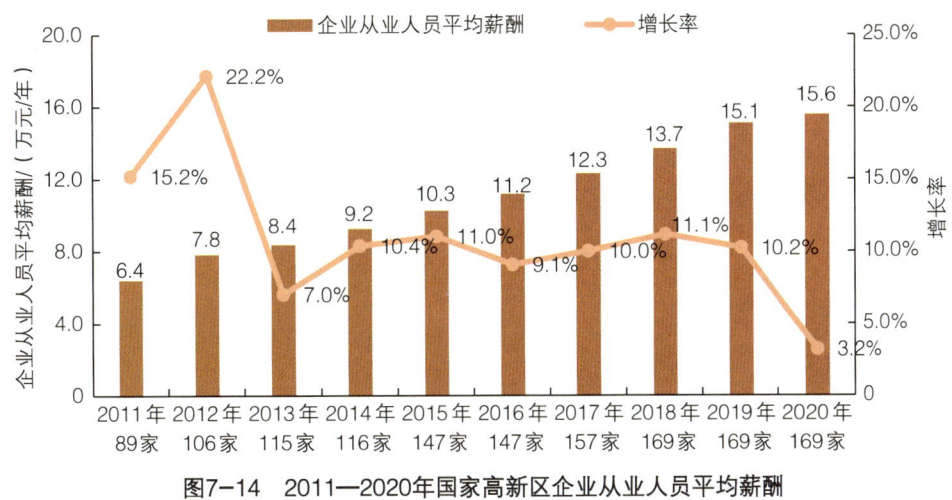

图7-14 2011—2020年国家高新区企业从业人员平均薪酬

从具体园区来看，2020年企业从业人员平均薪酬超过15万元/年的高新区共有24家，较2019年增加3家，其中上海紫竹以29.0万元/年的人均薪酬排名第一，苏州工业园、杭州、中关村、上海张江、东莞和深圳高新区的人均薪酬也在20万元/年及以上（图7-15）。

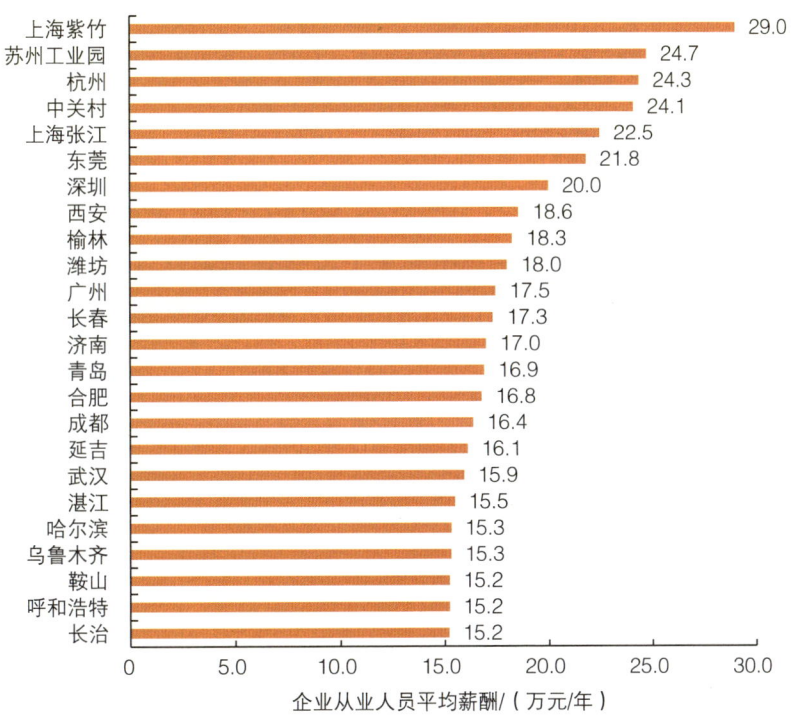

图7-15 2020年企业从业人员平均薪酬超15万元/年的国家高新区

我国国家高新区从业人员待遇相对以硅谷为代表的世界先进园区还有较大差距。2020年国家高新区中企业从业人员平均薪酬最高的上海紫竹为29.0万元/年，仅为美国硅谷从业人员平均薪酬（2019年83.6万元/年[①]）的34.6%，而我国10家世界一流高科技园区企业从业人员平均薪酬均在25.0万元/年之下，与硅谷差距明显（图7-16）。

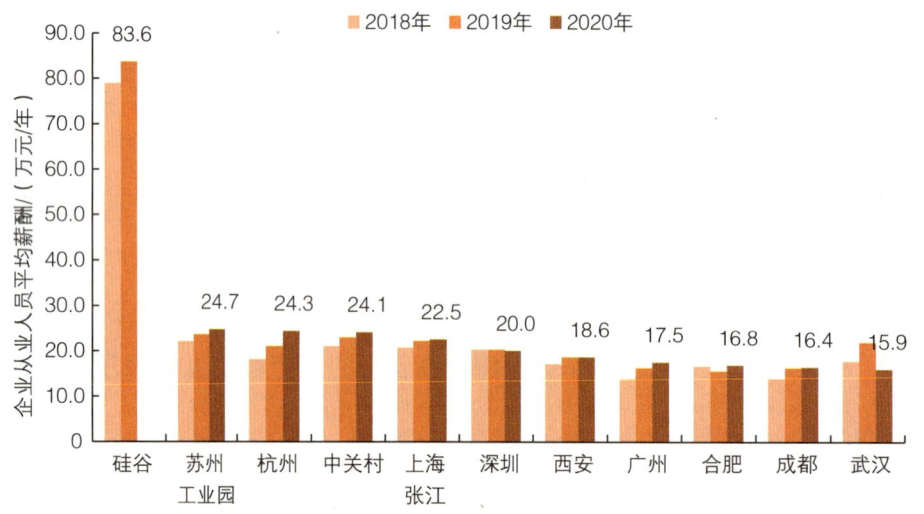

图7-16　2018—2020年我国10家世界一流高科技园区企业从业人员平均薪酬与美国硅谷的对比情况

（二）发展成果普惠共享，高技术产业贡献明显

劳动者报酬占增加值的比重可以间接反映劳动收益与资本收益的分配情况。2011—2020年，国家高新区企业单位增加值中劳动者报酬所占比重指标一路攀升，2020年达到43.0%，较2019年提高1.5个百分点，较2011年提高17.4个百分点（图7-17）。

---

① 2017年、2018年、2019年硅谷地区所有行业的平均工资分别为112 060美元、119 209美元和121 149美元，按照年平均汇率折算为人民币分别为75.7万元、78.9万元和83.6万元。

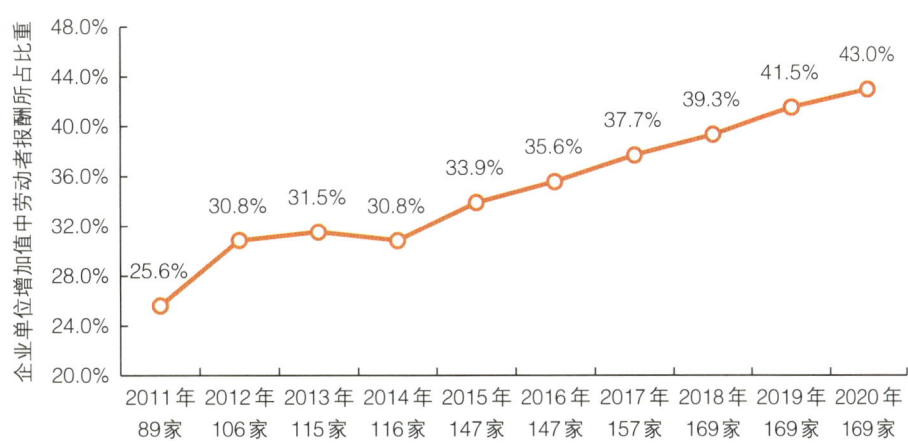

图7-17 2011—2020年国家高新区企业单位增加值中劳动者报酬所占比重

分地区来看，2020年东北地区、东部地区、西部地区和中部地区国家高新区企业单位增加值中劳动者报酬所占比重分别为30.0%、47.9%、35.0%、35.7%，东部地区最高，东北地区最低。从指标的两年变化来看，各地区均有增长，较2019年分别增长0.3、1.5、0.5和0.8个百分点（图7-18）。东部地区高新区从业人员更容易找到合适的工作岗位并获得相对丰厚的报酬，这与东部地区良好的产业生态和相对高端的产业价值链层级密切相关。

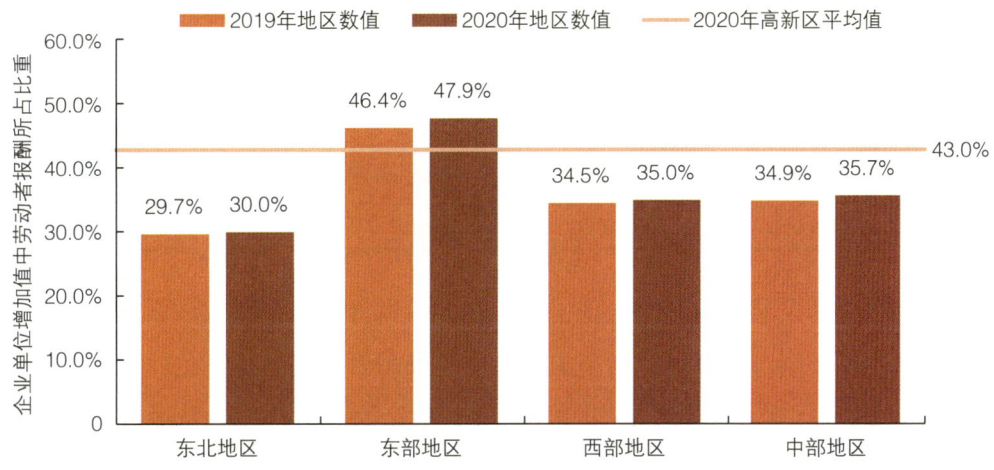

图7-18 2019年、2020年国家高新区企业单位增加值中劳动者报酬所占比重的地区分布

分省份来看，高新区企业单位增加值中劳动者报酬所占比重超过高新区整体平均值（43.0%）的省份有10个，分别是北京、上海、青海、宁夏、山西、天津、新

疆、福建、贵州和广东。4个直辖市中，北京、上海和天津的企业单位增加值中劳动者报酬所占比重均超过45%，重庆相对较低，为37.1%。观察指标的两年变动，2020年30个省份中有14个省份劳动者报酬所占比重有所提升，有16个省份有所下降（表7-2）。

表7-2　2019年、2020年国家高新区企业单位增加值中劳动者报酬所占比重的省份分布

省份	2020年高新区企业单位增加值中劳动者报酬所占比重	2019年高新区企业单位增加值中劳动者报酬所占比重	省份	2020年高新区企业单位增加值中劳动者报酬所占比重	2019年高新区企业单位增加值中劳动者报酬所占比重
北京	60.6%	58.4%	湖南	38.9%	43.4%
上海	53.8%	52.2%	湖北	38.7%	33.8%
青海	52.2%	56.6%	河北	38.2%	37.9%
宁夏	47.8%	41.0%	黑龙江	37.6%	34.2%
山西	47.6%	46.9%	辽宁	37.3%	35.9%
天津	47.6%	26.0%	重庆	37.1%	37.1%
新疆	46.1%	42.1%	四川	36.6%	39.1%
福建	45.7%	46.2%	甘肃	34.7%	36.9%
贵州	45.0%	50.3%	内蒙古	33.9%	44.1%
广东	45.0%	44.6%	海南	32.5%	34.0%
江苏	41.4%	40.9%	陕西	32.0%	27.8%
河南	40.8%	41.5%	江西	29.3%	29.4%
山东	40.7%	38.8%	安徽	27.6%	28.3%
广西	40.5%	42.9%	吉林	21.1%	22.4%
浙江	39.9%	40.1%	云南	16.8%	18.3%

观察不同类别国家高新区的表现情况，2020年世界一流高科技园区的企业单位增加值中劳动者报酬所占比重，分别高出创新型科技园区、创新型特色园区和其他园区10.6个百分点、9.4个百分点和15.9个百分点；稳定期园区高出新升级园区13.7个百分点，自创区园区高出非自创区园区14.8个百分点（图7-19）。这说明发展成熟度较高的世界一流高科技园区、稳定期园区和自创区园区群体，能够更好地推动人才价值的实现。

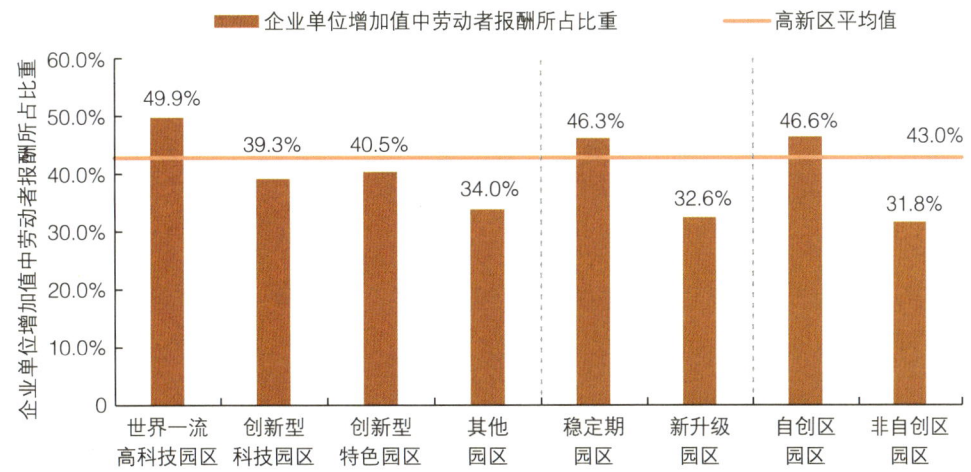

图7-19 2020年不同类别国家高新区企业单位增加值中劳动者报酬所占比重

具体看10家世界一流高科技园区的表现，2020年中关村的企业单位增加值中劳动者报酬所占比重最高，达到60.6%；其后为上海张江和武汉高新区，分别为54.1%和50.6%；苏州工业园、深圳、广州和杭州高新区也在40%以上；西安、成都高新区在30%以上；合肥高新区则相对较低，为25.3%（图7-20）。

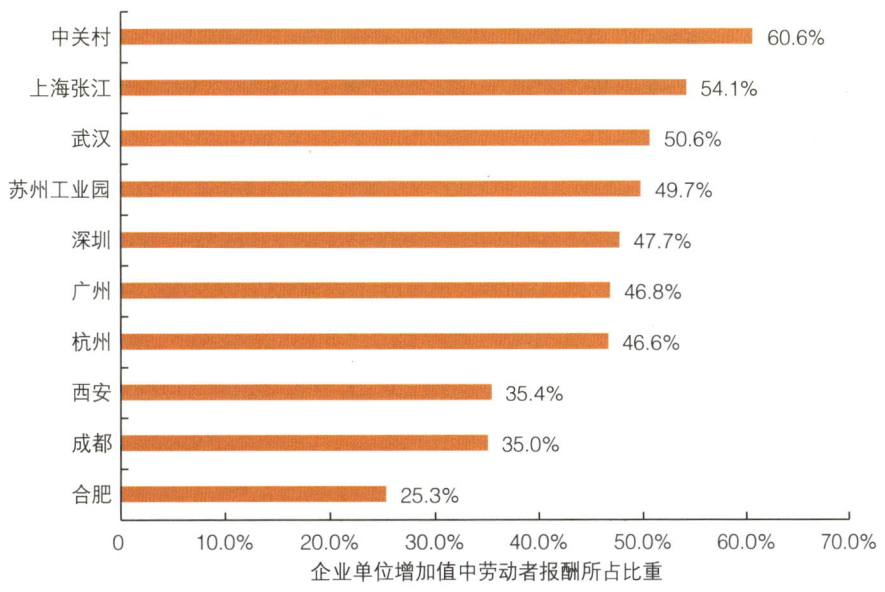

图7-20 2020年世界一流高科技园区企业单位增加值中劳动者报酬所占比重

第七章 创新驱动发展评价 197

进一步按照高技术制造业和高技术服务业分别计算2020年产业从业者平均薪酬与产业增加值的比例，可以看到，相比非高技术产业，高技术产业的收入分配结构明显向从业者倾斜。具体来看，2020年6个高技术制造业中有5个产业的单位增加值中劳动者报酬所占比重超过全产业的平均水平，而8个高技术服务业均远高于全产业的平均水平；其中，航空航天器及设备制造业、专业技术服务业中的高技术服务业、研发设计服务业、科技成果转化服务业和知识产权及相关法律服务业5个产业的单位增加值中劳动者报酬所占比重均超过60%，计算机及办公设备制造业、信息服务业、电子商务服务业和检验检测服务业4个产业均在50%以上。而国家高新区内非高技术产业的单位增加值中劳动者报酬所占比重为37.2%，虽然较2019年提高了1.8个百分点，但仍低于国家高新区全产业平均值5.8个百分点（图7-21）。

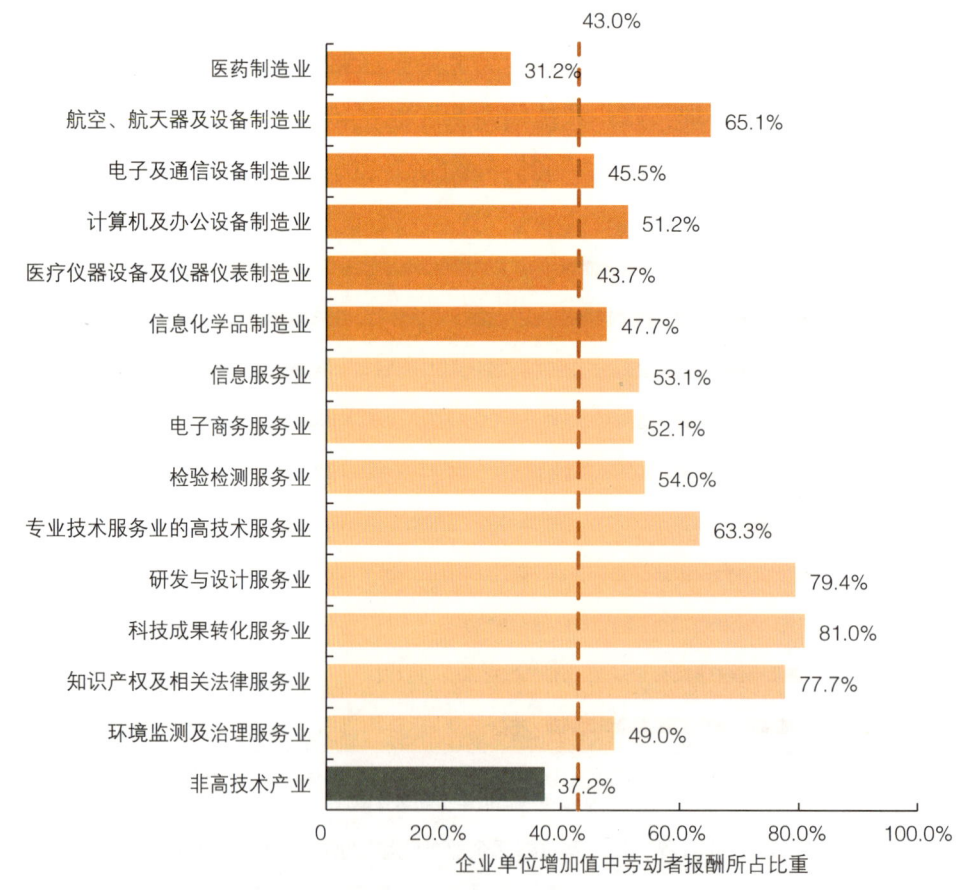

图7-21　2020年国家高新区高技术制造业和高技术服务业企业单位增加值中劳动者报酬所占比重

四、绿色发展

绿色发展体现科技创新促进可持续发展的作用和程度，反映正确处理经济增长与资源、生态、环境之间的关系，是实现资源节约和环境友好的重要理念。国家高新区牢固树立绿色发展理念，以生态环境营造发展优势，用经济发展促进环境保护，全力构筑环境友好、资源节约的生态经济，形成生态与发展互相促进的良性发展格局。

（一）节能降耗效果明显，东北地区园区能耗最高

在国家高新区创新驱动发展评价中，体现节能降耗情况的指标为工业企业万元增加值综合能耗，2020年169家高新区工业企业万元增加值综合能耗为0.451吨标准煤，是全国万元国内生产总值能耗[①]（0.490吨标准煤）的92.0%。

分地区来看，四大地区国家高新区在节能降耗方面差异较大。东部地区工业企业万元增加值综合能耗最低，为0.288吨标准煤，东北地区能耗最高，为1.064吨标准煤，是东部地区的3.7倍；观察指标的两年变化，只有中部地区能耗有所提升，其余3个地区均有不同幅度的下降，东北地区能耗下降幅度最大（图7-22）。

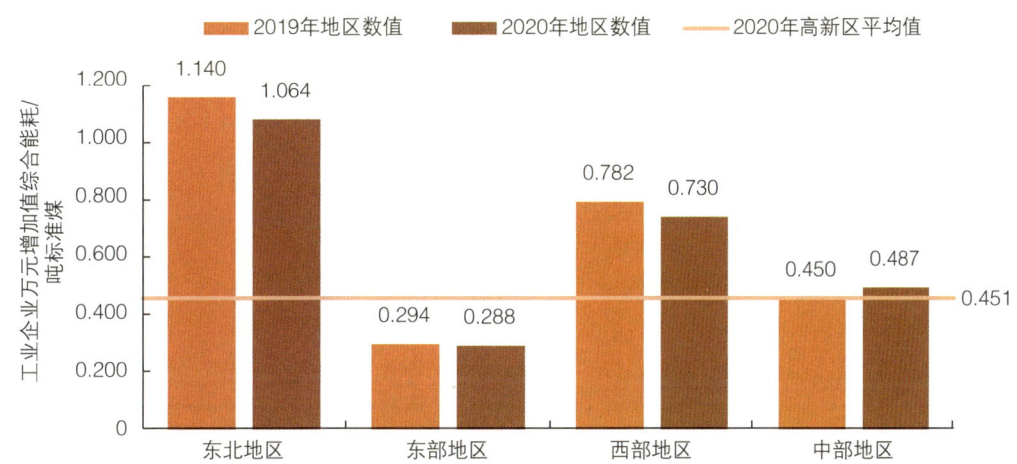

图7-22　2019年、2020年国家高新区工业企业万元增加值综合能耗的地区分布

---

① 此处，全国万元国内生产总值能耗数值由我国全年能源消费总量与全年国内生产总值相除计算而来，计算结果仅用于与国家高新区的对比；2020年我国全年能源消费总量为49.8亿吨标准煤，全年国内生产总值为1 015 986亿元。

分省份来看，2020年国家高新区工业企业万元增加值综合能耗以海南最低，为0.093吨标准煤，其后是北京和上海，能耗均为0.138吨标准煤；能耗数值大于1的省份有6个，分别为甘肃、宁夏、辽宁、黑龙江、内蒙古和新疆。对比2019年的数据，30个省份中，有23个省份的高新区能耗有所下降，各省份需要进一步加强对高新区节能降耗工作的指导和管理（表7-3）。

表7-3　2019年、2020年国家高新区工业企业万元增加值综合能耗的省份分布

单位：吨标准煤

省份	2020年国家高新区工业企业万元增加值综合能耗	2019年国家高新区工业企业万元增加值综合能耗	省份	2020年国家高新区工业企业万元增加值综合能耗	2019年国家高新区工业企业万元增加值综合能耗
海南	0.093	0.093	浙江	0.407	0.455
北京	0.138	0.128	山东	0.429	0.437
上海	0.138	0.147	四川	0.449	0.498
青海	0.150	0.169	河北	0.463	0.528
重庆	0.210	0.292	陕西	0.486	0.447
天津	0.235	0.258	湖南	0.571	0.619
山西	0.242	0.257	湖北	0.593	0.403
江苏	0.249	0.274	河南	0.689	0.423
安徽	0.264	0.352	贵州	0.735	1.072
广东	0.278	0.264	甘肃	1.381	1.561
福建	0.340	0.347	宁夏	1.544	1.640
江西	0.377	0.550	辽宁	1.574	1.540
云南	0.377	0.444	黑龙江	2.125	2.312
广西	0.387	0.501	内蒙古	2.483	3.095
吉林	0.389	0.452	新疆	4.331	4.925

从不同类别国家高新区来看，2020年世界一流高科技园区的工业企业万元增加值综合能耗平均为0.118吨标准煤，创新型科技园区为0.368吨标准煤，均明显低于创新型特色园区和其他园区；稳定期园区和自创区园区的工业企业万元增加值综合能耗也明显低于新升级园区和非自创区园区（图7-23）。这与不同类别的国家高新区群体所处发展阶段、产业结构紧密相关，新升级园区、非自创区园区及非三类园区普遍存在

传统重工业和高能耗产业比重偏大的情况。

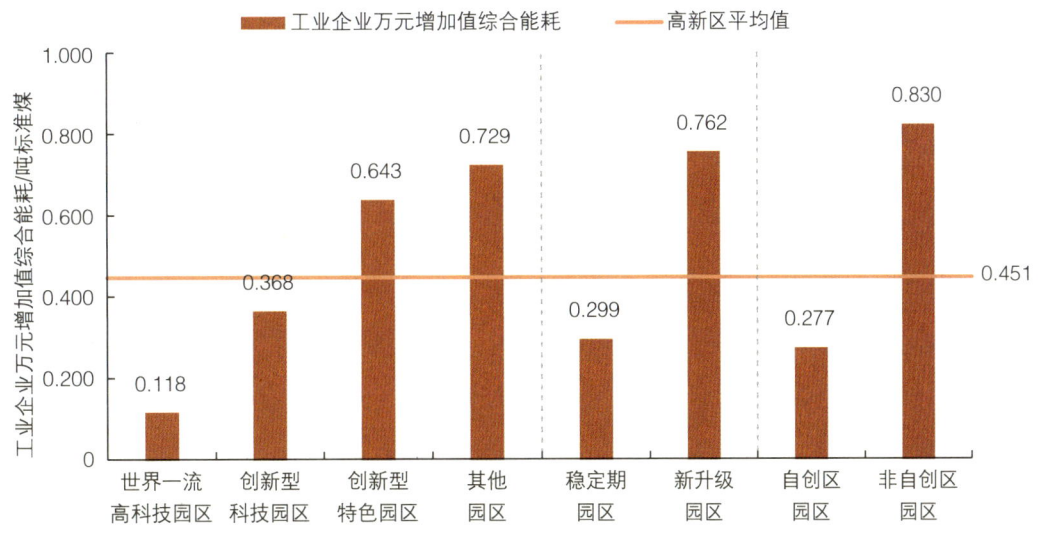

图7-23　2020年不同类别国家高新区工业企业万元增加值综合能耗情况

（二）生态环境持续优化，产城融合水平不断提高

和谐美好的生态环境是区域经济可持续发展的保障，国家高新区高度重视园区经济与生态环境的协调发展。调查问卷显示，有86家高新区获得国际或国内认证机构评定认可的ISO14 000环境体系认证，占样本高新区总数的50.9%；有154家高新区出台了相关的环境保护和绿色发展政策，占样本高新区总数的91%，如宁波高新区的《宁波高新区生态建设和环境保护实施意见》、南昌高新区的《促进绿色发展若干政策措施》、东莞高新区的《东莞松山湖高新技术产业开发区环境保护规划》等。样本高新区平均绿化覆盖率达到37.2%；全年空气质量指数≤100的天数（空气质量优良的天数）达到200天以上的高新区有144家[1]。截至2020年，共有23家国家高新区获批建设国家生态工业示范园区，包括常州高新区、江阴高新区、无锡高新区、赣州高新区、昆山高新区、武进高新区、合肥高新区、南昌高新区、西安高新区、天津高新区、南京高新区、萧山高新区、珠海高新区、宁波高新区、徐州高新区、株洲高新区、青岛高新区、长沙高新区、肇庆高新区、上海张江高新区、苏州工业园、沈阳高新区、苏州高新区。

---

[1] 数据来源：调查问卷。

国家高新区致力于建设宜居宜业的科技新城，依托产业，尤其是高科技产业，吸纳大量就业，推动人口集聚，继而催生研发、物流、商务、商业配套需求，城市功能逐步完善；反过来，又促进产业和人口的集聚，最终形成互为促进的良性循环。在新的时期，高新区以园区数字化建设为基础，承载产业发展，以产业高端化发展为保障，驱动园区功能完善，并以人为本提供宜居环境，以实现产业、园区、人的融合发展。2020年几乎所有高新区都具备包括教育设施、医疗卫生设施、文化体育设施、商业服务设施、金融邮电设施、社区服务设施、行政管理设施、市政公用设施等在内的居住生活配套硬件设施[①]，综合服务功能不断完善，进一步促进了高新区的产城融合发展。

---

① 资料来源：调查问卷。

国家高新区创新能力评价报告2021

附 录

评价指标体系及相关说明

一、指标体系

国家高新区创新能力评价指标体系的设计充分考虑我国高新区的发展阶段和现行统计制度设置，既具有一定的理论性，又具有较强的可操作性。结合相关创新理论和国家高新区创新发展的典型特征，研究借鉴国际和国内创新评价的实践经验，研究确定国家高新区创新能力评价指标体系的多层次指标模型，重点从创新资源集聚、创新创业环境、创新活动绩效、创新的国际化和创新驱动发展5个方面进行国家高新区创新能力的测度描述和观察研究。每个方面的评价通过5个创新指标完成，创新指标的选取原则遵循系统性与独立性相协调、总量指标与相对指标相平衡、有效性与可操作性相适应、动态性与可扩展性相结合。创新指标为评价体系的基本单元，通过多层递进综合评价方法形成对国家高新区创新能力发展状况的监测和评估。

国家高新区创新能力评价指标体系设计为5个一级指标，分别是创新资源集聚、创新创业环境、创新活动绩效、创新的国际化、创新驱动发展。这5个一级指标下各设5个二级指标，共计25个二级指标（附表1）。

附表1　国家高新区创新能力评价指标体系

一级指标	二级指标
创新资源集聚 20%	企业R&D人员全时当量
	企业R&D投入占增加值比例
	财政科技支出占当年财政支出比例
	省级及以上各类研发机构数量
	当年认定的高新技术企业数量
创新创业环境 20%	当年新注册企业数占工商注册企业总数比例
	省级及以上各类创新服务机构数量
	企业开展产学研合作研发费用支出
	科技企业孵化器及加速器内企业数量
	创投机构当年对企业的风险投资总额
创新活动绩效 25%	高技术产业营业收入占营业收入比例
	企业100亿元增加值拥有知识产权数量和各类标准数量
	企业当年完成的技术合同成交额
	高技术服务业从业人员占从业人员比例
	企业营业收入利润率
创新的国际化 10%	内资控股企业设立的境外研发机构数量
	内资控股企业万人拥有欧美日专利授权数量及境外注册商标数量
	技术服务出口占出口总额比例
	企业委托境外开展研发活动费用支出
	企业从业人员中海外留学归国人员和外籍常驻员工所占比重
创新驱动发展 25%	园区生产总值占其所在城市GDP比例
	企业单位增加值中劳动者报酬所占比重
	工业企业万元增加值综合能耗
	企业人均营业收入
	企业净资产利润率

二、指标解释及数据来源

评价对象选取截至2020年年底全部169家国家高新区，评价指标体系测算涉及数据均来源于经国家统计局批准、火炬中心组织实施的火炬统计调查，包括国家高新区企业和高新技术企业统计报表（简称"企业报表"）、国家高新区综合统计年报表（简称"综合报表"）、科技企业孵化器情况统计报表（简称"孵化器报表"）、国家大学科技园情况统计报表（简称"大学科技园报表"）。

（一）创新资源集聚

1. 企业R&D人员全时当量

企业R&D人员全时当量由参加R&D项目人员直接花费在R&D活动上的工作时间折合为人员的全时当量，该指标反映企业创新人力资源的直接投入强度。计算公式：企业R&D人员折合全时当量；数据来源：企业报表及R&D核算。

2. 企业R&D投入占增加值比例

该指标反映研发投入强度，是国际通用指标。计算公式：企业R&D投入总额／企业增加值；数据来源：企业报表及R&D核算。

3. 财政科技支出占当年财政支出比例

该指标反映国家高新区管委会对科技活动的支持及营造良好创新创业环境的情况。美国北卡罗来纳创新指数有SBIR & STTR的资助指标，麻省创新经济指数有小企业获得的政府资助指标。计算公式：高新区财政科技拨款／高新区财政总支出；数据来源：综合报表。

4. 省级及以上各类研发机构数量

该指标反映国家高新区创新载体的集聚程度和以企业为主体的创新平台建设情况。计算公式：省级和国家级的研发机构数（包括各类大学、研究院所、新型产业技术研发机构、企业技术中心、重点实验室、博士后科研工作站、国家工程研究中心、国家工程技术研究中心、国家工程实验室、国家和地方联合实验室、其他国家级研发机构）；数据来源：综合报表。

5.当年认定的高新技术企业数量

高新技术企业是在符合国家重点支持的高新技术领域持续进行研究开发与技术成果转化，并已形成核心自主知识产权的企业，是知识密集、技术密集的经济实体。该指标反映国家高新区在聚集和培养创新型企业方面的发展情况。计算公式：当年认定的高新技术企业数；数据来源：园区报表。

（二）创新创业环境

1.当年新注册企业数占工商注册企业总数比例（采用工商注册口径）

该指标反映国家高新区创业活力，特别是小微企业的创业氛围。计算公式：当年新注册企业数量/高新区工商注册企业总数；数据来源：综合报表。

2.省级及以上各类创新服务机构数量

该指标反映国家高新区服务创新和创新成果产业化的支撑条件。计算公式：省级和国家级的产业促进机构数（包括生产力促进中心、技术转移机构、产业技术创新战略联盟、产品检验检测机构）；数据来源：综合报表。

3.企业开展产学研合作研发费用支出

该指标反映国家高新区企业开放创新合作的程度，直接反映国家高新区内的企业在开展产学研合作方面的成效。计算公式：园区内企业委托外单位开展科技活动的经费支出（包括对国内研究机构支出、对国内高等学校支出、对国内企业支出）；数据来源：企业报表。

4.科技企业孵化器及加速器内企业数量

该指标反映国家高新区支撑科技创业的基础条件和服务能力。计算公式：科技企业孵化器、加速器和国家大学科技园内在孵企业数量；数据来源：综合报表、孵化器报表和大学科技园报表。

5.创投机构当年对企业的风险投资总额

该指标衡量园区的科技金融发展水平，反映国家高新区在聚集创投机构、吸纳风险投资以支持创新创业等方面的发展情况。计算公式：园区内企业当年获得创业风险投资机构的风险投资额；数据来源：企业报表。

（三）创新活动绩效

1.高技术产业营业收入占营业收入比例

对应国家高新区打造高新技术产业核心载体的发展定位，设计该指标反映国家高新区高新技术产业总体规模及所占园区整体的份额。按照国家统计局以《国民经济行业分类》(GB/T 4754—2017)为基础的高技术产业（制造业）和高技术服务业分类进行统计分析，详细代码提取参考该分类标准。计算公式：[高技术产业（制造业）营业收入+高技术服务业营业收入]/营业收入；数据来源：企业报表。

2.企业100亿元增加值拥有知识产权数量和各类标准数量

该指标反映国家高新区相对于经济产出的知识含量。计算公式：企业拥有的有效知识产权数（包括专利、软件著作权、集成电路布图、植物新品种、注册商标、国际标准、国家和行业标准、新药品种、中药保护品种）/增加值×100；数据来源：企业报表。

3.企业当年完成的技术合同成交额

该指标反映国家高新区企业技术引进与技术转让收入，直接反映国家高新区在科技成果产业化方面的成效。计算公式：技术合同成交总额；数据来源：企业报表。

4.高技术服务业从业人员占从业人员比例

该指标反映国家高新区高技术服务业的现状和发展高端产业的配套环境，映射出国家高新区转方式调结构及产业优化升级的成效，用来判断园区由价值链曲线底端向两端攀升的情况。按照国家统计局高技术服务业分类进行统计分析，详细代码提取参考该分类标准。计算公式：高技术服务业从业人员数量/年末从业人员总数量；数据来源：企业报表。

5.企业营业收入利润率

该指标反映国家高新区企业群体的单位营业收入获得税后利润的能力，用来衡量高新区企业全部预付资本的增值程度。因为创新能带来高额的利润，结合其他创新指标，该指标可以用来评判高新区创新的价值实现能力。计算公式：净利润/营业收入；数据来源：企业报表。

（四）创新的国际化

1.内资控股企业设立的境外研发机构数量

该指标反映国家高新区内的本土企业"走出去"整合全球创新资源的能力和水平。计算公式：内资控股企业设立的境外技术研发机构数；数据来源：企业报表。

2.内资控股企业万人拥有欧美日专利授权数量及境外注册商标数量

该指标反映园区内本土企业的自主创新能力及其技术创新的国际竞争力，向产业价值链高端攀升及打入国际市场的程度。计算公式：（内资控股企业拥有的有效欧美日专利授权数+有效的境外注册商标数）/内资控股企业年末从业人员总数×10 000；数据来源：企业报表。

3.技术服务出口占出口总额比例

该指标反映国家高新区产业向产业链高端延伸及国际市场开拓和竞争能力，也是美国州创新经济指数关注的重要指标。计算公式：技术服务出口额/出口总额；数据来源：企业报表。

4.企业委托境外开展研发活动费用支出

该指标反映国家高新区企业开展国际创新合作的程度，直接反映国家高新区利用国际创新资源和要素开展创新活动的成效。计算公式：园区内企业委托境外开展科技活动的经费支出；数据来源：企业报表。

5.企业从业人员中海外留学归国人员和外籍常驻员工所占比重

国际化的核心是人员的国际化，该指标集中体现园区的国际化水平。国际化人才是新竹、班加罗尔、以色列等后发区域形成国际竞争力的重要支撑，而硅谷等发达国家区域则十分关注吸引全球人才迁徙落户的情况，外籍常驻人口是一个城市或区域国际化最集中的标志。计算公式：（海外留学归国人员+外籍常驻员工）/年末从业人员数；数据来源：企业报表。

（五）创新驱动发展

1.园区生产总值占其所在城市GDP比例

该指标反映国家高新区经济发展对城市的引领带动作用。计算公式：本年度高新区全口径增加值（生产总值GDP）占所在城市生产总值（GDP）比重；数据来源：综合报表。

2.企业单位增加值中劳动者报酬所占比重

该指标又被称为"GDP含金量指数"，是直接衡量GDP质量的指标，由人力资本价值的实现间接反映创新所带来的贡献及由创新所助推实现的人的全面自由发展和整体经济社会的和谐发展。计算公式：劳动者报酬/增加值；数据来源：企业报表。

3.工业企业万元增加值综合能耗

全球度量产业能耗的重要指标，也是衡量园区低碳经济实现程度的重要参考。计算公式：工业企业综合能源消费量（煤炭、石油、天然气、电等）/工业企业增加值；数据来源：企业报表。

4.企业人均营业收入

该指标直接反映国家高新区在知识经济下创造价值的效率，间接反映国家高新区持续创造价值的能力。计算公式：企业营业收入/年末从业人员总数；数据来源：企业报表。

5.企业净资产利润率

国际上公认的体现企业群体运行效率的指标，反映投资的获利能力，指标值越高说明投资带来的收益越高。计算公式：净利润/年末所有者权益；数据来源：企业报表。

三、测算过程

根据国家高新区创新能力评价的功能定位，一套指标体系需要完成两项功能：一是动态视角下国家高新区整体创新能力的变化指数；二是同期国家高新区内部创新能力的排名比较。当前国际上较为流行的评价方法是先对指标数据进行标准化或归一化处理，然后用加权求和的方法得出评价指标的效用总值。计算得出的效用总值不单可以依据时间序列形成波动指数，也可以作为相互比较的依据。但是，自2010年开始，新一轮国家高新区升级工作再次启动后，国家高新区的基数发生变化，加之高新区个体自身的扩区，使得高新区整体的物理空间不断扩充，传统的指数测算方法难以剔除规模扩张所带来的增长效应。

因此，在指数测算的时候，我们进行了针对性的处理。首先考虑高新区不断升级的影响，本期纳入指数测算的高新区数量以上期为标准（例如，2018年创新能力指数测算时，是使用2018年157家高新区与2017年157家高新区的数据计算而来，2018年当年新升级的12家高新区则未纳入指数测算范围）；而考虑高新区自身不断扩区的影响，先计算各个指标的对称变化率，即以本期和上期两者的平均数为基数求得相对增长率，然后分层级对各指标进行加权，由各指标的合成指数作为国家高新区创新能力指数（附图1）。

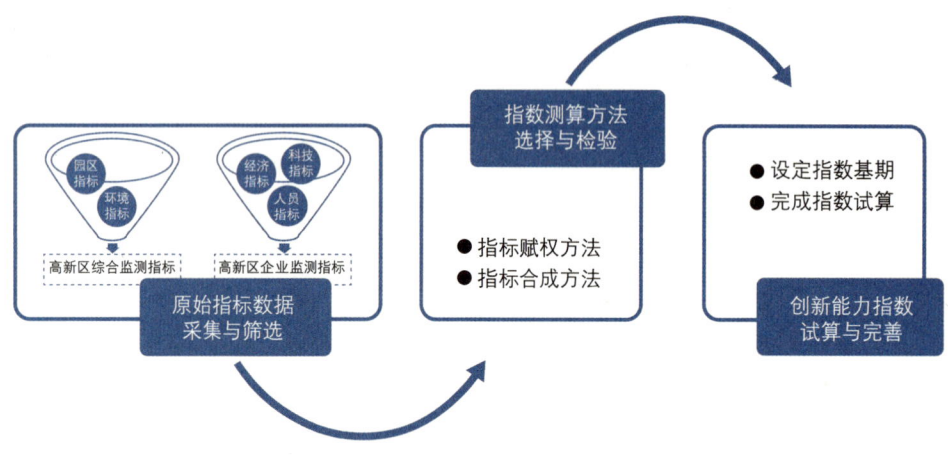

附图1　国家高新区创新指数测算过程

1.增长率的测算采用对称增长率

计算公式如下：

$$Y_{it} = \frac{X_{it} - X_{i(t-1)}}{\frac{X_{it} + X_{i(t-1)}}{2}} \times 100。$$

其中，Y_{it} 表示第 i 个指标在第 t 年的对称增长率，t 为年份，$t \geq 2011$（下同）。

对称增长率可以消除基数变化的影响，使各指标增速的范围可以控制在 [−200, 200]，较一般增长率而言更为平稳，而且能有效防止因分母为0而造成的无法计算。

2.计算上层指标的加权增速

计算公式如下：

$$W_{jt} = \frac{\sum_{i=1}^{n} Y_{it} \times A_i}{\sum_{i=1}^{n} A_i}。$$

其中，W_{jt} 表示第 j 个上层指标的加权对称增长率，A_i 是第 i 个下层指标的权重。

3.合成分指数

计算公式如下:

$$S_{jt} = S_{j,t-1} \times (200 + W_{jt}) / (200 - W_{jt})$$

其中,S_{jt}表示第t年的合成分指数,$S_{j,t-1}$为基期,初始值设为100。

4.计算总指数

计算公式如下:

$$Z_t = \sum_{i=1}^{5} a_i S_{t-1}$$

其中,Z_t表示创新能力总指数,a_i为各分指数对总指数的权重。

四、园区分类说明

为方便大家明晰报告中所表达的高新区分类,以下按不同的分类标准将全国高新区分成不同的类群(附表2)。

附表2 各类国家高新区群体划分情况

地区	省份	高新区	类型	升级年份
东北地区（16家高新区）	辽宁（8家）	沈阳	其他园区	1991
		大连	创新型特色园区	1991
		鞍山	其他园区	1992
		本溪	其他园区	2012
		锦州	其他园区	2015
		营口	其他园区	2010
		阜新	其他园区	2013
		辽阳	其他园区	2010
	吉林（5家）	长春	创新型科技园区	1991
		长春净月	其他园区	2012
		吉林	其他园区	1992

续表

地区	省份	高新区	类型	升级年份
东北地区（16家高新区）	吉林（5家）	通化	其他园区	2013
		延吉	其他园区	2010
	黑龙江（3家）	哈尔滨	其他园区	1991
		齐齐哈尔	其他园区	2010
		大庆	创新型科技园区	1992
东部地区（70家高新区）	北京（1家）	中关村	世界一流高科技园区	1988
	天津（1家）	天津	创新型科技园区	1991
	河北（5家）	石家庄	创新型特色园区	1991
		唐山	其他园区	2010
		保定	创新型特色园区	1992
		承德	其他园区	2012
		燕郊	其他园区	2010
	上海（2家）	上海张江	世界一流高科技园区	1992
		上海紫竹	其他园区	2011
	江苏（18家）	南京	创新型特色园区	1991
		无锡	创新型科技园区	1992
		江阴	创新型特色园区	2011
		徐州	其他园区	2012
		常州	创新型科技园区	1992
		武进	创新型特色园区	2012
		苏州	创新型科技园区	1992
		昆山	创新型特色园区	2010
		苏州工业园	世界一流高科技园区	2006
		常熟	创新型特色园区	2015
		南通	其他园区	2013
		连云港	其他园区	2015
		淮安	其他园区	2017
		盐城	其他园区	2015
		扬州	其他园区	2015
		镇江	其他园区	2014
		泰州	创新型特色园区	2009
		宿迁	其他园区	2017

续表

地区	省份	高新区	类型	升级年份
东部地区 （70家高新区）	浙江（8家）	杭州	世界一流高科技园区	1991
		萧山	其他园区	2015
		宁波	创新型科技园区	2007
		温州	其他园区	2012
		嘉兴	其他园区	2015
		湖州莫干山	其他园区	2015
		绍兴	其他园区	2010
		衢州	其他园区	2013
	福建（7家）	福州	其他园区	1991
		厦门	创新型科技园区	1991
		莆田	其他园区	2012
		三明	其他园区	2015
		泉州	其他园区	2010
		漳州	其他园区	2013
		龙岩	其他园区	2015
	山东（13家）	济南	创新型科技园区	1991
		青岛	创新型科技园区	1992
		淄博	创新型科技园区	1992
		枣庄	其他园区	2015
		黄河三角洲	其他园区	2015
		烟台	创新型特色园区	2010
		潍坊	创新型科技园区	1992
		济宁	其他园区	2010
		泰安	其他园区	2012
		威海	创新型科技园区	1991
		莱芜	其他园区	2015
		临沂	其他园区	2011
		德州	其他园区	2015

续表

地区	省份	高新区	类型	升级年份
东部地区（70家高新区）	广东（14家）	广州	世界一流高科技园区	1991
		深圳	世界一流高科技园区	1991
		珠海	其他园区	1992
		汕头	其他园区	2017
		佛山	创新型特色园区	1992
		江门	创新型特色园区	2010
		湛江	其他园区	2018
		茂名	其他园区	2018
		肇庆	其他园区	2010
		惠州	创新型特色园区	1992
		源城	其他园区	2015
		清远	其他园区	2015
		东莞	其他园区	2010
		中山	创新型科技园区	1991
	海南（1家）	海口	其他园区	1991
西部地区（39家高新区）	内蒙古（3家）	呼和浩特	其他园区	2013
		包头	创新型特色园区	1992
		鄂尔多斯	其他园区	2017
	广西（4家）	南宁	创新型特色园区	1992
		柳州	创新型特色园区	2010
		桂林	创新型特色园区	1991
		北海	其他园区	2015
	重庆（4家）	重庆	其他园区	1991
		璧山	其他园区	2015
		荣昌	其他园区	2018
		永川	其他园区	2018

续表

地区	省份	高新区	类型	升级年份
西部地区（39家高新区）	四川（8家）	成都	世界一流高科技园区	1991
		自贡	其他园区	2011
		攀枝花	其他园区	2015
		泸州	创新型特色园区	2015
		德阳	其他园区	2015
		绵阳	其他园区	1992
		内江	其他园区	2017
		乐山	其他园区	2012
	贵州（2家）	贵阳	其他园区	1992
		安顺	其他园区	2017
	云南（3家）	昆明	创新型特色园区	1992
		玉溪	其他园区	2012
		楚雄	其他园区	2018
	陕西（7家）	西安	世界一流高科技园区	1991
		宝鸡	创新型科技园区	1992
		杨凌	其他园区	1997
		咸阳	其他园区	2012
		渭南	其他园区	2010
		榆林	其他园区	2012
		安康	创新型特色园区	2015
	甘肃（2家）	兰州	其他园区	1991
		白银	其他园区	2010
	青海（1家）	青海	其他园区	2010
	宁夏（2家）	银川	其他园区	2010
		石嘴山	其他园区	2013
	新疆（3家）	乌鲁木齐	创新型特色园区	1992
		昌吉	其他园区	2010
		石河子	其他园区	2013

续表

地区	省份	高新区	类型	升级年份
中部地区 （44家高新区）	山西（2家）	太原	其他园区	1991
		长治	其他园区	2015
	安徽（6家）	合肥	世界一流高科技园区	1991
		芜湖	其他园区	2010
		蚌埠	创新型特色园区	2010
		淮南	其他园区	2018
		马鞍山	其他园区	2012
		铜陵狮子山	其他园区	2017
	江西（9家）	南昌	其他园区	1991
		景德镇	其他园区	2010
		九江共青城	其他园区	2018
		新余	其他园区	2010
		鹰潭	其他园区	2012
		赣州	其他园区	2015
		吉安	其他园区	2015
		宜春丰城	其他园区	2018
		抚州	其他园区	2015
	河南（7家）	郑州	创新型科技园区	1991
		洛阳	创新型科技园区	1992
		平顶山	其他园区	2015
		安阳	创新型特色园区	2010
		新乡	其他园区	2012
		焦作	其他园区	2015
		南阳	其他园区	2010

续表

地区	省份	高新区	类型	升级年份
中部地区（44家高新区）	湖北（12家）	武汉	世界一流高科技园区	1991
		黄石大冶湖	其他园区	2018
		宜昌	创新型特色园区	2010
		襄阳	创新型特色园区	1992
		荆门	创新型特色园区	2013
		孝感	其他园区	2012
		荆州	其他园区	2018
		黄冈	其他园区	2017
		咸宁	其他园区	2017
		随州	其他园区	2015
		仙桃	其他园区	2015
		潜江	其他园区	2018
	湖南（8家）	长沙	创新型科技园区	1991
		株洲	创新型特色园区	1992
		湘潭	创新型特色园区	2009
		衡阳	其他园区	2012
		常德	其他园区	2017
		益阳	其他园区	2011
		郴州	其他园区	2015
		怀化	其他园区	2018

注：为方便读者查阅及对表格中内容进行补充解释，此处对报告中涉及的各类别、各区域国家高新区群体的划分做统一说明。

1.三类园区和非三类园区（其他园区）

三类园区是指科技部分类指导的世界一流高科技园区、创新型科技园区和创新型特色园区：世界一流高科技园区（10家），包括中关村、成都、上海张江、深圳、武汉、西安、合肥、广州、杭州、苏州工业园；创新型科技园区（18家），包括宝鸡、常州、大庆、济南、洛阳、宁波、青岛、厦门、苏州、天津、威海、潍坊、无锡、长春、长沙、郑州、中山、淄博；创新型特色园区（29家），包括石家庄、保定、包头、大连、南京江宁（位于南京高新区之内）、江阴、无锡宜兴环保园（位于无锡高新区之内）、武进、蚌埠、烟台、安阳、襄阳、宜昌、株洲、湘潭、惠州、江门、南宁、桂林、柳州、昆明、乌鲁木齐、荆门、泸州、佛山、昆山、常熟、泰州、安康。

非三类园区（其他园区）是指除了以上三类园区以外的其他国家高新区。

2.稳定期高新区和新升级高新区

新升级高新区是指2007年及以后获国务院批复升级的国家高新区。

稳定期高新区是指1988—2006年升级为国家高新区的园区，共计54家，包括最早批准设立的中关村，1991年、1992年批复设立的51家高新区，1997年批复设立的杨凌高新区，2006年纳入高新区管理序列的苏州工业园。

3.国家自主创新示范区园区和非国家自主创新示范区园区

国家自主创新示范区园区（简称"自创区园区"）是指2019年国家自主创新示范区（21家）涵盖的国家高新区（61家），包括中关村、天津、沈阳、大连、上海张江、南京、无锡、江阴、常州、武进、苏州、昆山、镇江、杭州、萧山、合肥、芜湖、蚌埠、福州、厦门、泉州、济南、青岛、淄博、烟台、潍坊、威海、郑州、洛阳、新乡、武汉、长沙、株洲、湘潭、广州、深圳、珠海、佛山、江门、肇庆、惠州、东莞、中山、重庆、成都、西安、苏州工业园、宁波、温州、兰州、白银、乌鲁木齐、昌吉、石河子、南昌、景德镇、新余、鹰潭、赣州、吉安、抚州。

非国家自主创新示范区园区（简称"非自创区园区"）是指2019年纳入国家自主创新示范区之外的国家高新区，共计108家。

4.四大地区国家高新区

东北地区（16家）：沈阳、大连、鞍山、营口、辽阳、本溪、阜新、长春、吉林、延吉、长春净月、通化、哈尔滨、大庆、齐齐哈尔、锦州。

东部地区（70家）：中关村、天津、石家庄、保定、唐山、燕郊、承德、上海张江、上海紫竹、南京、常州、无锡、苏州、苏州工业园、泰州、昆山、江阴、武进、徐州、南通、镇江、杭州、宁波、绍兴、温州、衢州、福州、厦门、泉州、莆田、漳州、济南、青岛、淄博、潍坊、威海、济宁、烟台、临沂、泰安、广州、深圳、珠海、惠州、中山、佛山、肇庆、江门、东莞、海口、盐城、萧山、龙岩、三明、枣庄、源城、连云港、清远、嘉兴、常熟、莱芜、扬州、湖me莫干山、德州、黄河三角洲、淮安、宿迁、汕头、湛江、茂名。

西部地区（39家）：包头、呼和浩特、南宁、桂林、柳州、重庆、成都、绵阳、自贡、乐山、贵阳、昆明、玉溪、西安、宝鸡、杨凌、渭南、咸阳、榆林、兰州、白银、青海、银川、石嘴山、乌鲁木齐、昌吉、新疆石河子、北海、泸州、德阳、安康、璧山、攀枝花、鄂尔多斯、内江、安顺、荣昌、永川、楚雄。

中部地区（44家）：武汉、襄阳、宜昌、孝感、荆门、长沙、株洲、湘潭、益阳、衡阳、合肥、蚌埠、芜湖、马鞍山、郑州、洛阳、安阳、南阳、新乡、南昌、景德镇、新余、鹰潭、太原、抚州、平顶山、郴州、吉安、赣州、仙桃、随州、焦作、长治、铜陵狮子山、黄冈、咸宁、常德、淮南、九江共青城、宜春丰城、黄石大冶湖、荆州、潜江、怀化。